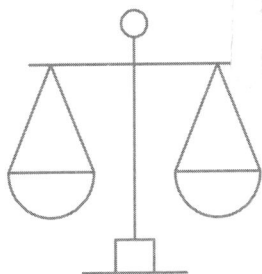

货币理论探索：财富与货币原理

HUOBI LILUN TANSUO
CAIFU YU HUOBI YUANLI

阿 铭 著

经济日报出版社
北 京

图书在版编目（CIP）数据

货币理论探索：财富与货币原理／阿铭著. ——北京：经济日报出版社，2024.6
ISBN 978-7-5196-1403-4

Ⅰ．①货… Ⅱ．①阿… Ⅲ．①货币理论 Ⅳ.①F820

中国国家版本馆 CIP 数据核字（2023）第 256387 号

货币理论探索：财富与货币原理

HUOBI LILUN TANSUO：CAIFU YU HUOBI YUANLI

阿　铭　著

出　　版：经济日报 出版社

地　　址：北京市西城区白纸东街 2 号院 6 号楼 710（邮编 100054）

经　　销：全国新华书店

印　　刷：河南华彩实业有限公司

开　　本：880 mm×1230 mm　1/32

印　　张：11.5

字　　数：280 千字

版　　次：2024 年 6 月第 1 版

印　　次：2024 年 6 月第 1 次

定　　价：98.00 元

本社网址：edpbook.com.cn，微信公众号：经济日报出版社

未经许可,不得以任何方式复制或抄袭本书的部分或全部内容, **版权所有,侵权必究。**

本社法律顾问:北京天驰君泰律师事务所,张杰律师 举报信箱:zhangjie@tiantailaw.com

举报电话:010-63567684

本书如有印装质量问题,请与本社总编室联系,联系电话:010-63567684

目　录

第三部分　法定信用货币理论原理

第一部分
财富和劳动价值理论原理

第一章 财富原理概述

第一节 财富的概念和种类

什么是财富

"财富"这个概念指代的对象有很多,不同的人对财富的看法也有很大差异。比如,茶农将茶树视为财富,茶农通过采茶、制茶、售茶取得收益,丰衣足食。但是,对于喝茶的人来说,茶叶只是商品,茶树只是资源,不仅不会生财致富,还是消耗财富的对象。"财富"这个概念因此具有典型的相对性和个体性,是主观认识的结果。

在通俗定义中,财富包括货币和各种能够创造货币的资源、工具和手段。自然资源、劳动、资产、土地、科技和装备等都被视为财富。宽泛的财富定义是指经济价值和一切能创造经济价值的因素。对价值和经济价值的认识都是见仁见智的事情,因此,需要用慧眼去发现和辨别财富。

经济学对财富的定义特指货币,这种定义是比较狭义的。在经济学中,货币是各种资源、商品、劳动力、科技、装备和知识产权等不同形式财富的唯一共同的度量标准和度量工具,而各种资源、商品、劳动力、科技、装备和知识产权等不同形式的财富皆被定性为货币财富的创造手段和工具,被视为货币生成、注销的来源,所以在经济学中只有货币才是财富。

货币作为财富的代表形式,是各种财富形式共同的度量标准和度量工具,也是各种财富形式的计价单位和交易结果。各种财富都采用货币计价,通过与货币交易变现劳动价值,在与货币交易的过程中实现商品的流通。比如,土豆价格每斤2元,股票每股12元,木工每小时收费70元,这些不同形式的财富都通过货币计价表示财富价值,通过与货币进行等价交换来流通和兑现财富价值。因此,货币是经济学意义上唯一的财富,其他通俗意义的财富形式在经济学中被称为资源、资产或者商品,都被作为准财富形式来看待。

财富是经济价值概念的社会性说法,价值和经济性通常被视为财富。因此,可以说财富和价值一样,源于需求,源于稀缺,源于社会。首先,生存需求产生的效用观念是价值和财富的最初来源,能够满足自身生存需求的物质具备效用,是宝贵的、有价值的,因而也是财富。财富是效用和价值的评估结果,效用和价值因而成为财富的基础。其次,稀缺是产生价值观念和财富观念的原因。在具备价值和效用的基础上,稀缺导致针对价值和效用的供应需求活动。这种供需活动被称为经济活动,价值也由此通过经济性成为财富。最后,财富概念是社会性的,财富是从社会中产生的,这是最重要的一点。人类生存需求的自我满足与通过社会满足有着本质性的差别。自给自足不是财富,只体现资源和效用。财富观念是"生存需求"和"稀缺"共同缔造的效用价值经济化和社会化的结果。效用价值通过社会经济性才可能被视为财富,否则就只是效用。货币之所以能够成为各种财富形式中最具流通性、最受欢迎的财富形式,是因为货币是效用价值经济化的代表,各种效用和价值都通过货币成为社会财富。

财富的种类和形式

从广义上来说,只要具备效用、有价值,就可以被视为财富。从这个角度来看,财富可以划分为资源、劳动、货币和金融四类形式,各种财富形式都是这四类财富的具体表现形式。土地、矿藏和原油等属于资源财富。劳动力、生产力、知识产权和科技发明属于劳动财富。商品既包含资源财富,也包含劳动财富。货币作为单独的财富形式,是联通各种财富形式的最具流通性的财富。金融财富是价值信用领域创造出的财富形式,股票、证券等属于金融财富。不同类型的财富在社会和经济中各自发挥不同的作用。只有理解各种财富的特点,才能理解货币和这些财富形式之间的关系,才能更好地理解财富如何创造、货币如何产生、经济如何运行等问题。

1. 资源财富

资源财富特指自然资源财富。水、农作物、牲畜、矿产、原油等都是典型的自然资源财富。自然资源具备消费使用效用,为人类生存和发展提供原材料。尽管现代商品千姿百态、琳琅满目,但归根到底都源于自然资源和各种基础原材料。

自然资源不能直接使用,需要通过劳动加工才能成为财富。即使是水果这样的食品,也需要采摘、包装、运输、销售才能变现为财富。自然资源成为财富需要付出劳动,劳动和自然资源共同生成资源财富。在生成资源财富的过程中,劳动是资源的成本,资源通过劳动创造体现效用和价值,消费者付出货币购买效用和价值,资源作为载体借助劳动和货币转换为消费品或投资品,在消费使用后价值减损或消失。这种经济活动被称为实体经济。实体经济是以资源为原材料、生产商品用于消费为模式的经济活动。在实体经济的流通过程中,资源和劳动在供给端创造出效用和价值,在商品流通中变现为货币财富,在消费端消费效用和价值。这个过程也是资源财富和劳动财富的归宿,用公式可以表示为:

生产端:资源 + 劳动 = 效用价值 + 经济价值 = 价格 × 数量 = 货币金额

消费端:货币金额 = 价格 × 数量 = 效用价值 + 经济价值

从公式可以看出,劳动附着在资源上体现经济价值,资源经过劳动后具备使用效用和经济价值。在交易过程中,商品的使用价值和劳动价值共同作为经济价值与货币进行交换。购买者付出货币价值,得到商品的效用价值。经过使用后,商品效用价值减损或丧失。资源在这个过程中只有通过劳动和货币才能表现出财富性。如果没有劳动和货币,资源只是天然的物质存在,虽然可以体现效用价值,但不体现经济价值。

2. 劳动财富

劳动是人类在社会中谋生的主要方式,因此,劳动和劳动力也是人类社会最主要的财富形式。果子成熟了,如果不采摘就不能食用;粮食丰收了,如果不收割就没法出售。矿藏只有经过开采加工才能使用,林木只有经过砍伐加工才能成为资源商品。各种自然资源通过劳动转变成商品,劳动价值借助资源载体创造出效用价值和经济价值。

经济价值采用货币价值度量和表示。由于经济价值由劳动价值构成,所以货币价值也是由劳动价值构成的。无论是不同资源商品导致的差异,还是不同稀缺性导致的差异,都表现为劳动价值和劳动定价的差异。比如,沙漠中的一壶水能换一锭金子,因为这壶水在沙漠中的定价和其他地方不同。需求者认可把水带到沙漠中的劳动定价和稀缺程度,才会同意支付金子。在不缺水的地方,水的劳动定价和稀缺性并不高,所以水的价格也不高。同理,南方苹果比北方贵很多,除了运输成本,经营者也会要求更多的劳动回报。由此可见,资源和产品都是劳动的载体,商品定价主要是对劳动和劳动力的定价。社会中的各种财富形式都通过劳动创造产生,都采用货币价值度量表示,所以劳动价值是最基础的财富,资源财富、货币财富、金融财富都通过劳动创造出来,也都是由劳动价值构成的。

　　劳动成为财富是经济制度设计安排的结果。法律禁止以抢劫、盗窃、诈骗等方式获取财富。劳动方式才是合法的社会生存、生活方式。劳动作为法律制度确立的获取社会财富的主要方式和手段,是确保社会安定和有秩序的关键。将剩余劳动价值储存在货币价值中用于未来消费,劳动才会成为固定的谋生方式,劳动才是最主要的财富形式。市场经济制度通过劳动定价将劳动和货币联系在一起,并产生激励机制,调动社会劳动积极性,激发劳动热情,挖掘劳动潜力,从而促进经济和社会的发展。从资源到商品,再到资产和货币,可以发现,经济价值都由劳动构成。劳动是各种财富的起源,劳动是经济制度和货币制度的基础。劳动不仅创造效用和价值,劳动也创造货币价值。无论经济制度和货币制度如何演化,都离不开对劳动的机制安排。

3. 货币财富

　　货币的价值储备功能决定了货币本身就是财富。货币财富既是各种资源、商品、金融和劳动财富的价值度量标准和度量工具,也是各种财富形式相互流通的交易媒介,还是劳动财富的价值储备载体。各种财富均采用货币计价,与货币交易兑换,通过变现为货币来实现交易流通。货币是最通用、最具流动性的财富。

　　货币最初是等价物的商品,所以货币是劳动的产物,货币价值由劳动价值构成。直到货币制度发展到法定信用货币后,货币价值才脱离实物价值采用法定信用价值,但这种变化并不改变货币价值由劳动价值构成、货币财富通过劳动创造的本质。

　　货币财富是价值最稳定的财富形式。其他财富形式的价格常常会随着经济周期起伏。货币尽管也会贬值升值,但相对于其他财富而言,货币的价值是最稳定的。因此,货币才能成为度量其他财富的价值标准和度量工具。

货币财富是通用性最高的财富形式。各种商品和财富都能够与货币进行直接兑换,货币起到连接供需、产生定价、调节经济运行、分配社会财富、在经济和社会的运行中发挥动力的作用。由于各种财富形式都和货币进行交易,货币也因此成为唯一具备法定交易支付和债务清偿地位的财富形式。其他财富形式除非特别约定,是不具备缴付国家税收、清偿债务的功能的。正因如此,看待经济活动、理解经济现象,都应从认识和理解货币入手,货币是研究经济学和社会学的重要参照系。

4.金融财富

金融财富是从货币价值和信用应用发展出的财富形式,主要包括金融产品和各种资产。金融财富以信用、价值和资产为基础,自成体系,具备自己独有的财富特点。

首先,金融财富是投资品,购买金融产品、持有金融财富的目的是通过投资产生收益。金融财富不是用于生产的生产资料,更不是消费品。金融财富的效用和价值只能通过投机或投资方式从获取收益中体现,这是金融财富和资源财富最主要的区别。

其次,金融产品需要借助其他财富形式作为载体,通过金融方式将载体开发成投资品,这样才能体现出财富性。比如,债券是以货币借贷为对象,将利息收益和违约风险捆绑发行的债务资产,纸黄金是以黄金为标的开发的投资产品。这些产品都属于借助载体通过金融方式开发的投资品,主要用于投资获利,因而是典型的金融财富。

最后,金融产品和金融财富的获利模式主要通过交易价差实现。金融产品只有通过销售变现为货币后才能实现获利,账面浮盈浮亏都不是最终的盈亏。金融财富的这个特点也是在金融领域赚钱的秘诀。基金公司设计包装各种资产的目的是将其销售给风险投资者而获利。股票期货的庄家收集筹码的目的是通过出售获利。普通投资者购买这些金融产品作为财富持有的目的也是等待增值后销售获利。金融财富只有找到承接人才能变现获利的现实，决定了这是一种零和博弈的信用游戏。在金融业的社会生态中，投资者常以鳄鱼自比为荣，以体现其不计代价、不问是非的逐利价值观。

由于金融财富不是消费品而是资本品或交易品，因而金融财富主要是通过价格波动或资产升值实现获利。金融财富虽然被称为"财富"，但其性质是投资和投机。在法定信用货币制度决定的经济模式中，大部分金融财富都依赖价格泡沫化的方式获取收益，最典型的例子莫过于股票和房地产行业。金融财富的资产规模大、流动性高、价格波动频繁，具有很高的风险性，这些都是金融财富的主要特点。在法定信用货币制度下，随着经济发展货币供应总量不断增加，实体经济容纳流动性的能力不仅远不如金融领域，所提供的收益也相对微薄，而金融市场适合快速进出、频繁套现的特点是投资者和投机者的最爱，金融领域因此发展成为与实体经济并驾齐驱的虚拟经济。

总结

财富作为一种主观性认识，财富的形式一般由经济和社会的发展水平决定。人类社会的不同发展阶段，财富的内容和表现形式各不相同。在自给自足的原始社会中，人类活动围绕安全和食物展开，当时的效用价值观和财富观念主要集中于食物、工具和武器，因而食物、工具、武器是最主要的财富形式。国家城邦建立后，耕种土地、养殖牲畜成为主要的生活方式，这一时期的土地、奴隶和牲畜都是主要的财富形式。随着交易的普及，货币因使用频繁逐步成为财富形式中最受欢迎的一种。富裕的生活使得稀缺的玩物也成为财富形式，珠宝首饰和奢侈品都是在这种情况下从商品属性发展成为财富的。到了近代，由于工业化的发展，地产和资本成为主要的财富形式。现代人的生活需求多种多样，大部分商品早已供应充足，社会对财富的认识主要集中于资产、稀缺资源、股权、科技和知识等能够创造货币财富的对象上。除非你是养殖户，否则不会有人还把牛羊视为财富。财富观念的这种变化反映出人类社会的进步。实际上，正是财富效应和对财富的追逐才造就了今天的物质文明世界。

人类从以资源财富为主发展到以人力资源财富为主，进而发展到金融财富盛行，只用了很短的时间。财富形式从简单的生产工具和牲畜到货币和资产，再到金融产品的发展过程，不仅反映了财富形式的变迁，也是社会生产力提升的缩影。未来的经济和社会，在科学技术和金融资本的共同推动下，生产供应能力随着科技进步大幅提升，物质匮乏的问题将得到根本性的解决，劳动创造财富的认识深入人心，财富也将不再稀缺，人类的历史将走入全面发展的新时代。

本书之所以要从财富概念入手讨论经济和货币，是因为财富是经济的代表形式，一种财富形式替代另一种财富形式，各领风骚数十年、数百年，周而复始，生生不息。财富形式的变迁就是大千世界经济万象变迁的缩影。从财富形式变迁的过程中，可以更好地理解货币和经济之间的关系，对于后面章节的理解有很大帮助。

第二节　财富的性质和作用

"财富"这个词由"财"和"富"组成，"财"特指经济，"富"含有储备的意思，"财"和"富"组合在一起就是经济储备的意思。财富是效用性和经济性相结合的产物，经济性和效用性是财富最基本的性质。财富如果没有经济性，仅凭效用性不足以推动社会发展。比如，计划经济是以效用为核心的经济体制，放弃经济性的激励机制后就只能采取计划方式安排生产，采取配给方式实施社会分配，由此造成的后果是有目共睹的。

财富是社会性概念，自产自用的产品没经过交易和定价，体现不出社会性，因而不能算是财富。社会制度和经济制度鼓励社会成员通过参与社会劳动，采用交易方式满足自身的各种需求。这种法定的生活方式就是在推动社会分工合作，通过人人参与的社会性方式发挥财富的激励作用。社会中的每个社会成员既是需求者，也是供应者。社会成员创造的财富，作为社会性需求和购买力，能够增加他人创造财富的机会。他人创造的财富既可作为社会性需求，又能增加自己创造财富的机会。需求、劳动和财富之间相互作用，相辅相成，通过劳动创造实现共赢，共同成长。每个社会成员在供应商品、创造财富的同时，也提供社会需求。参与社会诚实劳动的人越多，积极主动创造财富的人就越多，社会积累的财富才会更多。大河有水小河满，国家越富强，个人的生活就越美好。财富的社会性导致了共赢的结果，这也是人类社会虽然屡次经历灾难的考验，却能够越来越美好的原因。

财富具有归属性。财富的归属性是社会权利和经济权利的主要构成内容，是社会分配制度的核心内容。个体既是社会的基本单位，也是持有财富的基本单位。社会以个体为基础开展社会活动，财富是每个人在社会中安身立命的根本。承认私有产权、保护私有财富，是社会制度的基本准则。保护私有财产就是保护个人在社会中的生存权利。

财富具有劳动性。财富的劳动性主要表现在经济制度和货币制度的安排中。经济制度和货币制度决定了财富是通过劳动创造产生的，是在社会分工合作的共享共赢中产生的，而不是在偷窃、抢劫和欺骗中得到的。通过劳动方式创造财富、满足需求是法定的社会生活方式,所以财富的本质是劳动。

　　财富的作用体现在财富是人在社会环境中立足谋生,满足所需的生存之道,是获取资源、产品和服务等的兑换权,是得到他人支持帮助的工具,也是建功立业、治国平天下的资本。个人的生存发展、企业的增长扩大、社会的建设改造,以及国家的兴旺发展,都通过创造财富和使用财富来实现。对个人而言,财富既能在物质上提供享受,也能给人带来精神上的满足。财富也是一把双刃剑,能激发人的斗志,也能暴露人性的丑恶。在现代社会中没有财富寸步难行,财富的重要性不言而喻。

　　财富就像人体的气血,财富充沛丰盈的社会,人民积极,社会活动繁荣;财富匮乏的社会,人民消极,活动保守,社会凋敝。财富的产生和注销就像汽车的发动机,肩负推动社会运行的重任。从更大的范围来说,家庭的富裕、公司的发展、企业的壮大,国家的富强,都表现为财富充足。各种励精图治的发展过程,主要表现为各种财富形式的开发和应用。不论是应用矿产、农林、土地等资源形式的财富,还是应用劳动力、学识或知识产权等人力智力资源的财富,抑或是应用资产、资金、股票债券等货币金融财富,既是对财富认识和发掘的过程,也是对财富治理和经营的过程。个人在这个过程中得到历练,家庭、企业、公司等组织形式在这个过程中得到发展。社会财富的普遍增加,可以加强社会凝聚力,提高社会素质,塑造安定、有序、和睦的社会氛围。

　　每个社会成员既是财富创造的基本单位,又是财富使用消耗的主体。需求效应和财富效应激发了每个人自觉参与劳动、参与社会分工合作的积极性。劳动因此成为最主要、最核心、最基本的生产力。发展经济最基本的方法就是调动人的积极性和参与意愿,提高劳动效率,拓展劳动机会,增长劳动技能。社会中从事财富创造的人越多,社会财富创造的速度就越快,数量也就越多。科技越发达、人均受教育程度越高的国家,其货币财富创造的效率越高,附加值越高,货币财富的累积速度也越快。提高全民素质和受教育水平,提高劳动参与率,既是提高财富创造效率的关键,也是财富增长最稳妥、最长久、最根本的办法。

　　财富是经济权利和物质权利的代表,与政治权利、行政权力一样,都是开展各项社会活动的基本权利和必备能力。国家保护私有产权,社会就安定有序。社会尊重私有产权,各项事业就能得到积极开展。财富也是社会地位的象征,拥有财富就是拥有社会力量和社会自由。财富是调动社会资源的工具,是满足需求、实现理想不可缺少的手段。经济制度将劳动和财富结合起来,赋予每个人通过劳动创造财富的平等权利,劳动者才能运用财富实现梦想。市场经济体制的激励机制,将财富以经济权利的形式与社会成员的自我实现结合在一起。劳动目的在满足需求、创造财富、实现梦想的共同激励下成为每个人毕生追逐的事业。

第三节　财富的产生注销方式和产生注销模型

财富的产生方式和注销方式

　　财富的本质是价值和效用,因而财富的产生和注销特指效用和价值的产生和注销。无论哪种财富形式,财富的产生和注销都是财富效用和价值的产生和注销。从这个角度去看待资源财富、劳动财富、货币财富、金融财富的产生和注销,就很容易理解财富形式和内容的历史变迁。

　　资源因其具备的潜在物质效用和价值,通过劳动加工成为具备使用价值和经济价值的商品。商品通过流通交易变现为货币,这就是资源财富的产生过程。资源的效用和价值表现为商品的使用价值和经济价值,也就是效用价值和货币价值。资源商品销售后,买方支付货币价值,也就是付出经济价值,得到商品的效用价值;卖方得到货币价值,也就是得到商品的经济价值,出售商品的效用价值和自己的劳动价值。商品经过消费使用后,价值要么注销,要么只剩残值,这就是资源财富的注销过程。

金融产品和金融资产以物质资源、劳动成果或者货币价值为载体,采用金融化方式设计金融产品,制造金融资产,从持有升值和交易流通赚取价差的过程中谋利,这就是金融财富的产生方式。作为载体的物质资源、劳动成果或者货币价值,既是金融财富的价值来源,也是金融财富的表现形式。当金融财富的载体解体后,金融财富的形式和价值也随之丧失,这就是金融财富的注销方式。比如,股票是以企业为载体、以产权为形式的金融资产;期货则以商品为载体,以远期合约为产权形式,从标准合约的流通交易中获利。金融财富的定价主要是由载体的性质、特点来决定。一旦载体价值丧失,金融财富的价值就随之注销。

货币财富和劳动财富的本质都是劳动。劳动价值产生货币财富和劳动财富。劳动财富既可以通过剩余劳动价值的方式储藏在货币价值中,也可以通过资源商品的定价表现为经济价值。劳动价值和货币价值都通过劳动产生,通过消费投资或亏损等形式注销。货币、资源和金融产品作为劳动价值的不同载体,既是劳动对象和劳动价值产生的来源,又是消费投资或亏损的对象,也是劳动价值注销的对象。

各种资源,无论是自然资源、人工资源还是金融资源,都是劳动的载体,只有经过劳动创造才具备效用和价值,才能成为社会财富。劳动创造出来的各种财富,既因其效用价值成为财富,也因其效用价值被用于消费投资或投机。经过消费投资或投机使用后,其效用价值丧失,或者经济价值丧失或减损,即财富通过消费投资或投机方式完成注销。各种财富的本质是价值和效用的经济化和社会化,其最终的归宿都是投机、投资和消费。投资品可以看作消费的中间过渡,投资产生的利润最终将被用于消费注销。简单地说,自然资源通过劳动成为商品,并出售给消费者,或者设计成金融产品和资产,并出售给投资者。消费者使用商品后,效用价值丧失,原本的财富就此注销。投资者购入金融产品或金融资产,卖出后转换为货币财富。金融产品或金融资产升值则获利,贬值则亏损,都体现在出售变现的过程中。金融产品或金融资产变现后转为货币财富,而该金融产品或金融资产的效用和价值对于该投资者而言也就注销了。

财富的产生注销模型

从财富的产生方式和注销方式中可以总结出财富的产生注销模型。财富的产生注销模型是货币价值和数量产生注销方式的基础,是经济运行的基本方式,是每个社会成员在社会中生存采用的基本模式,也是国家经济发展的基本模式。

财富产生注销模型用公式可以表示为:

资源 + 劳动 = 货币价值 = 消费 + 投资

资产 + 收益 = 货币价值 = 投机 + 投资

从财富产生注销模型可知:

(1)财富从生产端的资源和劳动中产生,在消费端以消费和投资的方式注销。如果没有生产端的财富创造,就没有消费端的享受。经济活动的本质是劳动创造价值然后消费价值的过程。人类的各项社会活动主要是这个模型所反映的经济化的劳动活动,是以劳动为基础的供需活动。

(2)劳动创造只有反映在货币价值的层面上才能最终表现为社会性消费。孤芳自赏、自产自用的劳动不产生经济价值,就不能通过货币价值联通社会生产和社会消费。劳动的目的可以是消费,也可以是创造货币价值。消费可以是使用效用价值,也可以是获取投资收益。因此,投机和投资可以看作能生息的消费,投机和投资的目的最终都归于消费。

(3)在财富产生注销模型中,劳动是各种财富形式共同的来源,是唯一合法的财富生成方式。抢劫、偷窃和霸占等方式都是被法律禁止的。通过劳动方式合法创造财富是社会的共识和共同遵守的约定。生产生活资料都按照劳动定价和劳动量进行分配。

(4)在财富产生注销模型中,劳动生产产品,产品用于交换,交换得到货币。劳动价值储存在货币价值中,货币用于消费和投资。货币是获得他人产品的购买力。只有持有货币,才拥有自由交换他人劳动成果的权利。货币既是社会中激励经济行为的动力,也是满足生活所需的能力,还是调动社会资源的权利。只有努力劳动,积极交换,才能累积货币财富,增加调动社会资源的权利。因此,经济活动总是围绕货币创造和累积而开展。货币不仅是经济活动的媒介,也是经济活动的目的。

(5)在财富产生注销模型中,财富经过消费使用后失去价值而被注销。无论资源财富、劳动财富,还是金融财富、货币财富都是如此。社会每天通过劳动产生大量财富的同时,也通过消费方式注销掉大量财富。只是因为生产的财富多于消费的财富,人们才不会感觉到财富因注销而减少。每月薪酬除去开支后略有剩余,可以理解为创造和累积的财富大于消费和注销。个人如此,家庭、企业和国家也是如此。只有创造累积的财富多于消费注销的财富,才能有结余。剩余劳动价值储存越多,则货币财富越多。持续地累积货币财富,不断地生产和消费商品,这是市场经济的基本运作方式。

(6)财富产生注销模式是经济活动的核心模式,经济活动主要围绕财富的生成注销开展。财富产生注销模式说明,由劳动创造提供的经济增长动力是长期持久的动力,由消费提供的经济增长动力是短期拉动的动力。所以,实施拉动消费的政策必须适度,在适当时期应退出拉动消费政策,以避免唯经济增长的依赖性。财富产生注销模式的本质是社会分配方式。财富产生注销模式通过需求引导生产,通过财富激励调动资源,通过劳动和社会分工合作方式以货币为纽带,采用市场自由交易方式进行社会分配,满足人类在生存和发展中产生的各种需求。

(7)经济活动能够开展,前提是触发财富产生注销模式。如果经济活动是亏损的,就会限制模式运行,限制经济活动的开展。财富产生注销模式建构出一种经济现实:没钱赚就没人干,产生财富越多,吸引到的参与者就越多。财富是经济活动的指挥棒,只有财富生成越多,才能不断做大。

(8)财富产生注销模式确立了劳动创造财富、消费注销财富,剩余劳动价值创造货币,货币用于满足需求的经济运行方式。财富产生注销模式中包含最基本的经济学供需关系。在这个模式中,需求消费是发展经济的动力,生产供应也是发展经济的动力。需求在消费财富的同时,也在利用供应的过程中创造财富。生产本身不仅提供需求,也提供薪酬和利润,是货币财富产生的对象。财富产生注销模式是经济学的基本模式,从该模式中可以更好地理解经济运行的基本规律。

通过财富产生注销模式模型可以推导出很多结论。比如,财富产生注销的模式和货币制度紧密相关,不同的货币制度有不同的财富产生注销模型。在实物货币制度中,黄金供应数量稳定,财富价值的产生注销不能通过货币数量变化来反映,只能通过黄金的价值和购买力来反映,因此金融业难以发展。在法定信用货币制度中,货币价值的产生注销通过货币数量和货币购买力两个层面来体现,因此,财富通过涨价方式产生就变得很容易。从财富产生注销模式的运行中,可以清楚地看到经济和社会的演化。从实物货币到金本位货币,再到法定信用货币,资源还是那些资源,而产品在不断更新迭代。人类的经济活动则始终表现为劳动生产力的提高。人类创造的货币价值越多,消费和投资就越复杂。社会经济在供应端、需求端和货币金融端轮流发展推动社会进步的模式模型始终如一,直到现在。在可以预见的将来,这个模式仍将发挥推动社会进步的作用。

第二章　劳动价值价格定价原理

第一节　价值和经济价值

什么是价值

价值是基于特定参照系产生的思维意识层面对效用或需求的主观性认识和评估。因此,价值首先是相对于特定参照系的主观认识,对同一对象的价值认识往往因人而异,就算给价值设定客观标准也改变不了价值的主观性特点。其次价值认识是针对价值对象具备效用和需求评估的结果。价值认识通过内在效用和外部需求两种途径来表达。价值的这种表现方式也说明价值是见仁见智的主观性认识。

价值如何产生

价值是思想意识层面的主观认识,价值从认识中产生。价值认识是结合自身条件对价值对象产生的相对认识和评估。所以,如果学识经历不同,目标追求不同,条件环境不同导致的自身条件差异,那么即使面对同一对象、同一事实的情况,也可能产生不同的价值认识。比如,内陆地区海鲜比较稀有,价值往往比肉类更高。对北方人来说,香蕉比苹果更有价值。香蕉、苹果的性质并未发生变化,导致价值认识差异的原因是不同人的主观看法。价值认识来自思维意识,就难以避免主观性。即使价值认识表现出客观性,也是思维认识客观性的反映,并不改变价值从主观认识中产生的特点。

价值是思想意识层面的主观评估,价值从参照比较和评估中产生。价值是相对性认识,每个人的价值认识都产生于自己认同或否定的视角立场。这种视角立场的差异,或者说这种选择的偏好性和主观性就是价值主张,具体表现为价值认同或价值否定。价值观念通常建立在自己习惯或者偏好的参照基础上,以此为标准进行参照比较,并得出结论。所以,价值认识差异表现为各种形式的参照比较差异。不同的人对同一事物的效用价值判断可能完全不同。即使是同一个人,在不同时期对同一事物的价值认识也可能不同。

价值是思想意识层面的主观认识和评估。价值的认识和评估对象是效用和需求,所以价值从效用和需求中产生。价值在社会层面表现为好坏、美丑、是非、对错,在经济层面表现为效用和需求。不论是社会层面还是经济层面,价值都是从效用和需求中产生的。对于好坏、美丑、是非、对错的判定也是依据效用标准或需求标准做出的选择。各种形式的价值,比如审美、价值观、道德、劳动价值和货币价值等都以效用和需求为评估对象,从对效用和需求的认识中产生。

什么是经济价值

经济价值特指市场交易过程中由市场定价确立的价值。经济价值可以是商品价值,也可以是劳动价值或货币价值。只要能用于交换交易,就可以用经济价值表示。商品中所含的劳动价值、效用价值、使用价值和资源价值等各种价值,在市场定价交易模式中都表示为商品的经济价值。

经济价值是采用市场机制对效用和需求认识、评估的结果。如果采用社会伦理机制对效用和需求进行评估,就会得出基于社会道德和价值观的评估结果,也就是得出是非、对错、美丑等形式的结论,而不会是采用货币价值表示的结果。

因效用而生需求,或因需求而生效用,是一体两面的不同表现形式。只是因为选择的参照系不同,才会对同一对象有不同的经济价值判断。比如,有人青睐奢侈品,有人排斥奢侈品,奢侈品究竟价值几何,这个认识见仁见智。不同的人对效用的理解不同，或需求的差异性选择，导致对价值和经济价值认识的差异。在这种差异和主观性中，客观性基于共识而产生。成交价格就是供需双方对同一产品的经济价值产生认识共识的典型代表。

经济价值的核心是交换和交易，交换和交易过程是等价交易。交换交易的目的对于买方而言是获取商品的效用价值、使用价值或经济价值；对于卖方而言，则是售出劳动价值或商品价值，置换为货币价值。交换交易完成后，劳动价值、效用价值、资源价值或商品价值等价值形式从销售者手中转移到购买者手中。这个过程用公式表示为：

效用价值＋劳动价值＝商品价值＝货币价值＝经济价值＋效用价值

在公式中，劳动价值是劳动过程中付出劳动的价值。经济价值是基于市场定价采用货币价值度量表示的商品价值。商品的效用价值和经济价值都由劳动创造。劳动价值和经济价值都用货币价值表示。

在公式中，货币价值是经济价值和劳动价值的度量标准和度量工具，经济价值、商品价值和劳动价值统一采用货币价值度量，统一表示为货币价值，由此建立起统一的经济计价度量体系。采用货币价值度量表示各种价值的方式，实现了各种价值之间的定价、流通和转化。将劳动价值转化成货币价值，将各种价值定价为货币价值，将剩余劳动价值储存在货币价值中的经济运行机制，将劳动生产和消费投资连接成有机的整体，实现了经济活动的自我调节。当然，这种机制也造成社会全面倾向经济化和效用化。这是这种机制的负面影响，也是需要改进的方面。

在公式中，效用价值和劳动价值共同构成商品价值，表示为货币价值。商品价值在交易中表现为经济价值和效用价值。交易过程中劳动价值和效用价值从卖方转移给买方,交易完成后卖方获得经济价值,买方支付货币价值,获得效用价值。

在公式中,效用价值作为商品的使用属性始终伴随商品通过交易完整转移。劳动无论对资源添加了多少价值,实现了怎样的改造,都体现在效用的层面。劳动者的劳动因此也是在创造效用价值。需求者因商品具备的效用价值愿意支付经济价值购买商品。需求者支付的经济价值既是货币价值,也是劳动价值。该关系用公式表示为:

经济价值 = 商品价值 = 劳动价值 = 货币价值

这个公式说明经济价值就是商品价值,是由劳动价值构成的,可用货币价值来度量和表示。经济活动的本质是通过劳动方式创造经济价值。在法定信用货币制度中,货币价值以膨胀方式创造的经济价值是劳动价格和商品价格的虚标,最终还是要回到劳动价值的基础上。这个从价格虚标到回归劳动价值的过程就是通货膨胀和通货紧缩的过程。

第二节   劳动和劳动价值

什么是劳动

劳动包括体力劳动和脑力劳动两个部分。资源开采和产品加工以体力劳动为主,科学发明、技术创造以脑力劳动为主。劳动是人类天然具备的能力,是人类维持生存的手段。人类依靠体力和脑力劳动不仅满足自身生存所需,还能改造世界,让生活变得更加美好。

劳动创造效用。自然资源虽然本身有效用,但若不经过劳动则无法使用。劳动的作用是把自然资源的自然效用转变成可供人们消费使用的社会效用和经济效用。劳动的价值表现在通过资源开采、获取、加工、运输、储藏和销售等劳动过程,将资源转变成消费者愿意支付货币价值获取的效用价值。无论是资源、商品,还是产权、著作权或发明专利等,这些产品都是通过劳动创造效用满足需求的方式实现产品的经济化。正是因为劳动创造出商品的社会效用和经济效用,资源才能够被消费使用。

劳动是社会生存状态中满足需求的基本方式。劳动通过脑力和体力,利用自然资源,创造效用和价值,满足需求,达成各种各样的目的。汽车、手机、牛排和服装等都是劳动创造的结果。人类的生存和追求主要靠劳动来实现。

劳动是法律规定的强制性文明谋生方式。在文明社会中,劳动是合法的物资获取方式,是强制性的法定社会分配方式。法律禁止抢劫、盗窃和侵占等野蛮行为,社会成员通过参与社会劳动获取报酬的方式购买物资以满足需求。劳动是市场经济制度的核心,私有产权经济制度本质上是以劳动和劳动保护为核心建立的社会分配制度。在市场经济制度中,商品和劳务通过劳动定价方式实现社会供应,劳动者通过获取劳动收入以满足需求,社会成员各负其责参与社会分工合作,积极高效地开展劳动生产,社会通过各种形式的劳动推动运行。

劳动价值采用货币价值度量表示,劳动价值就借助货币价值的标准度量实现量化和经济化。劳动价值因此与货币价值和商品价值建立起直接的等价兑换关系。劳动因此成为货币价值的来源和创造方式,货币价值因此由劳动价值构成。劳动过程中产生的剩余劳动价值储存在货币中,剩余劳动价值越多,货币价值就越多,货币就越值钱,货币购买力就越强。社会中的经济财富主要通过劳动方式进行创造,劳动越多,社会越富裕,经济越发达。

劳动的对象是各种资源,劳动通过资源创造商品。商品从无到有,从资源到商品,直到交付消费者这一过程中的每一步都

涉及劳动,都是劳动价值投入的结果。商品的经济价值由商品中包含的劳动价值构成。这种关系用公式表示为:

资源价值 + 劳动价值 = 效用价值 + 经济价值

劳动价值 1 + 劳动价值 2 + … + 劳动价值 n = 效用价值 + 经济价值

由于经济价值在市场交易时表现为价格,因此公式可以表示为:

劳动价值 1 + 劳动价值 2 + … + 劳动价值 n = 经济价值 = 价格 × 数量

比如,棉花含有的劳动价值是种植和采摘棉花花费的时间精力,打猎时猎物含有的劳动价值是打猎花费的时间精力和承担的风险,服装含有的劳动价值是棉花、布料、服装配件和缝制等劳动的总和,等等。不同的人对同一劳动可能给出不同的价值判断,但市场给出的定价是客观的共识。在自由市场交易机制中,主观的价值判断被客观的市场定价所取代,价格因此比价值更具社会性,更适合大部分人。

什么是劳动价值

大部分资源人们无法直接使用,需要通过劳动创造将其转变成能够使用的效用,此时其才具备经济价值。比如,将果子从树上摘下来,打猎获得猎物,将棉花加工成棉布并制成衣服,这些过程消耗的时间、体力和脑力都统一采用劳动方式计量定价,都属于劳动价值。

劳动价值是劳动创造产生的价值。劳动创造既可以创造效用价值,也可以创造经济价值。当劳动价值参与交换交易时,需求产生经济价值,劳动价值通过社会需求转变为经济价值,表示为货币价值,劳动价值就通过其创造的效用价值和需求价值与货币价值结合在一起,作为经济价值参与经济活动。

劳动是效用价值和需求价值的创造者。商品的效用主要通过劳动方式创造。虽然水果和棉花天然具备使用效用和价值，但只有通过劳动将天然效用转变为社会效用和经济效用后，资源才成为商品，才具备经济价值。采摘果子和棉花，将其收集、挑选、包装、运送，直到交付买方，这是劳动价值持续投入的结果。衣服、布匹的效用是在棉花效用的基础上通过劳动创造出来的。劳动价值体现在种植、采摘、包装、交付等从资源到商品的整个过程中付出的劳动。因此，经济价值是通过劳动创造出来的。商品价值主要是劳动价值。这种资源、劳动价值及商品价值的关系用公式可以表示为：

资源价值＋劳动价值＝效用价值＋劳动价值＝商品价值（经济价值）＋效用价值＝货币价值

从公式可知，资源通过劳动产生效用，效用价值加劳动价值就是商品价值。商品价值就是经济价值，劳动价值等同于经济价值或商品价值，都用货币价值表示，由此可以得出，货币价值是由劳动价值构成的结论。消费者购买的商品中包含了资源价值、效用价值和劳动价值，即便是像手机这样高度复杂的科技产品也不例外。手机的屏幕、芯片等设备及其图像语言处理等功能，都是以金属、玻璃等自然资源为基础，通过脑力和体力劳动创造出的功能效用价值。即使手机用坏后，效用价值丧失，也仍旧残留少许资源价值能被回收利用。从这个例子可以看出，手机使用各种自然资源，经过劳动创造转变为效用价值，这种方式就像棉花通过劳动纺织成布匹进而制成服装一样，都是劳动创造效用价值和经济价值的过程。在这个过程中，资源价值通过劳动价值和效用价值体现，而不再单独表现为资源价值。劳动过程付出的劳动价值已经包含资源价值，劳动价值作为经济价值或者商品价值与货币进行等值交换，完成商品从卖方到买方的转移。因此，劳动价值和商品价值、货币价值之间的关系可以表示为：

劳动价值＝商品价值(经济价值)＝货币价值

从公式可以看出,自然资源通过劳动开采加工实现价值。自然效用通过劳动创造转变为社会效用和使用效用。劳动价值是资源价值、效用价值和经济价值的创造者,商品的价值主要由劳动价值构成。

第三节　货币和货币价值

什么是货币

货币是能够用于交易支付的价值媒介,是能够进行价值储藏的载体,是能够用于计算度量价值的工具。货币是人类社会文明的产物。

货币具有流动性。货币的流动性是交易流通活跃程度的反映。每进行一次交易就会有一次货币易手,货币在不断易手的过程中流通。货币流动越快,流动次数越多,说明交易越多,交易越频繁,货币的周转次数越多,经济活动越繁荣。

货币具有主权性和垄断性,使用什么样的货币由国家政府决定。每个国家都有自己特有的货币,比如美国使用美元,欧盟使用欧元,中国使用人民币。每个国家都设计了自己独有的纸币来防范假币,采用法定信用货币以后更是如此。

货币是货币制度的产物。不同的货币制度选择不同的货币形式,采用不同的货币价值。实物货币制度采用实物作为货币,以实物价值作为货币价值。由于金银最符合实物货币的各项要求,因此在很长的历史时期里都采用金银作为货币。当时世界各国都选择金银作为实物货币,因此金银也是国际货币。各国设置不同重量的金银单位,并印制落款显示主权。其实,在历史上,羽毛、贝壳都曾作为货币用于商品交易。货币采用哪种形式是由当时生产力和生产关系所处的水平所决定的。

货币是等价交换、等价交易的产物。作为等价交换交易的价值标准,货币在交换交易中起到交易媒介的作用。货币的这种作用可以表示为:

效用价值 + 劳动价值(卖方) = 商品价值 = 货币价值(买方)

放弃金银等实物货币,采用纸币等信用货币是由经济发展趋势决定的。随着经济进入工业化发展阶段,凭证纸币使用便利的优势越来越明显,而实物货币的不适合异地交易、不适合大宗交易、不适合快捷交易、不适合安全交易的问题变得越来越严重。随着凭证货币发行供应规则和价值保障制度的完善,凭证形式的信用货币逐渐走上历史舞台,黄金作为信用货币的保障退居幕后,货币由实物货币制度转变为金本位货币制度。

金本位货币是实物价值和信用价值相结合的担保价值货币。货币发行银行按照持有的黄金储备量和固定的比例发行、供应金本位纸币,银行以自身信用保障黄金和纸币按约定的比例兑付,纸币因此等同于实物黄金。在经济表现不好的时期,金本位制度既要面对利用信用投机黄金的操作,还要应对黄金储备在逆差时的大量流失及凭证货币的贬值压力。这是银行家最不愿承担的结果,因此,金本位制度施行不久就以美国宣布美元不再按照承诺兑付黄金为标志脱离金本位制度,施行以信用为基础的法定信用货币制度。

法定信用货币制度是目前正在广泛使用的货币制度。采用法定信用方式发行的货币完全以国家信用和法定强制形式作为货币的价值保障。由于不再要求实物价值提供担保,货币供应摆脱了实物价值的约束,货币信用价值的度量标准变成物价,由此形成货币价值、货币供应数量和物价三者之间水涨船高的关系。经济发展可以更宽泛地使用债务刺激增长,通过货币供应扩张的方式实现经济发展。

法定信用货币在不同国家有不同的应用实践。有的国家因过度供应货币而造成本币大幅贬值,买个面包都要用几千万乃至几亿单位的货币。有的国家很好地利用了货币价值、货币供应数量和物价三者之间的关系,不仅成功实现了社会的发展,同时还能控制住物价,实现真正的富裕。还有的国家不理解货币价值、货币供应数量和物价三者之间的关系,经济发展起起伏伏,社会发展繁荣后又回到起点,虽经起伏却不得要领。目前,法定信用货币在各个国家内部的应用还是相对稳定的,法定信用货币的问题主要表现在国际范畴。由于国际交易没有特定的国际货币,而是使用国家货币作为国际货币用于交易支付,作为国际货币提供国的国家因此享有国际交易支付储备的很多特权和便利,并由此造成很多问题。改革国际货币制度已经是迫在眉睫了。

什么是货币价值

货币价值是货币自身具备的价值。货币价值由货币制度确立。当货币采用实物形式时,货币价值由实物价值来承担;当货币采用信用价值时,货币价值来源于信用担保。法定信用货币的价值是国家信用担保的价值。不论何种形式的货币,货币价值都源于货币自身的效用和外部对货币的需求。比如,比特币等数字货币本身是程序,没有价值,比特币的价值是由外部需求赋予的。

货币价值是由货币制度构建出来的。货币价值的形式并不拘泥于实物,只要符合货币制度要求,就可以作为货币价值来使用。羽毛、宝石和金银等实物都曾作为货币价值,目前采用的是凭证纸币和账户货币等信用形式的价值。比特币等电子形式的价值也能成为代币,这就印证了货币价值的开放性和制度性特点。

货币价值主要由货币的功能确立。货币具备的流通性、交易支付媒介功能、价值储藏功能和计价记账功能等,都赋予货币以效用价值。实物货币、凭证货币和电子货币等,无论哪种货币形式都必须具备货币的基本功能。

货币价值是法定产生的。因此,纸币只要经过国家认定和政府担保就能成为货币。而如果政府倒台,纸币则往往会大幅贬值。此外,尽管实物货币本身就具备实物价值,但实物成为货币后的价值也要由法定确立。古代黄金、白银的兑换比例都由官方定,现代纸币的价值也是法律规定的法定价值。任何人都不能否定法定价值,更不能自行定义货币价值。

货币价值是各种经济价值的度量工具。货币以自身价值为标准衡量各种经济价值。基于货币价值对比产生的价格,使得商品、劳务服务和资产等各种经济价值都统一采用货币计价,在经济体系中形成统一的价值度量结果。原先对价值认识的主观性被货币价值的客观比较结果所取代。价值差异通过价格差异表示,这种方式极大地促进了交易的开展。

货币价值作为交易支付工具,以自身价值与商品进行交换,实现了商品价值与货币价值的等值交换,实现了商品价值的变现,实现了商品从供给端向需求端的流通。所有商品、劳务、资产等经济价值都能与货币价值进行交换,货币成为专业的交易支付工具,彻底解决了交换过程中的供需匹配问题,为供应端的专业化生产和需求端的自由选择创造了条件。经济交易的本质是等价交换。货币只有自身具备价值,才能通过自身价值与商品进行交换,承担起交易媒介和支付工具的货币职能。货币一旦丧失价值,也就丧失了等价交易的地位。如果有人愿意接受失去价值的货币,这种行为是施舍或赠送,就不再是交易。

货币价值还是经济价值和剩余劳动价值的储藏工具。剩余劳动价值储存在货币价值中备用,持有货币等同于持有剩余劳动价值中能够储存备用的劳动价值。货币作为劳动价值的储藏工具，将经济活动的目的从满足需求扩展为创造货币财富，从自用转变为服务社会的财富激励机制，对社会发展和人类的进步具有不可估量的作用。

最早的货币价值源于实物。实物以自身价值作为交易媒介，在交易过程中承担等价物的作用。持有货币主要是持有实物价值。符合货币价值要求的实物被选定为货币，用于经济活动的价值度量、储备和支付转移，这就是货币价值的起源。在采用实物作为货币价值的时期，实物价值虽然保值性好，但其不便于携带、不便于大宗交易和异地交易等弊端随着经济发展逐步暴露。钱庄等货币经营单位发明了以实物货币作为发行准备，发行凭证纸币的银票以代币形式进行交易支付的办法，很好地解决了实物货币使用不便的问题。纸币在现实应用中不断发展出各种制度规则。防伪、价值保障、兑换方式、异地存取兑换和抵押借贷等规章制度逐步建立，形成基本的纸币货币制度，从而为担保价值走向信用价值奠定了基础。原本由实物自身性质承担货币职能和货币制度的做法，逐步发展为由规章制度构建货币职能的方式。凭证纸币的应用是货币制度走上历史舞台的开始。

欧美经济最先进入工业大生产阶段，工业经济对交易支付提出了更高要求。西方国家应经济发展的要求，建立起以黄金价值为准备、发行凭证纸币的金本位制度。我国虽然很早就出现了钱庄经营银票，但银票始终由钱庄经营，没有产生由政府统一发行的制度性货币，因而很长一段时期都停留在钱庄阶段，没有发展成现代银行。

在金本位制度中，凭证纸币正式取代实物货币，成为交易支付的法定工具，黄金则退出流通，仅作为发行准备来承担货币职能。金本位制度的建立，是担保价值走向制度化和法定化的开始，也是货币制度正式确立的时期。此后，担保、抵押、证券化和凭证化等信用方式大行其道。

　　实物货币制度和金本位货币制度均采用实物价值，两者的差别在于，金本位货币采用纸币，货币价值由实物黄金确立，货币形式与货币价值分离，两者通过担保和发行准备建立直接关系，纸币的价值保障由货币制度和实物共同承担。实物货币则是直接采用黄金白银或铸币作为货币，由实物的特性承担各项货币功能。两者的主要差别体现在货币采用的纸币和金银形式上，在货币价值层面并没有做出改变。如果将货币价值的形式由实物改换为信用，再进一步完善制度保障，金本位制度就可以转变为以制度为基础的法定信用货币制度。

　　金本位货币制度在经济史中的应用时间并不长。随着人口增加，大量贸易超越国界，黄金供应无法跟随经济发展同步增加，以及纸币不随黄金担保流动等问题越来越严重。特别是一战、二战爆发，对物资和货币的畸形需求更凸显出货币和经济之间的失衡。纸币担保价值脱离黄金发行准备，采用完全信用价值，是解决黄金数量受限、流动受限，货币供应紧缩制约经济发展问题的最好办法。美国于1933年宣布美元不再和黄金挂钩，金本位制度从此退出历史舞台，货币制度进入法定信用时期。

　　纸币脱离黄金准备后，为确保纸币价值，货币制度进行了一系列的相应完善。货币采用国家垄断方式发行供应，货币价值采用法定信用价值，付息成为标准的货币工具，商业银行成为法定货币经营单位。法定信用货币在国家范围内享有排他独有和法律强制性保障，是国家领土范围内唯一合法有效的法定货币。这些措施都是为完善信用价值而量身定做的制度规则。这样的制度确立起纸币的信用价值，确保纸币虽然是一张纸，但在国家的担保下已具备等同实物的价值。以纸币为代表的信用价值虽然本身没有多少价值，但凭借其作为法定垄断货币具备的效用和需求，信用价值完全具备实物等同的价值效力。

货币的信用价值建立在国家信用、国家法律和政府权力的基础上，其本质仍然是担保价值，只是担保方式由实物黄金的发行准备换成国家信用实力。这种建立在国家实力基础上的信用价值形式，在国家内部依赖垄断、强制和法律保障，在国际范畴依赖国家实力和国际霸权。一旦货币的信用基础受到破坏，整个货币体系和经济体系都会受到影响，而使用这种货币的人，都将无可避免地为此买单。

未来的货币价值将如何演化，取决于经济基础提供怎样的土壤。全球化产生的庞大国际需求，对采用国家垄断方式建立的法定信用货币提出了国际化的要求，如何将货币国际化是当前货币体系迫切需要解决的问题。各国货币价值在国际范畴的度量方式和统一标准也需要尽早确立，不能将货币价值单纯地交给市场确立，更不能让货币价格取代货币价值在市场中兴风作浪。当前，以国家货币作为国际货币的国际交易支付结算方式凸显出诸多弊端，到了需要进行彻底改革的时候。

第四节　价格

什么是价格

价值在市场化交易中以价格的形式表现。价格可以定义为采用货币作为交易媒介进行市场交易时，供需双方达成的以货币单位价值表示的价值共识。如果价格由供应方单方面给出，价格就是供应方给出的用货币表示的自己对商品价值的认识；

如果价格是通过市场交易产生的,价格就是客观共识性的市场认识结果。

在物物交换的时代,如果在森林中采摘大量水果,水果的价值会因为数量太多而降低,此时可能更需要肉食来补充体力。而对于刚打到猎物的人来说,肉太多吃不掉很容易腐烂,肉的价值已经不像昨天腹中空空时预期得那样高,他更愿意交换点果子调剂口味。这样的两个人就很容易达成交易。在1斤肉交换5斤果子的交易中,交换被供需双方视为等值交换,不涉及价格。只有采用货币作为交换媒介,1斤肉交换1两白银,1两白银交换5斤水果,供需双方都采用货币计价,并使用货币进行交易时,用货币价值作为标准而产生的价值度量结果才是价格。1斤肉交换1两白银与5斤水果交换1两白银都是商品价格。采用货币这样的公共性、共识性标准计价,才能达成让供需双方都满意的结果,这也是货币能够调剂供需、分配社会资源的原因。

价值是社会概念,价格是经济概念。价值来源于效用和需求,由产品本身的效用性质决定。价格来源于自由市场交易,是自由市场交易产生的共识。价值通常表现为主观偏好,价格是与货币价值相对比较的结果,因而是客观确定的。价值是价格的基础,价格源于价值,围绕价值波动。价格围绕价值波动的实质是市场价格反映一切信息。

产品自用不涉及价格。对产品的单方面价格主张是主观性的,只有交易产生的价格才是客观性的。成交价格是供需双方价值认同差异中的共识。无论需求端如何看低商品价值,无论供应端如何看高劳动价值,商品供需都是由现实劳动成本和购买能力之间的博弈产生,达成交易都是供需双方达成共识的表现。

价格如何产生

　　货币作为度量价值的参照标准,无论是商品价值、劳动价值,还是资源价值等各种形式的价值,与单位货币价值比较产生的等值结果的量化数据就是价格。任何主观价值评估都无法成为公认的客观价格,只有实事求是的客观比较才能产生客观的价值认识。选定货币作为公认和统一的价值标准单位,通过与单位货币价值进行比较产生结果,用单位货币价值表示价格的具体数值。这种价格产生方式清晰、确定、准确,特别是在货币价值稳定的条件下,有助于买卖双方对商品价值进行衡量比较,有助于促进交易完成。

　　基于等价交换的原则,价格产生方式可以用公式表示为:

商品价值 = 货币价值

货币价值 = $N \times$ 单位货币价值

商品价格 = $N \times$ 单位货币价值

商品价格 $\times$ 商品数量 = $N \times$ 单位货币价值 $\times$ 商品数量

　　公式中出现商品价格和 N(自然数)$\times$ 单位货币价值相等的单位使用差异,这是因为各国的法定信用货币在国内不区分本币的货币价值和价格,都以货币价值作为表示。法定信用货币只有在国外才出现本币的价格,也就是本币相对于外币的相对价格。

　　在实物货币时期,1 两白银作为单位货币价值,水果的价值与白银比较的等值结果是:5 斤水果等值 1 两白银时,5 斤水果的价格就是 1 两白银。

　　在法定信用货币时期,1 元是货币的单位价值。如果 1 斤水果等值于人民币 20 元,1 斤水果的价格就是 20 元,也就是上述公式的 1 斤水果价值 = 20 × 1 元。当然也可以采用 1 单位货币价值的计价方式来看待水果价格,那就是 25 克水果的价格是

1元钱。按照上述公式就是 25×1 克 = 1 元单位货币价值。由此可见,货币的形式和制度不同,商品的计价方式也不同。

从公式可知,价格的本质是单位价值,各种价格都采用以单位货币价值为基准单位进行表示。由于货币价值的来源是劳动价值,所以各种价格也是由劳动价值构成的。

第五节　价值和价格之间的关系

自用和经济化

在经济学中,价值有不确定性和主观性,代表的是自用;价格是清晰、确定、客观性的,代表的是社会化和经济化。从价值到价格就是从自用到社会化、经济化的过程。自用的基础是劳动,经济化的基础也是劳动。劳动是人类生存和发展的文明手段,人类社会的未来只能建立在劳动的基础上,不能建立在欺骗、偷窃、抢劫和撒谎的基础上。

在产品自用不进行交易出售的劳动模式下,效用价值只能自用,生产花费的劳动价值在使用过程中被消费。虽然自用型生产供给活动也需要购买原材料、辅料和工具,但自用型供给本身不创造经济价值和货币价值,不产生剩余劳动价值。自用型供给是满足自身需求的劳动,不是社会性分工合作的经济活动。

在产品用于市场交易的劳动模式下,劳动价值与效用价值合并表现为经济价值,共同用货币价值表示为交易价值。交易过程是劳动价值和效用价值构成的经济价值与货币价值之间的等价交换,产品具有的所有价值都随交易过程而交换转移。需求方获得了产品的经济价值,也就是产品中所蕴含的效用价值和劳动价值。产品经过需求方消费后,生产产品所花费的劳动价值和创造的效用价值都在使用过程中被消费。这个过程中的供给过程是供给方分工合作的结果,销售过程是劳动价值转变为货币价值的交易过程,整个过程都体现为劳动和对劳动的交易。这样的活动是社会性的而非个体性的,是交易的而非自用的,是经济性的而非单纯效用性的,因此,这样的社会活动才是经济化的活动。

不同形式的价值都可以尝试实行经济化。比如,体育事业的商业化、医疗卫生事业的市场化、文化艺术美术的商业化、知识产权技术发明的入股等不同价值形式的经济化。社会中的各项事业采用经济化方式进行定价、开展交易,以商品流通方式传播,通过经济化的方式实现发展。各项事业不再局限在小范围的圈子中,而是在经济化的过程中走向社会,完成社会化的推广普及。因此,各项社会活动采用经济方式调配、协调、组织和发展就是在实施经济化。经济化是以经济方式进行的社会活动。饮食、出行、教育、卫生医疗及各种生活所需,采用经济的供给满足需求方式进行生产分配,这个过程用公式可以表示为:

$$供给 = 需求 = 商品的各种价值 \rightleftharpoons 货币价值$$

交易是劳动价值经济化和货币化最主要的手段。在交易过程中,劳动价值以产品为载体,以效用价值为媒介,通过对产品各种价值的经济化定价方式转变为等值货币价值参与交易,商品含有的其他各种价值都以货币价值表现。比如,苹果 1 斤 6 元是以苹果为载体,以苹果的食用效用为媒介,将生产苹果的劳动价值和苹果的效用价值表示为 6 元的货币价值进行交易。只有使用货币度量价值,采用市场方式进行交易,使用货币支付价值时才产生苹果 1 斤 6 元的价格。在交易中,不确定的模糊价值认识转变为确定的货币表示的数据。价值从主观认识转变为客观共识的价格。劳动价值和效用价值转变为经济价值和货币价值,该过程就是价值经济化的过程。

价值经济化是经济制度的核心,也是基本的社会分配方式。在这种模式中,社会采用劳动满足消费的方式运转,每个社会成员都参与社会劳动,从事社会生产,通过市场交易获取生活所需的各种资源。大千世界,芸芸众生,无不身处其中。各行各业,三教九流,皆为利来,各自谋生。要想理解经济和社会的运行规律,首先要掌握经济化的基本原理。

价值和价格的关系

价值是社会性概念,价格是经济概念。价值通常表现为主观不确定,价格是与货币价值的相对比较结果,因而是客观和清晰的。价值是价格的基础,价格围绕价值上下波动。

价值来源于效用和需求。由于需求是对效用评估产生的需求,因此价值源于效用,由产品本身的效用性质决定。价格来源于与货币价值的比较,市场价格来源于交易。市场价格是建立在效用需求的价值基础上,采用货币价值作为度量标准,与货币价值等值比较而产生的。

价值常常是主观性的,由单方认识产生,以效用和需求为评估对象,并没有强制性统一的衡量标准。价格是统一以货币价值为标准,各种价值与货币价值比较产生的相对结果。价格是客观和量化的,有统一的可靠标准,由市场供需双方协商产生。一般来说,价格围绕价值上下波动。这句话的实质是市场价格主要反映供需之间的矛盾。由于效用价值不随供需影响发生变化,商品最终的需求是对效用价值的需求,所以价格总是围绕价值波动。

等价交换

等价交换是价值相等条件下的交换或交易。由于商品交换交易采用等价值交换方式,所以交易过程符合关系公式:

劳动价值 = 货币价值 = 商品价值

　　从公式可知,"劳动价值＝货币价值＝商品价值"的前提是使用货币作为价值度量工具,采用自由市场交易方式。如果劳动价值是由自己享用或者赠送他人,不进行交易,不使用货币作为价值度量工具,那么劳动价值也就不与货币发生任何关系,商品价值也就不能反映劳动价值。在配给制中甚至没有商品价值,劳动价值主要表现为效用价值,不体现经济价值。

　　该公式涉及四部分关系:劳动价值与资源价值的关系、劳动价值与商品价值的关系、劳动价值与货币价值的关系、货币价值与商品价值的关系。这四部分关系都通过等价值交易进行流转。等价交换既是等价值数额的交换,也是价值形式的交换。劳动价值表现为货币价值,商品价值表现为货币价值,交易过程支付货币价值,转移商品所有权。正是因为都采用货币价值度量表示各种价值,才能实现等价交换交易。不同形式的价值,比如劳动价值、效用价值和商品价值等,都统一换算为货币价值进行等价交换。

　　等价交换是价值相等的交换。在实际交易中,采用单位价格和数量表示价值。价格是商品价值或者劳动价值与单位货币价值比较后的数据结果。1斤水果5元就是1斤为单位的水果与5个1元单位货币价值相等。在现实中省略单位货币价值的说法,直接说1斤价格5元,不提及价值,但在经济学中我们需要理解等价交换过程的严谨科学说法。

第六节　货币价值和货币价格的产生方式

剩余劳动价值

劳动价值包括劳动成本和劳动收益,用公式表示为:

劳动成本 + 劳动收益 = 劳动创造的价值 = 劳动价值

从公式可知,劳动成本是劳动过程中的支付花费,劳动收益是劳动创造的价值中能够剩余,可以由劳动者自由支配的部分。因此又可以表示为:

劳动成本 + 剩余劳动价值 = 劳动价值 = 商品价值

剩余劳动价值作为劳动收益,是劳动过程中扣除各种成本费用后剩余的利润部分。剩余劳动价值的构成是劳动价值。由于劳动价值在经济活动中用货币价值表示,因此该公式又可以表示为:

劳动成本(货币价值1) + 剩余劳动价值(货币价值2) = 劳动价值(货币价值3)

在公式中,劳动成本是劳动过程中的支出或花费,包括各种日常开支、加工生产成本、运输包装成本和销售服务开支等。这些支出也是他人的劳动价值,需要支付。只有剩余劳动价值才能够留存给自己使用。从货币价值的角度来看,货币价值1是各种需要支付的成本,货币价值3是销售收入,只有作为剩余劳动价值的货币价值2是利润收益,是属于自己劳动创造的价值。由此可以得出结论:货币价值是由劳动价值构成的。剩余劳动价值是劳动价值创造的结余,是利润收益。剩余劳动价值存储在货币价值中,货币价值是由剩余劳动价值产生的。

这个结论可以用公式表示为:

剩余劳动价值 = 货币价值

(1)剩余劳动价值是劳动价值中能够被存储保留的价值部分,是以货币形式表示的纯利润、纯收益或者劳务服务报酬,是完全采用货币表示的经济价值。只有劳动收益或者说剩余劳动价值,才能以货币价值的方式被保留下来,留待日后使用。因此,剩余劳动价值是储藏在货币价值中的劳动价值,是劳动价值中剩余的能够被储存的劳动价值。

（2）剩余劳动价值是货币价值的来源和产生方式。剩余劳动价值储存在货币价值中,等同于货币价值。货币价值由劳动价值构成,货币价值是劳动价值中没被消费、用于储藏的剩余价值。货币价值本质上是剩余劳动价值的货币度量和货币表示结果。

（3）剩余劳动价值是新创造出的货币价值。这些新增的货币价值可以通过单位货币价值的增加来表现,也可以通过货币数量的增长来表现。无论怎样表现都是货币购买力,都反映劳动创造价值,劳动创造大于消费。如果劳动没有创造价值,也就是没有剩余劳动价值,那么销售获得的货币收入在支付各项成本后没有剩余,也就是没有利润收益。因此,社会中货币价值增长可以定性为社会剩余劳动价值部分的累积储存增加。

（4）剩余劳动价值储存在货币价值中,用于未来购买商品和劳务,进行消费和投资。剩余劳动价值等于货币价值的说法,否定了利息和利润不是劳动的说法。投资收益、利息等货币收益是剩余劳动价值从事经营获取的收益,其本质也是劳动。运用资本投资的做法本质上就是运用劳动储备进行投资。

（5）在各国均采用市场经济制度、均使用货币储藏劳动价值的前提下,各国货币价值的来源是各国劳动力的价值。这个结论是统一各国货币定价的基础。

货币价格的产生方式

货币价格可以通过国家制定产生,也可以采用自由市场交易方式,通过供需博弈产生。货币价格分为国内价格和国际价格。国内价格通常是由国家制定的价格,如人民币的 1 元,美元的 1 元,都是以国家制定的价值作为购买力的价格。对于施行外汇管制的国家而言,货币的国际价格主要采用制定价格。比如,我国以前实施外汇管制时规定 1 美元兑换 8 元人民币,这就是制定价格。后来施行汇率改革,采用有管理的市场交易方式定价。很多国家都采用自由市场交易方式来确立货币的国际价格,但是这种定价方式主要根据供需定价,很容易被资金操纵。

第七节　剩余劳动价值总值和货币总价值

剩余劳动价值总值和货币总价值的关系模式

由于剩余劳动价值等于货币价值,我们由此可以推导出剩余劳动价值总值和货币总价值的关系。

剩余劳动价值＝劳动收益＝纯收益和净利润＝货币价值

微观层面:

剩余劳动价值＝货币价值

宏观层面:

社会货币总价值＝社会剩余劳动价值总值

货币体系是封闭体系,货币总价值,或者说货币供应总量和单位货币价值的乘积,就是社会剩余劳动价值总值。社会剩余劳动价值总值在货币总价值中的分摊就是在单位货币价值和货币供应总量中的分摊。剩余劳动价值是微观层面的货币价值,剩余劳动价值总值是宏观层面的货币总价值。货币总价值和剩余劳动价值总值之间的关系可以表示为:

货币总价值＝剩余劳动价值总值

货币总价值＝单位货币价值×货币供应总量＝剩余劳动价值总值

公式是货币总价值与剩余劳动价值总值之间的基本关系公式。在不同的货币制度中,货币总价值和剩余劳动价值总值的具体表现形式是不同的。

　　在黄金、白银实物货币制度中，劳动价值储藏于黄金、白银的价值中。"两"是黄金、白银的重量单位。在实物货币制度中，如果各国都使用黄金、白银作为货币，那么黄金、白银也是超主权货币，在使用的国家之间自由流通，因此各国的黄金、白银总量对应所有使用黄金、白银作为货币的国家创造的剩余劳动价值。在这种情况下，劳动价值不分国家，使用黄金、白银的国家作为整体属于同一个货币体系，共享各国劳动价值。这种应用黄金、白银的方式实际上已经告诉我们，如果要建立超主权货币会出现什么情况。假如要在法定信用货币的基础上建立超主权货币，那么统一的货币制度和规章，以及统一的单位劳动价值基础是必须要首先确立的内容。

　　在法定信用货币制度中，货币由国家垄断，经济体系是封闭独立的整体，所有社会剩余劳动价值都储存在本国货币中，因此，货币总价值是该国劳动者才能分享的剩余劳动价值总值。其他国家因为使用不同的货币，只能通过国际收支的方式在顺差的情况下才能获得他国的劳动价值。

　　基于上述分析可推导出一个新公式：

　　剩余劳动价值总值＝单位劳动价值×劳动价值储藏总数量

　　这个公式是借鉴单位货币价值与货币供应总量的关系建立的公式。当单位劳动价值等于单位货币价值时，货币供应总量就等于劳动价值储藏总数量，这也是本币在国内的表现方式。当出现本币在国外的情况时，因为各国的单位货币价值是不同的，所以各国有自己的单位劳动价值和劳动价值储藏总数量。如果我们能建立单位劳动价值与单位货币价值之间的关系，就可以确立劳动价值储藏总数量与货币供应总量之间的关系。这个公式的价值就在于：未来可以根据各国不同的劳动定价建立统一的基于劳动价值单位的国际货币制度。各国虽然使用不同的货币，但因为都是法定信用货币，都采用劳动价值构成货币价值,因此尽管各国货币有不同的汇率,但都可以基于共同的劳动价值设立基本的单位劳动价值,从而实现各国货币价值核算的统一。现在使用的货币国际定价方式是货币价格之间的直接对比。由于货币价格的构成因素包罗万象,影响货币价格的因素太复杂,导致目前货币的国际价格波动频繁,对国际经济交流造成负面影响。如果能够使用单位劳动价值确定货币的国际价格,将可以极大地减轻本币在国际市场的波动幅度,有助于国际经贸活动的开展。

剩余劳动价值总值在货币总价值中的分布方式

在任何货币制度中,货币总价值都等于单位货币价值乘以货币数量,即如下公式:

剩余劳动价值总值 = 货币总价值 = 单位货币价值 × 货币供应总量

在不同货币制度中,剩余劳动价值总值在单位货币价值和货币总数量中的分配方式会因为货币制度不同而有所不同。

在实物货币制度中,货币是金银实物,金银价值储备剩余劳动价值。如果金银的供应数量变化不大,那么经济发展产生的社会剩余劳动价值总值的增加,就难以通过金银数量的增长来储藏。社会剩余劳动价值总值增加所产生的价值储藏要求,主要表现为单位货币价值增加,也就是货币购买力的增强。因此,在实物货币制度中,经济发展的结果是单位货币价值提高及货币购买力增加所导致的通货紧缩。

在法定信用货币制度中,货币价值虽然采用信用价值和法定价值,是没有实物的价值,但不改变货币是剩余劳动价值储备载体的性质,剩余劳动价值仍然储存在法定信用货币中。法定信用货币的货币供应数量和单位货币价值均是可变量。经济发展产生的社会剩余劳动价值总值的增加,可以通过货币数量和单位货币价值两种渠道进行储藏。在现实中,剩余劳动价值总值的储藏方式因各国经济体的特点有所差异。对于严格管控货币供应的国家而言,社会剩余劳动价值总值主要储藏在单位价值中,该国货币表现为货币购买力强,货币汇率坚挺。以前的德国货币马克就属于这种情况。对于擅长举债、偏好信用扩张的国家而言,社会剩余劳动价值总值主要储藏在货币数量中,该国货币表现为货币供应数量增长规模大、货币购买力弱、货币汇率疲软。美国货币美元就属于这种情况。美联储和美国政府一直致力于维持强势美元,人为操纵美元汇率以保持强大购买力,掩盖真相。这种强势美元的操纵结果,导致美国的贸易赤字和债务不断增长,难以缩减。

对于发展中国家而言,如果经济保持长期稳定增长,货币供应数量增加与经济发展同步,经济发展产生的社会剩余劳动价值总值将通过货币数量和单位货币价值两种渠道同步储藏。该国货币将表现为,国内货币供应数量不断增加和购买力提升,以及国际市场汇率持续升值。中国货币人民币就属于这种情况。

第八节　劳动定价

劳动定价的定义

劳动定价是对各种劳动形式的价值的定价,是将劳动及其表现形式创造的价值统一采用货币价值表示的方式,是采用自由市场交易方式流通的劳动价值的经济性定价。劳动定价包括对脑力劳动及其成果的定价,对体力劳动和劳动服务的定价,以及对附着在资源商品和资产形式上的劳动的定价。

劳动定价的方式

体力劳动和脑力劳动的价值因人而异、因事而异。对劳动价值多少的判定,主观性强且不确定。劳动供应方常高估自己的劳动价值,漫天要价;劳动需求方常低估劳动价值,就地还钱,压低劳动价值。对劳动价值的判定需要建立统一的标准,只有采用共识的方式才能被社会广泛接受。货币价值稳定、持久、可靠,最适合作为劳动价值的定价标准,用于度量劳动价值的具体数值。自由市场交易制度由供需双方参与定价,这种定价方式客观、周到、灵活、实事求是,最适合作为劳动价值的定价方式。因此在自由市场经济制度中,主要采用自由交易方式,用货币价值确定劳动的价格。

　　劳动定价方式包括两方面内容:一是选择货币价值作为价值参照标准,采用劳动价值与货币价值比较的方式产生价格数值;二是采用自由市场交易方式,实事求是地通过供需双方达成交易,产生当时具体的价格数值。各种形式的劳动价值与货币价值进行比较产生的相对结果作为劳动定价结果,可以表示为:

$$单位劳动价值 = N \times 单位货币价值 = 自由浮动的交易价格$$

　　从公式可知,各种劳动形式之间的价格差异表现为货币价值表示的劳动定价之间的差异,也就是公式中不同数量 N 之间的差异。比如,有人月薪5000元,有人月薪10000元。

　　劳动定价是针对能够被经济化的劳动价值进行的定价,并不是所有劳动价值都可以定价,也不是所有劳动价值都会经济化。家庭主妇抚养孩子、照顾家庭的劳动就不适合经济化。只有能够被经济化的劳动价值,能够进行社会流通的劳动价值,才会被转换为货币价值进行定价。综上所述,我们就可以理解为什么保姆有市场定价的工资,而对家庭主妇的劳动难以进行市场定价。

劳动定价的种类

　　劳动价值经济化的表现方式目前主要有四种形式:劳务服务形式、商品形式、资产形式和货币形式。

1. 劳务服务形式的劳动定价

劳务服务形式的劳动定价表示为:

劳动价值 = 劳动价格 = 货币价值

劳务服务形式的劳动定价是针对劳动者给出的劳务服务价值进行定价,是采用货币价值支付的雇佣劳动力或使用他人劳务服务支付的报酬。

劳务服务形式的劳动定价分为两种,一种是工资薪酬形式,另一种是项目服务形式。泥瓦匠每小时收入 120 元,文员每月6000 元,都是劳务定价。零工、散工等为完成特定任务项目支付的报酬也是劳务定价。

薪酬工资是最常见的劳动定价。不同的行业薪酬工资不同,不同的国家薪酬工资水平也不相同。即使在同一行业中,不同企业给出的薪酬工资也可能不同。薪酬工资的定价是因人而异的,是以劳动力为单位确定劳动定价的,是按照雇佣关系的特点支付劳务报酬的。行业或工种的薪酬工资水平是市场对该劳动定价的惯例或均值。比如,制衣厂的员工工资,流水线工人的薪酬,都是这种工作的劳动价值均值表现,反映该工作的长期劳动定价水平。从薪酬工资的角度来看,各种商品价格之间的差异反映生产不同商品、花费不同劳动力、获取不同劳动收益之间的差异。

项目服务形式的劳务定价是对完成特定劳务服务或项目支付的劳动报酬,比如为粉刷房间墙壁支付 1000 元人民币。劳动创造了各种商品的经济价值,因此劳动价值就是由劳动力定价或者项目劳务定价构成的。也就是说,劳动劳务价格是看待和理解各种劳动价值、各种经济价值和各种市场价格的基础,所有经济体的整体物价水平与劳动定价水平都是相适应的。劳动定价的加权平均值反映该国物价的加权平均水平,都是社会供需能力的表现形式。

2. 商品形式的劳动定价

商品形式的劳动定价是指劳动借助资源作为载体，创造出效用价值和经济价值后，在市场中流通产生的定价。在这种方式中，资源商品是劳动的载体和表达方式，劳动价值完全借助资源商品来表现。用公式表示为：

劳动价值(货币价值) = 商品价格 × 数量(货币价值)

从公式可知，商品价值是劳动的产物，商品价值或者说商品的劳动价值具体是多少，在市场经济制度中主要由市场对劳动的定价决定。由于商品生产由劳动者完成，因此商品价格的基础是对劳动力的定价，商品价格是劳动力价格水平的综合反映。理解物价很重要的一个角度就是理解劳动力定价。

劳动力价格和商品价格之间的关系模式可以表示为：

商品价格 = 劳动收益 + 劳动力价格1 × 劳动量1 + 劳动力价格2 × 劳动量2 + 劳动力价格3 × 劳动量3 + … + 劳动力价格n × 劳动量n

商品价格 = 劳动收益 + 劳动价值1 + 劳动价值2 + 劳动价值3 + … + 劳动价值n

从公式可知：劳动价值1，劳动价值2，劳动价值3，…，劳动价值n都是生产销售过程中的成本，都是各种形式的劳动价值，都是原材料辅料、生产加工、运输销售等供给环节的劳动创造，都是劳动力价格和劳动量的乘积。

从微观来看，任何商品的收益量都是由商品价格和生产成本两个方面来决定。从宏观来看，任何经济体的剩余劳动价值累积程度都是由物价水平和劳动效率来决定。政府的经济政策因此也需要在这两个方面开展工作。

在公式中，商品价格由市场确定，生产成本是商品销售价格的下限，劳动收益为零或为负数时就可能停止生产劳动。也就是说，商品价格低于生产成本则会导致新增供应减少甚至停止，

直至市场中的库存清理完毕,价格恢复到生产盈利状态时才会促进供给。这个关系用公式表示为:

商品价格 - 商品成本 = 商品收益

商品收益等于 0 或者大于 0 才能促进供给。

3. 资产形式的劳动定价

资产形式的劳动定价表示为:

剩余劳动价值 = (资产卖出价格 - 买入价格) × 数量 = 货币价值

资产包括房地产等不动产、机器设备、股票债券、贵金属、珠宝等保值产品以及金融产品。资产的特点是既可以作为抵押品取得流动性,还可以通过持有增值方式产生收益。资产的投资方式与商品的消费减值有本质的区别。

资产与商品之间有时很难区分,机器设备既是商品也是资产,使用机器设备能够创造收益,但机器设备随着使用而不断减值,兼具资产和商品的特点。

"资产形式的劳动定价"是一种很拗口的说法,意思表达也不准确,准确的说法就是"资产定价"。从劳动价值的角度看待资产,看待劳动定价和资产价格之间的关系,我们就可以发现使用货币购买资产时,资产的价值就是相应的货币价值。由于货币价值是剩余劳动价值,因此公式中采用剩余劳动价值来表示资产投资和投资收益。资产价格反映的是剩余劳动价值累积的程度。剩余劳动价值累积得越多,资产价格也就越高。闲置的剩余劳动价值越多,资产价格就越高。也就是说,货币数量供应越多,资产价格就越高。热钱越多,资产价格越高。资产价格是建立在货币价值基础上的金融价格。资产价格特别是各种金融产品的定价,都以货币定价为基础,通过市场供需相互作用产生。

单位货币价值以利率的方式影响资产定价,货币数量以流动性的方式影响资产定价,两者共同构成货币价值对资产定价的影响路径。实物资产的收益由实物和金融两个途径提供。金融产品的收益很多是利率或流动性的异化形式。市场对金融产品给出的溢价，无论是由市场供求决定的，还是由利率水平决定的，实际上要么是利息收入，要么是对利息收入的贴现，要么是对流动性程度的贴现，都是围绕货币价值产生的。

4. 货币形式的劳动定价

货币形式的劳动定价表示为：

剩余劳动价值 = 货币价值 = 单位货币价值 × 数量

货币价值本身由劳动价值构成，货币形式的劳动定价是单位货币中含有的劳动价值量。货币价值和劳动价值可以互为定价单位，只有从市场交易的角度，才选择货币价值作为定价标准。

在货币价值由劳动价值构成的前提下，商品、资产和劳务的货币定价等同于劳动定价，各种经济价值之间因此能够在劳动价值和货币价值之间自由切换，进行等价值交易，经济才能将劳动、资源、资产和货币联系在一起，形成完整封闭的整体。在这种方式中，如果确立单位劳动价值的数值，也可以使用单位劳动价值表示单位货币价值，商品、资产和劳务服务等的定价也都可以通过货币价值换算为劳动价值，各国的货币价值汇率也因此可以换算为劳动价值定价的差异。因此，货币形式的劳动定价可以用公式表示为：

单位货币价值 = N × 单位劳动价值

考虑到不同国家的单位劳动价值是各不相同的，可以设立国际基准单位劳动价值，这样各国的单位货币价值就可以表示为：

各国单位货币价值 = N × 国际基准单位劳动价值

各国的汇率因此可以表示为：

汇率 = N1/N2

第九节　劳动定价公式

劳动定价公式

从不同形式的劳动定价可以发现,劳动定价的本质是劳动价值的货币化。劳动定价的基本表示单位和度量标准是单位货币价值。各种形式的劳动都以劳动力作为基本单位参与劳动,劳动定价的实质是对劳动力的定价。劳动定价基本公式可以定义为对参与劳动的劳动者的劳动力定价,用公式表示为:

劳动价格 = 劳动力价格 = N × 单位货币价值 = 劳动成本 + 劳动收益

劳动价格是以劳动力为单位进行定价的。工资薪酬以劳动力为单位定价,劳务服务也是根据劳动力提供劳务服务的特点按照劳动力支付报酬。项目形式的劳务服务虽然是以项目整体为核算报酬,但在具体支付时仍然是根据单位个体的具体劳动进行支付。

劳动定价将劳动价值转换为公认、公开、公平的货币价值进行定价。劳动价值采用货币价值度量,能够直接参与经济交易。劳动价值转换成商品的经济价值,经济体系就可以在货币价值的联通下成为自由流通的整体。泥瓦匠每小时收入多少合适,文员每月应获得多少报酬,每件服装价格究竟定为多少合适,等等。这类问题如果采用劳动价值作为评估单位则很难有确定的答案。只有采用市场交易方式,使用货币价值作为统一标准,才能通过自由交易方式,找出供需双方都认可的共识性劳动价值数额。

劳动价值用货币价值表示,不仅能度量出劳动价值的准确数额,还使劳动价值、商品价值和货币价值之间实现等价交换,剩余劳动价值也因此能够储藏在货币价值中。比如,泥瓦匠每小时收入 120 元,是指泥瓦匠的工作在人民币的货币体系中,一般而言是单位人民币含有的货币价值的 120 倍。

公式"劳动价格 = N × 单位货币价值"也可以理解为劳动定价是货币体系中劳动的平均价值乘以对应劳动的劳动量,这样理解更便于设置单位劳动价值,劳动定价之间的差异也就转变为劳动量之间的差异。这里的劳动量不仅是劳动数量,还包括劳动质量或水平。脑力劳动如果创造的价值更多,就可以代表更大的劳动量。

劳动通过定价方式转化为货币收入。货币收入是剩余劳动价值的储藏,可用于未来的消费和投资。劳动生产的目的从满足需求扩展为累积货币财富。各种经济活动产生的财富大多以货币形式储藏、计量和表示,社会的货币供应数量越多,在同等物价水平的前提下,社会越富裕。如果不进行社会性经济劳动,劳动自用就无法产生货币财富。各国具备的资源禀赋如果不与劳动结合、不用于满足社会需求,就只是天然的物质存在,不是社会财富。有些国家守着金山银山过苦日子,就是因为没有通过社会性经济劳动将资源转变为货币财富,没有将资源用于满足社会需求。从财富的角度来看,所有资源都是可以产生货币的媒介。从劳动的角度来看,所有资源只有成为劳动的对象,才能通过劳动创造出使用价值、效用价值和经济价值。如果不从事劳动,不开展交易,即使拥有再多的资源也不能体现出效用和价值。如果资源不能对经济发展和人民富裕做出任何贡献,这是对资源的浪费,是对人民福祉的漠视。资源只有通过劳动变现为货币,才能对经济发展产生直接的作用,这是由经济制度决定的。利用各种资源实现发展是唯一可行的发展道路。

劳动收益

劳动收益是将劳动价值中能够剩余被储藏的以货币形式保存的价值。劳动过程中产生的纯利润、纯收益或者劳务服务报酬,在扣除成本后都是劳动收益。劳动收益是能够被持有、储藏、转移、交易,留待日后备用的剩余劳动价值,是以货币形式储存累积的购买力。

　　劳动收益 = 纯利润 = 净收益 = 劳动收入 - 劳动支出 = 劳动价值 - 劳动成本

劳动成本

　　劳动创造的价值中包含劳动成本和收益。劳动成本是劳动过程中的消耗和支出,需要从劳动收入中扣减,用公式表示为:

　　劳动成本 = 劳动收入(劳动价值) - 劳动收益

　　劳动成本主要包括两类形式,一类是劳动过程本身的花费,另一类是对外购买的商品或劳动服务。劳动过程本身的花费包括花费的时间精力、体力智力、自有产品等。生活是有成本的,活着必然要消费,因此时间、精力、体力和智力等劳动的成本是生存生活成本,都作为劳动成本列入经济核算。

　　劳动过程购买的商品劳务也是主要的成本形式。在分工合作的经济体制中,劳动使用的原材料、零配件、工具仪器,甚至知识产权,很少由自己生产创造,都需要对外购买。这些因素构成成本的主要内容。比如,在一部华为手机中,大部分零部件并不是华为公司自己生产的。华为公司将对外采购的零部件和自己生产的部件组装在一起,用华为品牌出售。华为公司采购的所有零部件、知识产权和劳务服务,以及生产销售过程中花费的工资、支付的税收、银行利息等也都是成本。这些不同形式的成本,其本质都是劳动者的劳动,因此都是劳动成本,用公式表示为:

　　劳动成本 = 劳务服务成本 + 资源成本 + 资产投资成本 + 人工劳务成本 + 加工成本 + 财务成本 + 税收成本 + 物流运输成本 + 销售成本 + 维修售后成本 + 其他成本

　　劳动成本代表生产和生活成本等各种形式的成本。无论是银行利息、购入商品、物流运输、零部件、税收等,追本溯源都是劳动成本,都表现为劳动价值。决定劳动成本的因素从微观看有很多种类,无须一一列举。从宏观看主要表现为物价水平,是劳动定价的反映。各种成本都以物价的方式呈现,都是劳动价值和劳动收益的表现形式。劳动定价从个体角度来看主要是由生活成本决定,从整体角度来看是劳动效率和劳动竞争力的反映。

各种经济价格由各种形式的劳动定价构成,这些不同形式的劳动产生生产成本、社会成本、经济成本和金融成本等各种形式的成本和收益。所有社会成员生存、生活和发展涉及的成本,都是通过生产投资活动产生的收益来支持。剩余劳动价值作为对未来购买力的储备,其本质仍然是满足社会成员生存、生活和发展的支出消费需求。因此,经济活动被看作劳动成本和劳动收益之和。

"天下没有免费的午餐"是对劳动成本构成公式最好的概括。社会成员通过提供劳动,参与社会分工合作的方式,在商业交易中获得相应报酬,维持生存,用于满足社会生活的各项开支。劳动以成本和收益的方式,借助资源、商品、资产和劳务服务等形式,通过货币实现社会分配,满足各种需求。如果不从事劳动,不参与社会分工合作,就不能享受社会资源。即使是政府的税收,也是社会劳动成本和劳动收益的一部分,完全符合上述公式,是经济体不可缺少的一部分。经济活动的本质是劳动成本＋劳动收益＝劳动价值。经济体制围绕这一本质构建,经济运行围绕这一本质运转,经济活动的方方面面都是这一本质的表现形式。经济活动的活力就是不断创造出劳动收益。

影响劳动定价的主要因素

劳动定价主要受四种因素的影响:货币供应数量、单位货币价值、劳动对象和劳动者。劳动定价公式为:

劳动价格 = 劳动力价格 = N × 单位货币价值 = 劳动成本 + 劳动收益

第一,货币供应数量对劳动定价的影响表现在货币供应数量对单位货币价值和物价产生的影响。货币超发摊薄单位货币价值,推高物价;货币紧缩提高单位货币价值,抑制物价。这些因素对生产生活成本产生直接影响。货币供应数量对货币购买力的影响最终会在劳动定价层面反映出来。

第二,单位货币价值对劳动定价的影响表现在单位货币价值作为货币购买力,其单位购买力的变化直接影响收入的总购买力水平。单位货币价值购买力长期降低时,很容易造成物价上涨和加薪。

第三,劳动对象不同,完成劳动所消耗的劳动不同,导致劳动定价不同。劳动中的分工合作程度不同,劳动的复杂程度不同,这些因素都会影响劳动定价。比如,生产服装和生产汽车虽然都是流水线,但需要的技术能力不同,流水线的劳动定价也不同。

第四,劳动者不同,给予的劳动定价也不同。不同劳动者受到的教育不同,具备的能力不同,特长不同,市场给出的劳动定价也不相同。劳动效率高的劳动者通常获得的报酬高。创造性大、获利能力高的劳动者通常获得的劳动定价也高。有些行业缺乏劳动力,有的行业人才过剩,由此产生的劳动力定价也不同。

第二部分——
货币理论原理

第三章　货币的定义、定性、性质和功能

第一节　货币的定义、种类、形式、流通方式和所有权归属

货币的定义

广义的货币定义指能够用于交易支付的价值媒介。比如，大型集团公司的饭票可以在集团内部作为货币流通，用于某些情景的支付。在这类私下小范围的交易中，饭票发挥了货币的功能，这是广义性的货币。

通俗的货币定义主要强调货币的形式和功能以及其在经济活动中发挥的作用。通俗的定义将货币看作交换发展的产物，具备记账、计价等功能，是交易媒介和法定支付手段，是法定的等价物，是价值的参照标准和计量工具，是财富的表现形式，更是剩余劳动价值的储备载体。

官方和法律层面的货币定义特指法定货币。当前的法定货币是法定信用货币。货币在法律层面的定义是指由国家承认，法律确立其货币身份的专业交易支付媒介、价值计量储藏载体和法定的债务清偿工具。法定货币既不是商品，也不是契约，它只是法定货币。法定货币由国家法律承认并保护，除法定货币之外的支付工具都是代币。

准确的货币定义要结合货币制度进行定义。货币作为货币制度的构成部分，货币的性质、特点和形式都由货币制度决定。实物货币采用实物作为货币载体，通过实物的性质和特点承担货币功能及货币制度的规则。金本位货币也属于实物货币，是实物货币向法定信用货币过渡的中间货币。金本位货币以实物

黄金及其价值作为货币发行准备。发行凭证纸币形式的货币后,实物黄金退出流通,交易结算支付均采用凭证纸币。法定信用货币是凭证信用货币,也是制度货币,是以凭证和账户作为货币的形式,采用信用价值,通过制度建构货币功能效用的货币。这样的定义都是从货币制度角度进行的定义。

很多经济学课本将货币定义为交换权的契约,这种定义只适用于金本位凭证货币,并不适用于实物货币,也不适用于法定信用货币。实物货币是以实物作为交易媒介,通过实物自身价值兑换商品和劳务的等价物,并不是契约。法定信用货币是法律指定的法定交易支付工具,也不是契约。只有金本位凭证货币,票面承诺按照法定兑换率兑换黄金实物,这种情况下才属于契约。在这里我们要强调一个基本原则,也是经济学课本忽视的原则,更是西方经济学不具备的原则,即经济表现出的特点是相对于货币制度的特点,经济学因此应该是建立在货币制度基础上的经济学。我们必须分清楚哪些经济现象和经济学定义属于实物货币制度引发的现象和定义,哪些经济现象和经济学定义属于金本位货币制度或法定信用货币制度引发的现象和定义。目前经济学界不区分货币制度及其导致的特定经济现象,而是采用"一锅烩"的方式撰写经济理论,这是错误的。

货币的种类

如果按照货币的形式进行分类,货币可以分为实物货币和凭证货币两类。黄金、白银是实物货币,银票、纸币、支票和汇票是凭证货币。金本位纸币兼具实物和凭证货币的特征,是两者的结合。

如果按照货币制度差异分类,货币可以分为实物货币和制度货币两类。黄金、白银、银票和金本位纸币都属于实物货币,银行存款、支票和汇票属于制度货币。

如果按照货币价值构成分类,货币可以分为实物价值货币和信用价值货币两类。黄金、白银、银票和金本位时期的美元都属于实物价值货币，当前使用的现金纸币、银行存款、支票和汇票都属于信用价值货币。

众多的分类方式虽然可能导致混淆，但不同的分类方式特点鲜明，便于理解。特别是在解释相关内容时，具有很好的效果。现在使用的货币是法定信用货币，如果非要定义为"法定制度货币"也未尝不可。法定信用货币强调了货币价值的信用性，主要是与实物价值进行区别，对于牢记信用的风险有很大好处。凭证货币是目前主要采用的货币形式，如果将来采用数字货币，凭证货币就可能退居二线或被淘汰。在所有划分方式中，采用制度为标准的划分方式最准确、最清晰。现在使用的货币被定义为"法定信用制度货币"也更合适，但习惯上我们称现在的货币为"法定信用货币"，并不强调"制度"二字。

货币的形式

货币作为等价物采用的方式就是货币的形式。理论上，只要符合货币制度对货币的要求，只要满足货币的各项功能，只要公众愿意接受，货币可以选择任何形式。

货币采用的形式目前分为实物形式和凭证形式两类。黄金、白银属于实物形式的货币。纸币、支票和账户形式都属于凭证形式的货币。金本位制度发行的纸币兼具两种货币形式。

实物货币形式选择实物作为货币载体，货币的功能、性质、特点，甚至货币制度的安排，均通过实物的性质和特点体现。实物价值就是货币的价值，用于储备剩余劳动价值。实物的物理属性用于计量、计价，通过实物转让完成交易支付。实物的供应量作为货币的供应总量，代表国家的总购买力。货币制度的其他要求也通过实物的性质特点实现。

凭证货币形式是记账体系的一部分，是由货币发行机构出具的，能够证明货币合法效力和价值金额的法律凭证。纸币是央行发行的,能够证明持有者持有货币金额和权益的法定凭证货币。存折是商业银行出具的,能够证明持有者在该银行拥有货币数量金额的法定凭证货币形式。凭证货币最主要的特点是货币价值采用法定标注方式,不需要像黄金、白银那样通过称重来确定价值。凭证货币采用印刷防伪防范假冒。凭证本身虽然没有多少价值,但凭证本身作为法律认定的法定货币,由国家政府确保凭证标注金额具备价值,凭证货币价值等同于同价值实物。

金本位货币兼具实物货币和凭证货币的特点。金本位货币以黄金作为发行准备,按照法定兑换率发行凭证纸币。凭证纸币依法自由兑换实物黄金。黄金实物和纸币凭证都是金本位货币的法定货币,黄金实物负责货币价值担保,纸币负责交易流通。在实物货币向凭证信用货币过渡的阶段,这种方式既能确保凭证纸币的价值,又兼顾凭证货币使用的便利性,和实物货币相比,具有明显的支付优势,因此也曾被市场广泛接受。

货币的流通方式

货币与商品、资源、资产和劳动服务等价值形式采用等价交换的方式在经济中流通。实物货币以自身价值与商品进行等价交换,通过支付转移实物货币进行流通。纸币和实物货币的流通方式相同,账户货币通过转账、汇款、结算等方式在经济体中流通。由于货币是商品、资源、资产和劳动服务等价值形式共同的等价交换对象,所以只有货币才具有最高流通性。

货币的所有权归属

货币的所有权归属由货币制度决定。

实物货币的货币所有权和实物一体。货币拥有者在拥有货币的同时也拥有实物本身,实物货币的货币所有权因此属于货币持有者。

法定信用货币的货币所有权和使用权分离。货币拥有者作为使用者,仅具有使用权。货币的发行者才是真正拥有货币且能决定货币核心性质的所有者。因此,法定信用货币理论上是归发行者所有的货币。

货币所有权的本质是货币价值的归属。拥有货币,主要是指拥有货币价值。从这个角度来看,实物货币的所有权归所有人拥有,法定信用货币的所有权归货币发行者拥有。货币发行供应者可以决定货币的单位价值和供应总量。货币使用者不能决定货币价值,只是被动地使用货币。货币持有者只拥有货币的面值价值权利,不拥有货币本身,所以政府能够宣布作废旧币使用新币。美联储当年可以自行决定放弃美元与黄金挂钩,这是法定信用货币和实物货币最主要的区别。

法定信用货币是私有和共有的结合体。货币属于国家,所以也叫主权货币。货币的这种国家主权属性决定了货币由全体公民共有。货币的主权性、垄断性和发行供应机制的结合,强化了货币的公共、共有和共享属性。货币无论由谁持有,持有者拥有的都仅是货币标示的价值,货币的主权仍旧归属于货币发行机构。货币发行机构承担货币发行供应和价值保障的责任,代表国家和全体人民行使货币所有权享受的各种权利。

第二节　货币的性质

为什么理解货币的性质很重要

理解货币的性质有助于厘清货币的权利、责任和义务,有助于确立货币问题应采取的立场,有助于定位货币和信用应用的发展方向,对于解决现实中遇到的问题有明显的帮助。

一般而言,中央银行更关注货币在单位价值和货币供应量方面的性质,商业银行更关注货币形式和信用价值应用方面的性质,司法层面更注重货币在交易中的各项权利、责任归属划分方面的性质,政府更注重货币的主权地位等方面的性质,普通市民更注重货币购买力和货币价值方面的性质,等等。货币在这些方面的内容都通过货币功能和货币制度建构的性质体现,因此,深入理解货币性质是非常必要的。

货币的流通性

货币的流通性是指货币通过自身价值参与等价交易支付,成为供需双方交易的媒介,主导资源商品、金融资产和劳动劳务等经济元素的流通而产生的流通性。货币是交易的中心,是经济运行的血液,是最具流通性的经济元素。因此,获取货币成为经济活动的目的,拥有货币成为生存发展的必要条件。

流通性代表货币的交易结算地位,流通性降低将直接影响交易和经济运行。在实物货币制度中,私人窖藏货币会导致流通货币总量减少,货币流量降低,从而降低经济活性,造成通货紧缩。中国古代就有针对囤积黄金、白银行为的打击惩罚条例,唐朝也有禁止储钱过量的法令。这些做法都是在阻止货币窖藏,促进货币流通。

在法定信用货币制度中,商业银行通过支付利息的方式吸收存款、防止窖藏,再通过信贷方式将货币投入经济体。这种采取储蓄信贷方式促进货币流通的做法很有效。法定信用货币制度为金融业提供诸多投资标的,社会闲置资金进入投资领域。法定信用货币很少被窖藏,大部分通过储蓄信贷和投融资方式在经济体中不断流通。货币的流通性也是货币的流动性。流动性下降说明经济活跃程度降低。

货币流通性是货币价值的体现。实物货币因为有价值才具有流通性,信用货币因为流通才有价值。货币保值除了要确保货币本身的价值外,还要确保货币的流通性,也就是使用的频繁程度。流通性是货币价值的一部分,限制流通性会降低货币价值。拒绝使用货币的市场越多,该货币的价值就越低。这种情况在国际市场上各国货币相互竞争的局面下表现得尤为突出。具备国际流通性的国家货币的币值更强。不能用于国际支付的国家货币不具有国际市场的流通性,货币需求只能来自国内,国际定价自然偏低。流通性越低则货币价值越被低估,反之,流通性好的货币其价值则容易被高估。美元是国际市场中流通性最好的国际货币。

关于"劣币驱逐良币"需要在这里做一下解释。在多种货币自由竞争的环境中,劣币的保值性差。货币持有者希望保留良币,优先使用劣币,因而劣币的流通性反而比较好,出现"劣币驱逐良币"的现象。但这种情况是实物货币制度下货币流通的表现,并不是法定信用货币的表现。在实物货币制度中,良币因为纯度高被窖藏,而含金量低的货币则被优先使用。在法定信用货币制度中不涉及含金量,货币价值与流通性息息相关,反而会出现流通性好的货币价值高的现象。人民币国际化就是建立人民币的国际流通性,就是发展人民币的使用对象,建立人民币的应用环境,普及人民币的日常使用。

货币的体系封闭性

货币的所有使用者,不论国内还是国外,都处于同一货币体系中,采用相同的货币价值作为标准进行定价。剩余劳动价值储备在同一货币体系中,受货币制度和政策变化的共同影响,构成共同的货币区。这就是货币的体系封闭性。

在实物货币制度中,各国普遍使用金银作为货币。金银不仅是国家货币,同时也是国际货币。使用金银作为货币的国家处于相同的货币区,因而货币的体系封闭性在当时并不显著。在法定信用货币制度中,各国发行本国特有货币,本币使用者共同构成独立的货币区。只有建立不同货币之间的定价和结算安排,国家之间的交易支付才能实现汇兑联通。法定信用货币的体系封闭性表现得更显著。

货币的体系封闭性决定了任何主权货币的所有剩余劳动价值总价值都储存在本币中。外国投资者持有的本币属于本币货币区,也是本币剩余劳动价值总价值的一部分,是该国货币价值总量的一部分。所以,国际收支盈余会增加本币总价值,国际收支亏损会减少本币总价值。

货币的体系封闭性决定了每个社会成员辛勤劳动的价值不仅储存在自己持有的货币中,也储存在本币的体系中。个人剩余劳动价值的增长,会促进本币剩余劳动价值总价值的增长。每个人的劳动价值不仅有利于自己,还有利于社会。剩余劳动价值储备作为社会的总需求,为社会成员提供就业和收入来源。个人的劳动果实也是社会总体福利的一部分。货币总价值的提升会使每个社会成员都受益。只有每个社会成员积极参与社会劳动,社会和国家才能变得更美好。

在法定信用货币制度中,国内货币体系既是封闭的,也是独立的。只要自己内部不出问题,外部势力并不容易颠覆本国经济。货币的体系封闭性是对本国经济的天然保护,外部势力主要通过外汇储备、国际收支和汇率施加影响。谨慎开放货币金融领域是确保国家安全的关键。美国深谙此道,虽然其一直在国际上推行金融开放,但其推行的重点是资本市场开放,而不是货币和银行的开放。美国本国的货币银行领域并不愿开放给外国,就是这个原因。

货币的制度性

货币的制度性指货币金融的产生、授权、存续结束、经营管理、流通运作、监管和注销等活动的规则化和法治化。

货币制度是货币的灵魂和生命。货币制度用于确定货币形式和货币应用方式,建构货币生成注销方式,确立货币功能性质,规定货币金融产品的经营方式。货币是货币制度的产物和表现形式。货币制度赋予货币存在的意义和价值,处处体现货币制度的各项安排。

在实物货币制度中,实物本身的性质承担货币制度的功能,实物货币可以脱离制度而单独存在。法定信用货币属于制度货币,信用货币不能单独存在,必须以制度和体系的方式存在和运行。在法定信用货币制度中,货币的各项功能和性质都通过货币制度确立,货币的经营管理和金融体系的运作都以货币制度为基础。货币制度不仅建构了法定信用货币,也建构出了金融体系和经济的特定运行方式,一旦脱离制度保障就会导致货币金融和经济体系的混乱。

货币发展到制度阶段,是货币金融的重大进步。只有制度成为货币的基础,才能广泛地运用信用发展金融创新。各种债权、期权、股权,各种支票、汇票、信用卡,以及货币基金等金融产品,都是在制度保障和规范下产生的。有了货币制度的规范和保障之后,货币金融体系的运作才会越来越规范,越来越法制化,对于消除人为干预、确保货币的独立性具有重要的作用。法定信用货币作为制度货币,制度的健全完善程度、制度的执行效果都会影响法定信用货币的信用。完善货币金融的各项规则制度是法定信用货币制度最重要的工作。

货币的主权性

货币的主权性特指货币归属国家,在国家主权领土范围内具备排他、垄断的交易支付和债务清偿的特殊地位。国家承认、法律保障、垄断经营是货币主权性的体现。货币具有垄断性、封闭性、强制性和法定地位等特性,这些都是建立在货币主权性基础上的特权。

货币的法定地位是国家主权的一部分。如果不被政府和国家法律认可,就不能受到国家法律的保护。法定地位是成为国家货币的基本条件。只有成为国家承认且法律保障的垄断货币,货币的各项功能才能正常实施,才能在领土范围内作为经济权利参与经济活动。使用非法货币交易的风险很大,法律上不承认交易的合法性,也不会保护其相应的经济权利。这也是法定货币比民间货币更可靠、更安全、更确信的原因。在中国古代,官银和私银同时流通,但缴税也只能使用官银。非法定货币的法律地位不被认同,货币属性不完备,因此不能享受主权货币应有的法定权利。像比特币这样的虚拟资产就不被法律保护和政府承认。比特币作为代币只能在私人的小范围层面使用,无法用于缴税、签约等合法的大宗经济活动。

在不同货币制度中,货币的主权性表现各不相同。法定信用货币的主权性清晰明确,在国内具有法定垄断地位和排他权利。实物货币的主权性表现得并不明显,古代官银和民间金银作为货币可以同时流通。实物货币一般不排他,但仍然需要国家政府的承认。即使像黄金、白银这种超越国家主权,能够在各国间自由流通的货币,也同样需要国家法律的认可。如果国家禁止黄金、白银作为货币流通、使用,不给予黄金、白银作为货币的法定地位,黄金、白银就不能作为货币使用。现在在我国,法律制度不承认黄金、白银的货币地位,所以黄金只能作为饰品或投资品,不能作为货币用于交易支付。

在国际上,货币的主权性代表国家的经济实力和利益。国家对外经济交流是通过货币兑换完成的。货币作为国家主权,将本国经济和外部经济通过货币做了分隔,进而产生了基于主权货币的内部经济治理和货币政策,以及外部的外汇储备和国际收支。经济运行建立在以本国货币价值为参照的定价基础上,供需双方皆以此定价进行资源配置和经济安排。政府在货币主权的基础上,通过财政、货币发行及货币经营许可等权利对经济施行有效的管理和掌控,通过管控经济来实现对社会的治理。因此,货币金融主权对于国家和政府而言是非常重要的。

如果放弃货币主权,等同于将本国的经济权让渡给货币提供国的经济周期和货币政策。比如,使用美元作为国际货币,全球的经济周期都会受美元货币政策和经济政策的直接影响。

货币的独立性

货币的独立性指货币保持自身性质、特点,立足货币金融的基本原则,在经济活动和供需模式中保持中立、杜绝偏好、不受干涉和影响的能力。货币独立性主要通过法制实现。只有依法建立、依法经营、依法管理的货币,才能独立运作,中立经营。

货币独立性表现在货币本身是专有的,不应使用替代物。我国计划经济时期发行粮票、布票等代币,导致货币职能被弱化,货币独立性也就无从保持。

货币的独立性首先表现在货币管理机构具备独立权力,能够依据货币制度依法开展货币金融的运作和治理工作。货币的独立性还表现在,货币管理机构的经营管理和货币政策实施具有独立性,不受政府干预,能够立足于经济性,而不服务于特定目标和特定组织。中央银行作为国家货币的管理经营机构,如果丧失独立性,则难以保障货币价值的稳定。如果货币政策长期为政府目标服务,社会财富就很容易被政府过度透支,出现通货膨胀的现象。像津巴布韦出现的恶性通货膨胀就是典型的中央银行丧失独立性而导致的结果。

实物货币制度采用实物确立货币价值和货币供应量,政府难以操控货币供应数量和货币价值,货币不受外来干预,是天然的中立货币。因此,实物货币在经济活动中价值稳定长久,表现出非凡的独立性。法定信用货币制度赋予中央银行塑造货币价值的能力,货币的性质特点也由制度规则的安排决定,法定信用货币是天然的偏好型货币。因此,确保法定信用货币的独立性和中立性,是法定信用货币制度建设中最核心、最主要的部分。

货币的中立性

货币的中立性是货币最重要的性质。表面上看起来中立性和独立性有很多相近的地方，实际上两者对应的层面有很大的不同，需要区别开来单独分析。货币的独立性是针对货币管理发行机构和制度而言的，货币的中立性是针对货币本身而言的。货币的中立性强调货币的财富属性和价值保障，这也是货币成为交易媒介及价值储备载体的关键。如果丧失中立性，就会损害货币功能，动摇货币的根本。

货币的中立性表现在货币是公共产品。货币价值涉及每个人的切身权益，货币只有保持中立才能维护所有持有者的权益。当货币成为某个组织或个人实现其目的的工具时，受损的则是整个社会。货币的中立性还表现在货币制度的各项规则安排是公开的，不能私下操作、临机解释。无论经营管理货币金融，还是实施货币政策，都应立足于货币持有者利益的共识，都应秉持公平、公正、公开的原则，反对偏好倾斜，反对徇私舞弊，反对利益输送。

中立性是货币金融范畴的基本价值观。货币的中立性是制定货币制度、金融法规、货币政策时应坚持的基本原则。货币的制度性建立在货币中立的基础上，货币的价值依赖货币的中立性来保障，货币的独立性来自货币中立的立场，货币的流通性依赖货币的中立性得以维持。将货币视为工具，会严重破坏货币的中立性。这种做法即使在短期内能取得明显的刺激效果，但从长期来看，放任货币价值波动、破坏货币中立性的做法在历史上没有成功的案例。货币服务于某种特定目标时，与此目标相反的人会放弃这种货币。货币目标服务于某个特定组织时，组织外的持有者的利益不一定能得到保障。这是管理、经营货币的人必须考虑的现实问题。

法定信用货币是天然的偏好货币，这既是制度本身的缺陷，也是未来需要完善的地方。私人发行的货币也是天然的偏好货币,很容易带有先天无法消除的价值观倾向性、政治立场倾向,或者意识形态偏好。使用这种货币的人,可能在某一天因为价值观差异就被货币发行方冻结资产或者禁用货币。美国利用美元的国际货币地位制裁他国,冻结他人资产就是货币不保持中立的表现。因此,对于法定信用货币而言,更要注重货币的中立性、确保货币的中立性,不能放任偏好,以致货币被利用,作为实现个别目标的工具。

货币的社会公共性

货币的社会公共性是货币的社会性和公共性的结合,是由货币作为国家经济体系垄断的交易支付媒介、计价记账工具、价值储备载体的效用和价值决定的。

货币承担着交易支付、储备价值、调节供需、激励生产、引导投资和分配社会财富的作用。货币的作用如此突出,地位如此重要,决定了货币属于全民,是公共产品,不能私有。只有属于社会公共的货币,才能无差别、无偏好、无倾向、无选择地遵循市场规律,公正地分配社会财富,诚实地保障货币价值。法定信用货币的持有者只拥有货币承载的价值,并不拥有货币的归属权。货币价值仅代表货币的使用权,且是货币总价值中的一部分。因此,看待货币的权益要从货币体系的整体去看待,不能仅从货币本身看待。只有货币体系的归属才决定货币的真正归属和权利。货币体系归属于社会和公共,这就是货币的社会公共性。

如果货币体系私有,任何人的劳动价值都储存在别人拥有的货币中,那么劳动财富名义上属于自身,实际上则是由私有的货币发行者掌控。劳动价值维系于货币体系私有者的道德水准。对于这样的货币,劳动价值储存的安全性是存疑的。美元在金本位时期承诺按照 35 美元兑换 1 盎司黄金,当时美元的持有者正是相信了这种承诺才会大量持有美元保值。美元宣布退出金本位后,美元不再按照承诺兑换黄金,最后造成美元大幅贬值,持有美元者经济利益因此受损。美联储作为私有银行协会组织早就有违背承诺的历史污点,这恰恰说明了货币体系私有的危害性。

无论货币体系属于谁,全体公民都是货币的使用者,都是货币政策的被作用人,都是货币价值的承担者。货币及其体系的管理经营好坏,最终都是由货币的持有者来承担的。比如银行倒闭,储户的利益受损,货币体系出现恶性通货膨胀,国民的价值储备贬值,等等。所以,只有确保货币的社会公共性能够在货币制度中体现并贯彻执行,才能保障货币持有者的利益。每个公民都应学习掌握货币的基本知识,这是保护自身利益和权益的前提。

无论实物货币制度还是法定信用货币制度的货币,货币中储备的价值既是个人的劳动价值,也是社会总体的价值储备。货币价值从一个人手中转移到另一人手中,货币的所有权发生转移,货币储备的价值从本币宏观上看并无改变,这既是由货币的封闭垄断性导致的,也是由社会公共性决定的。实物货币采用实物很好地保障了货币的社会公共性,因此在很长的历史时期内,实物货币都能够完成社会财富的保障分配任务。但是,由于货币供应数量无法随经济发展同步增加,制约了经济和社会的发展,因此实物货币才被放弃,转而采用法定信用货币制度。放弃实物货币采用凭证货币后,凭证是发行的,又是信用的,这就为信用滥用创造了条件。信用债务本身就能创造货币,信用债务无度扩张就是货币丧失社会公共性的典型表现。因此,限制银行家通过形形色色的信用型债务和价值迷惑投资者,滥用信用、超发债务,是金融治理的当务之急。

货币的社会公共性、中立性、独立性等性质,都要通过货币制度来维护保障。如果货币制度在这些方面不完善,货币的信用基础和价值保障也不稳固，货币就很容易存在重大缺陷和风险。那些出现恶性通货膨胀的国家，民间劳动价值被窃取，面包要使用几十万甚至几百万单位的货币才能购买。这类现象表面上看是由货币超发所致，实质则是由货币制度不健全的缺陷所导致的。只有完善货币制度，严格货币纪律，遵从货币属性，才能从根本上解决恶性通货膨胀问题。

第三节　货币的功能

货币的主要功能可以归纳为度量计价功能、记账功能、价值储备功能和交易支付功能等四种。交易越复杂，对货币功能提出的要求越高，越能促使货币功能的发展完善。经济发展的不同时期，货币功能的应用侧重各不相同。在小农经济时期，货币的价值储备功能更重要；在工业时代，货币的交易结算功能更突出；到了网络时代，货币的记账核算功能成为应用重点。货币的各项功能是货币制度的基础和货币应用的核心。通过对货币功能的理解，我们可以更好地理解经济现象的成因。从货币功能角度看待经济现象是很有效的认识角度。

货币的度量计价功能

度量计价功能是指货币以自身价值为参照标准，对其他价值进行度量比较产生价格，用于交易支付的功能。

货币的度量对象和计价对象都是价值。货币是用于交换交易的等价值媒介，货币以其自身价值作为标准进行度量计价。黄金、白银等实物货币均采用实物重量为单位，比如1斤萝卜价格为3钱银子。法定信用货币则采用货币单位作为标准，用货币数量表示计量结果，比如萝卜的价格是每斤3元人民币。

货币自身具备价值是货币具备度量计价功能的基础。货币以自身价值作为参照标准,标的价值与货币价值比较后产生相对于货币的价格。价格因此可以定义为标的价值和货币价值对比后用货币表示的结果。比如萝卜的价格每斤 3 元,是指 1 斤萝卜的价值等于 3 元人民币的价值。如果在古代用白银计价,萝卜的价格 3 钱银子是指 1 斤萝卜的价值等于银子 3 钱的价值。

货币价值稳定持久,是货币能够作为价值参照,用于度量计价的保障。货币只有自身价值稳定,才能起到价值锚的作用,才能作为价值标准,用于度量所有商品和劳务标的的价值。如果货币价值经常波动,那么度量商品的结果也会经常变动,度量结果不准确,这样货币也就无法承担价值标准的功能。比如,比特币价格容易大幅波动,如果采用比特币计价,10 杯咖啡去年值 1 枚比特币,今年可能就只值 1/10 枚比特币。这种价格波动会严重伤害供需双方的交易意愿。这是比特币不能成为货币的主要原因之一。

货币是经济体中法定的、共识性的、通用的、统一性的,资源、商品、财富和劳务等的价值度量标准。资源、商品、财富和劳务等的价值均以货币为标准进行标价,各种价格构成统一的价格体系,便于比较核算,能促进交易的开展。各种价值形式相互联通,经济因此通过货币计价连接成为统一的整体。在经济体中,劳动通过定价转化为货币收入,用于支付生活需求的各种开支。货币通过价格信号引导供需关系,调节配置生产供应。不同商品之间通过货币流动实现资源配置,货币在其中承担着"看不见的手"的调节作用。对交易双方而言,统一使用货币标价能够方便交易,方便核算比较,极大地促进交易的开展。

货币的记账功能

货币的记账功能主要指货币附带的财务功能,包括记账、统计、核算和兑换等相关功能。

货币记账功能建立在计价功能的基础上。无论实物货币还是法定信用货币，货币都具备记账职能。货币作为经济体中统一的价值度量计价单位，绝大部分经济活动都采用货币进行交易，因此货币也是记录、核算、描述、分析和预测经济活动的工具。从微观看，苹果每斤 3 元人民币，荔枝每两 5 钱银子，销售品种、金额和数量都有准确的记录。从宏观看，经济活动的规模用交易总金额表示，经济活动的质量可以从利润收益的金额中得到反映，经济活动的效率可以用利润率、周转率等指标表示。货币记账详细记录使用货币交易的细节，经济活动因此可以通过账目进行统计、核算、分析。

采用货币数量和金额记录描述经济活动是财务报表记账的基本方式。各种经济活动在法定的财会报表模式中呈现出清晰统一的格式，方便对比分析。货币的记账功能彻底改变了易货交易中货物价值评估混乱无序的局面，为分析研究经济活动提供了途径，为统一征税提供了依据。

记账功能在实物货币制度中并不突出。在法定信用货币制度中，账户货币作为法定货币形式，促成记账功能的普及应用。记账也是确认法定信用货币资质不可缺少的步骤。商业银行通过账户确认货币，央行发行现钞确认货币，这些方式都是以货币记账为基础的。法定信用货币的发行、供应、交易、汇兑和使用等各个环节都被银行体系记录在案。记账功能是法定信用货币最主要的功能。

随着网络交易的发展，记账功能延伸到货币使用端。数字货币采用区块链技术，本身就具有记账优势。支付宝等网络支付工具已经将支付和记账功能合并，收入支出不仅记录在账簿中，还能生成统计核算报表。这是未来货币功能发展的主要方向。在网络支付提供的高效技术支持下，财务报表、税务报表都可能在将来与支付结合，每笔支付能够自动归列科目，财务和税务报表编制实现完全法制化和自动化,从而缩减企业财务成本,提高政府财税统计部门的工作效率,从根本上杜绝偷税、漏税、洗钱等非法行为。未来,货币的记账功能将发挥很重要的作用。

货币的价值储备功能

货币的价值储备功能是指货币储藏剩余劳动价值的功能。具备价值储藏功能是成为货币必须具备的条件。

货币储藏的是劳动价值或者劳动价值的各种异化形式,而不是其他的价值形式。剩余劳动价值,暂时闲置的劳动价值,都能储藏在货币中留待日后使用。利润收益、投资收益等都是劳动价值或者剩余劳动价值的异化形式。商品的效用价值或者其他价值一直跟随商品本身,不会转移至货币价值中储藏。只有劳动价值才能够被储藏在货币中成为货币价值。

货币只有本身具备价值才能储备劳动价值。货币储备价值的方式就是将需要储备的劳动价值等值兑换为货币价值进行表示和储备。剩余劳动价值是最主要的储备对象。剩余劳动价值的储备方式在实物货币制度中,表现为单位货币价值提升和购买力增加,而在法定信用货币制度中则表现为单位货币价值提升和货币数量增加。计划经济时期大量使用代币,比如粮票、肉票、油票等,这种方式的货币不涉及剩余劳动价值和劳动价值储备的问题。粮票等代币与货币一样是配给的,与劳动多少关系不大,也不涉及对劳动的定价和储备。因此,配给和计划经济是对劳动价值的无视和浪费。计划经济时期即便使用货币,货币的价值储备功能也等于被废弃,不能发挥正常的货币功能。

货币的价值储备功能包含三方面要求,即货币自身具备价值、货币价值保持稳定、货币价值稳定持久,三项要求缺一不可。货币的各种功能建立在货币价值的基础上,只有货币自身具备价值,才能通过等值兑换方式将价值储备于货币中。货币只有价值保持稳定,才能承担起储备价值的责任。如果货币价值起伏,则储备于货币中的价值也随之波动,不利于实现价值保存储备。同理,货币只有价值稳定持久才适合作为长期储备价值的工具。起伏波动的货币价值会导致储备价值贬值或升值,此时货币不适合作为储备工具,反而可能沦为投资投机的对象。

只有货币价值确定、持久、稳定,货币才能成为公认的价值标准,才能起到价值锚的作用,并用于各种商品劳务计价,货币才能承担起作为价值度量标准的责任。只有货币价值确定、持久、稳定,货币才能成为交易支付的媒介,使供需双方的利益都得到维护,双方才都有意愿使用货币进行等价交换。如果货币价值不稳定,度量商品时定价混乱,价格前后不一,进而影响交易,就不适合作为交易媒介使用。

货币价值稳定对供需双方都很重要。商家不愿意接受弱势货币,买家不愿意支付强势货币。只有价值稳定持久的货币才符合供需双方的要求。货币贬值时,持有货币者会损失价值和购买力,不如持有商品或资产划算。所以,在出现高通货膨胀或恶性通货膨胀时期,常常伴随抢购资产和商品的行为。这就是货币持有者担心货币进一步贬值采取的保值做法。货币价值越稳定持久,适用的范围越广,普适程度就越高,就越便于交易使用。

货币的价值储备功能使货币成为价值和财富的代表。经济活动通过累积剩余劳动价值、储备货币购买力来用于未来的消费投资。财富效应成为推动经济和社会发展的动力,激励经济活动从满足需求转变为追求财富,社会因此走向繁荣。

货币的交易支付功能

货币的交易支付功能是指货币作为交易支付媒介,专职作为特定的交换普适对象,专业从事等价交换的职能。正是因为货币承担起专业的交换媒介职能,交换才能成为交易。交易因此可定义为采用货币作为特定普适交易媒介的交换方式。

采用物物交换方式易货,卖方每次都要找到特定的买方才可能完成交换。特定的买方既要对卖方的产品有需求,还要同时出售卖方所需的产品,这样双方才能达成交换。这种交换的匹配难度很大,因此才会在交换实践中产生专业用于交换的媒介。

专职交换媒介需要具备价值稳定的特点,这样交换媒介才可作为交换时的普适交换媒介。如果交换媒介价值波动大,就会影响交换对象的定价,不适合长期作为交换媒介。比如,草原地区使用毛皮作为交换媒介,毛皮价值并不稳定,交换的布匹、粮食时少时多,因而不适合作为交换媒介使用。只有使用货币才能避免这类问题。

专职交换媒介需要具备价值持久的特点,这样的媒介才可能长期作为交换媒介,才可能承担起价值储备的职能。古代曾经使用稀有的羽毛作为交换媒介,但是由于羽毛不适合长期保存,容易损坏以致丧失价值,持有羽毛久了价值可能损失,所以这样的媒介也无法承担长期交换的责任。

专职交换媒介需要具备稀缺性,这样才能确保交换媒介价值稳定持久。如果媒介获取容易,媒介价值就得不到保障。容易贬值的产品是无法胜任交换媒介的职能的。国家对货币的垄断,就是从稀缺性要求中延伸出的价值保障方式。法定货币之所以能够采用信用价值,恰恰是因为国家垄断和法定强制,是稀缺性的异化形式。

专职交换媒介需要具备普适性和通用性,这样的交换媒介才适合普及使用。如果交换媒介在不同地区的价值表现不同,用于交换时的定价也会有差异,这会造成对交换媒介的套利。法定信用货币的货币面值在国家范围内是统一的,普遍适用于国内所有地区,这就消除了对货币价值的套利。套利只能是商品价格差异之间的套利。这种商品价格在地区差异、渠道差异、品质差异、技术差异、成本差异和劳动生产效率差异等层面产生套利空间，恰恰成为推动经济活动开展的动力，由此可见，交换媒介普适通用性的重要作用。

使用货币作为交易媒介后，买卖双方都接受货币交易，供需匹配问题得以彻底解决，使卖方能够专心生产，买方需要积累货币，经济活动因此产生真正意义上的分工合作。

使用货币作为交易媒介后，货币形式统一、价值持久稳定、普适程度高，可以放心持有，不必担心腐败变质导致价值损失，不用担忧劳动价值的存储和保值问题。需要购买商品时，货币具有最大限度的接受性。货币作为交易支付媒介，是交易最大的助力。

使用货币作为交易媒介后，供应方能够将累积的剩余劳动价值储备在货币中备用。货币代表购买力，剩余劳动价值成为消费和投资的支付能力，成为财富的代表。由此，经济活动进入累积剩余劳动价值作为交易支付工具的时期。

使用货币作为交易媒介后，资源、商品、劳务和服务等的价值都采用货币定价，各种价值清晰明确，出现估值损失的概率微乎其微。经济活动具有统一的定价标准，经济体因而成为一个由货币联通的整体。路边摊的小贩使用现金，网络购物使用支付宝，企业之间使用支票或汇票，等等。以上无论哪种形式的货币，都是法律认定的支付工具。小贩不接受用绘画作品来交换商品，是因为他需要收取货币，用于购买其他商品，支付日常开支。这也是商品和货币的主要差别。

从货币的交易支付功能来看，无论是实物货币还是法定信用货币，货币作为交易支付工具，均采用等价交换的方式，立足于媒介地位，从事支付清偿。供需双方都以货币为对象进行交易。交易媒介功能就是货币的流通性，是成为货币的必需条件，也是货币独有的特质和价值的体现。

第四章　货币的发行和供应

第一节　货币的发行

货币发行概念的定义

货币发行是指国家组建或授权的货币发行机构向社会发行供应该机构认定的货币。货币发行需要解决由谁发行货币、具备怎样的资质条件才能发行货币、发行什么样的货币、发行多少货币、以何种方式发行货币、向谁发行货币等问题。由此涉及货币发行管理机构、货币经营机构、货币发行方式、发行货币的定性及货币发行制度等相关问题。

货币发行的方式

货币发行方式从发行主体来看可以分为自然发行和机构发行两种方式。实物货币最初采用自然发行方式，后来兼具自然发行和机构发行方式。信用货币主要采用机构发行。机构发行方式又可以分为中央垄断发行方式和自由竞争发行方式。其中，信用货币都采用垄断发行方式，银票采用自由竞争发行方式。

从货币价值构成方式来看，货币发行的方式可以分为实物发行方式、准备发行方式和信用发行方式。法定信用货币属于信用发行，金本位属于实物准备发行，实物货币属于实物发行。

实物货币来源于自然资源，没有特定的发行机构。黄金、白银等实物货币从自然界开采冶炼后就可以作为货币使用，无须特定机构专门发行，这种方式产生的货币就是自然发行。机构发行是由特定货币发行机构发行的特定货币。法定信用货币作为垄断货币由中央银行垄断发行，中央银行是货币的发行机构，法定信用货币采用的是机构发行方式。

在实物货币制度中，货币发行分为国家铸造的机构发行和民间铸造的自然发行两种方式。民间铸造的实物货币和官银同样能够合法流通。实物货币制度的后期广泛使用银票等纸币。纸币由钱庄等私人机构发行，纸币和实物金银货币共同流通使用。钱庄发行的银票属于竞争发行。钱庄发行自己的银票，各家钱庄的银票之间自由竞争，老百姓自主选择钱庄和银票。法定信用货币采用国家垄断方式发行，国民不能选择货币，必须接受法定信用货币作为交易支付和债务清偿的法定工具。

在实物货币制度时期，由于民间可以私自铸造黄金、白银，尽管国家一直试图垄断铸币权，但并不能完全实现。从金本位货币制度开始，货币发行权已经完全收归国家，货币由统一的授权机构垄断发行。商业银行只能经营由国家发行的货币，不再发行自己的货币。在法定信用货币制度中，货币的发行管理权和金融的经营管理权进一步集中，不仅开办银行需要审批，银行向社会投放的货币金融产品也要得到审批许可。国家对货币金融的管理更加规范细致，这也避免了商业银行发行劣质虚假金融产品欺骗消费者和投资者。

由于法定信用货币是主权货币，不同国家采用的政治制度不同，各国会选择不同的货币发行方式。有的国家采用私有发行方式，有的国家采用公有发行方式。美元属于私有发行方式，人民币属于公有发行方式。

货币的发行权

货币发行权是国家在主权领土范围内，或在特定地域，发行特定货币的权利。货币发行权可以由国家设置的专职货币发行机构代表国家发行货币，也可以授权给私人或特定机构代表国家发行货币。中国的中央银行是国家设置的专职货币发行机构，代表国家发行货币。美国的美联储是国家授权的私人银行协会,代表美国发行货币。我国的香港地区授权汇丰银行和中国银行作为港币的发钞行,代表我国在香港地区发行港币。古代君主分封藩王时,也会授予功劳大的藩王铸币权。

经济活动在国家内部采用同一种货币,该国内部创造的所有劳动价值都储藏在国家授权发行的货币中,各种经济活动都采用国家授权发行的货币进行交易支付,国家因此能够掌控本国的经济命脉。货币价值和货币数量的些许变动都会对国家经济和社会财富产生重大影响,掌握货币发行权等同于控制社会财富和国家经济的咽喉。因此,货币发行权也是各种势力试图掌控的经济权利。美国的一位银行家曾说过,"只要让我掌握货币,我才不在乎谁来当总统"。由此可见货币发行权的重要性。

货币的发行管理机构

货币发行管理机构是由国家授权从事货币发行供应管理的专业机构。美联储是美元的发行管理机构,中国人民银行是人民币的发行管理机构。

货币发行管理机构主要承担货币的发行、制造、鉴定、防伪,货币供应,利率制定,商业银行和金融机构的管理,货币金融和资本市场的监管和风险防控,货币政策制定、实施,货币金融制度的制定实施等工作。

货币发行管理机构是由中央银行和商业银行共同构成的银行体系,整个银行体系共同负责货币发行和供应的相关事务。中央银行主要负责货币发行,商业银行主要负责货币供应。

货币发行的基本要求

无论是实物货币、金本位货币,还是法定信用货币;无论是由私人发行的货币,还是由国家发行的货币,各种货币都是社会公共产品,都是货币持有者剩余劳动价值的储存载体,都是经济价值的计价度量工具,都是市场的交易媒介,都是社会成员持有的购买力,更是社会成员的私有财产。所以货币的发行供应必须遵循公开、公平、公正的原则，必须依法依规进行，必须保障货币的价值和购买力，必须维护货币持有人的权益。货币发行面向所有社会成员，涉及所有社会成员的利益，如果货币发行机构单独针对特定组织机构暗箱操作、服务私利，这种做法是对其他货币持有者利益的窃取。国民党政权在执政后期因为内战需要发行金圆券为政府融资，金圆券收缴民间购买力用于政府开支，这就是典型的针对特定机构的特定目的发行货币。由此导致物价飞涨、政府倒台，造成的经济损失最后都由民众承担。由此可见，保障货币按照货币制度要求发行供应的重要性。

货币作为交易媒介和价值储备工具，货币价值的购买力水平直接影响社会分配和经济运行效率，直接关乎老百姓的切身利益。货币发行管理机构的主要职责是维护货币价值和货币购买力，而不是帮政府拉动经济，制造执政业绩。货币发行管理机构必须独立运作，不受干涉，自主开展货币发行供应工作，依法依规监管治理货币金融体系，这样才能确保货币持有者的权益和社会的经济利益。如果中央银行受政府直接领导，独立性弱，货币政策为政府目标服务，任意扩张货币，就很容易造成恶性通货膨胀。津巴布韦的货币在 2008 年达到 1000 亿元兑换 1 美元的水平，买面包要花千亿元，单位货币价值基本丧失。这种情况就是中央银行丧失独立性超发货币失控造成的结果。

货币发行不仅仅是发行机构的事，也是国民和国家的大事。货币发行管理机构不仅要服从制度，也要接受社会监督。货币发行供应的资产负债表应该公开接受社会监督，定期接受审计。货币使用者都是货币发行供应的监督和约束者。损害货币使用者利益的做法，必然损害货币及其发行者的利益。建立规范的货币发行监管机制，是确保货币权益的关键。在民主政治制度下，公民了解货币发行供应知识，也是公民保护自身权益、监督政府行为的责任。

第二节　货币的供应

货币供应概念的定义

货币供应是指具备货币供应资质的银行机构,通过信用或债务方式向社会供应国家的法定货币。货币由各类银行,包括中央银行和商业银行供应。

货币供应与货币发行的区别

货币发行特指发行国家主权范围内的价值储藏计量载体和交易支付工具,是价值货币,也就是国家发行的度量老百姓剩余劳动价值的计量工具和储存载体,而不仅仅是国家发行货币,老百姓使用该货币。货币供应特指通过信用或债务方式向社会供应国家货币,这种货币是债务货币,是信用或债务生成的需要归还的临时性货币形式的债务,这就是货币供应与货币发行的区别。

在实物货币制度中,货币发行和供应是一体的,没有区别。在法定信用货币制度中,价值货币由中央银行发行,储户持有,是储户劳动价值储藏计量载体和交易支付工具。债务货币主要由商业银行利用存款准备金制度和信贷方式向储户供应货币。由于法定信用货币采用垄断发行供应方式,债务货币看起来与价值货币在形式和使用上没有区别,只是产生的方式不同。但是货币金融的专业人士必须能够区分这两种性质完全不同的货币。

通过债务和信用方式发行的货币是对剩余劳动价值的稀释,因此需要区分清楚哪些货币是实际剩余劳动价值的度量和储存,哪些是通过债务和信用方式超发的度量工具。由于货币的形式是一致的,无法从外表区分哪些货币是价值权益,哪些货币是债务信用,所以只有在货币发行供应层面,也就是银行的货币发行供应资产负债表中,对发行和供应进行区分,才能辨别清楚。

在货币发行供应资产负债表中可以发现,货币发行是国家行为,是国家信用,发行的是价值货币,是中央银行发行的用以度量社会剩余劳动价值,用以储存社会剩余劳动价值的货币。货币供应是商业行为,是商业信用,供应的是债务货币,是商业银行通过信贷债务方式提供的货币。只有进行这种区分,我们才能避免商业银行破产时将自己经营失败的责任转嫁给储户。在法定信用货币制度中,货币价值已经没有实物价值,完全由国家信用构成,如果再允许商业信用大幅替代国家信用,那么国家信用就可能被商业信用绑架,商业信用如果崩溃就可能严重影响国家信誉。在法定信用货币制度中,我们必须牢记,由国家信用担保发行的剩余劳动价值度量工具不容侵犯和窃取,这是信用制度得以存在和延续的根基。因为美元由私人银行协会管理,混淆价值货币和债务货币,所以美国才会超额举债。如果美国的银行因为自身经营问题破产,储户的钱无法追回,这就是没有给予价值货币特定保护所致。存款保险仍然是商业行为,不是对价值货币应有权益的保护。

货币供应机构

在法定信用货币制度中,中央银行和商业银行是法定授权的货币供应机构。中央银行既可以根据社会剩余劳动价值累积的数量发行货币,度量储存社会剩余劳动价值,也可以通过举债、购买资产或者扩大信用应用、操作存款准备金率等方式实施货币供应操作。商业银行既可以经营社会剩余劳动价值累积的存款,也可以经营来源于中央银行或同业银行的货币和资产。这些操作既是货币供应的基本操作,也是商业银行的日常经营业务。

在实物货币制度中,在没有运用信用的前提下,钱庄和国家都是货币供应机构。钱庄的货币供应完全来源于储蓄金银,钱庄经营的是社会剩余劳动价值累积。钱庄吸收多少金银实物货币,放出去多少贷款。没有金银货币无法放贷。在实物货币制度中,在运用信用的前提下,钱庄主要通过银票方式运用信用发放贷款。此时,银票的供应数量远超钱庄持有的实物金银。只要不影响银票兑付的流动性,这种通过借贷增加货币供应的方式就可以持续下去。这也是最早的存款准备金货币供应方式。钱庄作为私人机构以自己的商业信誉和资产实力向社会供应货币。此时的货币虽然在钱庄经营中应用了信用供应,但货币本身是价值货币,钱庄也是私下应用信用,并不算是货币制度的机制安排,因此不算是信贷供应。

货币供应方式

货币供应方式主要包括发债、贷款、信用、杠杆四种方式。

银行发债与企业发债不同,理解这一点是理解银行监管治理的关键。发债属于商业行为,是商业经营的一种惯用方式。银行发债是商业行为,但银行作为享有货币发行供应特权的货币垄断经营单位,其商业经营的对象就是货币,发债使商业信贷的规模可以规避存款准备金的要求。发债后的银行将获取的资金贷出,创造出债务货币,稀释社会剩余劳动价值,产生商业经营风险。如果任由商业银行发债,开展自由竞争,在法定信用货币制度下,由于没有实物作为货币价值的保障,就会破坏法定信用货币的信用基础,动摇法定信用货币制度。在使用银票的时期,银票有实物黄金、白银做保障,钱庄破产只是个别案例,不会发生系统风险。在法定信用货币制度中,纸币完全依赖信用,商业行为失信会直接影响整个货币金融体系,限制商业银行自行举债的能力,制定信贷规模上限是约束商业银行经营的必要措施。

对于贷款方式供应的货币，目前已经建立了一套行之有效的管理经营规则。尽管存款保证金制度大幅增加了货币供应的数量，供应了大量债务货币，但在严格执行存款保证金制度及中央银行适时监管治理下，由此产生的风险基本可控。存款保证金制度也被证明是可靠的货币供应管理制度。由此说明，无论是中央银行还是商业银行，发行货币和供应货币都必须在透明、确定、清晰的制度、规则下进行，不能放任货币金融领域野蛮生长。

杠杆方式的货币供应主要应用在期货、股票、债券等金融投资领域。这些领域允许采用保证金方式进行杠杆配资交易，这样的方式也相当于扩大货币供应，美国将金融交易金额计入GDP统计，杠杆方式在这里显然被认定为货币供应。

以信用方式实施的货币供应有很多种类，信用卡、授信额度、永续债、存款保证金制度等都是采用信用方式实施的货币供应。法定信用货币的货币价值已经是由信用构成，如果在信用货币的基础上再允许不受限制的附加商业信用，这种广泛使用信用的方式很容易毁掉信用。信用运用的方式多种多样。例如，银行给你发行了一张信用卡，你可以使用信用卡购物，银行也可能在信用额度的范围内给你提供现金，这种操作都是借助信用方式供应货币。好在有额度和还款期限要求，信用卡增发货币的风险是可控的。商业银行有利益驱使的扩张货币动机、信用泛化应用动机、信贷扩张动机，那么要不要允许银行为了自己多赚钱、多发奖金，实现其逐利的动机，而采用扩大信用、贷款、举债等方式给你提供货币，让你预支、透支呢？要不要允许政府为了政绩好看而推动货币扩张呢？这些措施都会让老百姓被银行推着消费和投资，让老百姓成为银行的打工人。这些方式本不是货币金融必须采取的方式，而是银行家想出来的盈利方式。我们应该从货币使用者的角度来重新看待货币金融，看待货币价值保障。

货币供应总量的构成

货币供应总量由价值货币供应总量和债务货币供应总量共同构成。价值货币供应总量也是剩余劳动价值总量,货币供应总量可以表示为:

货币供应总量 = 价值货币供应总量 + 债务货币供应总量

在举债不产生货币供应的情况下,货币供应总量等于价值货币供应总量,也就是等于社会剩余劳动价值总量,这是实物货币制度的表现情况。

在采用举债应用信用产生货币供应的情况下,货币供应总量是价值货币供应总量和债务货币供应总量之和,这是法定信用货币制度的表现情况。

不论在何种货币制度中,货币供应总量都是该货币的总数量。使用金银和铸币的国家,该国的货币供应总量就是该国金银和铸币的总量。使用银票的国家,该国的货币供应总量就是该国流通中的金银和铸币总量再加银票所代表货币的总量。在法定信用货币制度中,价值货币供应总量包括存款和现金,债务货币供应总量包括各种以信用、贷款、举债、杠杆等形式产生的货币供应。货币供应总量就是该国价值货币供应总量和债务货币供应总量之和。

在货币供应总量这个概念中,理解并认识举债或应用信用产生货币供应是非常重要的,这是货币金融学的核心内容。不产生举债或信用应用的货币供应,交易支付是纯粹经济性的,是货币价值的转移。产生举债或信用应用的货币供应,交易支付是货币金融性的,不仅是货币价值的转移,还是货币价值的创造。大宗商品带有明显的金融属性就是这个原因。

第三节 货币发行供应原理

货币的产生和注销方式

理解货币首先要知道货币是怎样产生和注销的。不同货币制度下的货币有不同的产生和注销方式,理解不同货币的产生和注销方式对于理解经济和货币的运行方式有很大帮助。

货币的产生和注销方式包括货币形式的产生和注销方式,货币价值的产生和注销方式以及货币数量的产生和注销方式三方面内容。

在实物货币制度中,货币形式采用实物金银,货币形式的产生和注销方式就是金银的开采、冶炼、铸造和损坏、灭失。金银实物的价值就是货币价值,金银实物的供应数量就是货币供应总量。因此,货币价值的产生和注销方式以及货币数量的产生和注销方式都随金银实物的增减而增减。由于各国都使用金银作为货币,国际收支顺差、逆差也会导致金银流入和流出,影响国内的货币供应总量和货币总价值。如果国家还有铸造其他形式的货币,这些铸造货币的增减数量就是该货币的产生和注销。

实物货币制度中,货币形式采用实物金银和银票纸币形式时,银票纸币形式的产生取决于发行银票的钱庄。储户兑换金银实物会注销银票纸币,银票原本应该维持和实物金银一兑一的比率。钱庄利用存款准备金方式多发银票,相当于产生新的货币供应数量和货币价值,也就是增加货币总价值购买力和货币供应总量。钱庄收回信用注销多发的银票也就同时注销这部分货币价值和货币数量。

在金本位货币制度中,货币形式采用纸币,纸币按照和黄金的兑换率发行供应。新增黄金储备会导致纸币增加相应兑换率的发行数量和价值。黄金储备减少,会收回相应兑换率发行的纸币。纸币的形式和数量随黄金储备的变化而变化。采用存款准备金方式吸收存款发放贷款后,纸币的供应总量没有变化,流通总量也没有变化,但纸币的总价值借助资产负债表的借方贷方和存款准备金方式大幅增加。这些新增的部分主要是各种债务,通过债权债务放大资产规模的方式经营货币业务。在货币供应总量和黄金储备挂钩的情况下,存款准备金方式的贷款发放方式很容易出现挤兑。这也是为什么金本位货币制度难以长久的原因。在金本位制度中,纸币的产生和注销与纸币流通数量的产生和注销保持一致,纸币总价值则因为信用应用在资产负债表中的科目变得更多。尽管在资产负债表中这些货币仍然以数量的方式被记录,但这种货币数量不是依据黄金准备发行的货币的流动性,而是资产负债表借方贷方的记账价值。因此,这种货币也是债务货币,是逃离了黄金准备约束机制的货币供应。这种货币随存款准备金应用的变化而变化,要么随存款增加贷款增加产生,要么随存款减少贷款归还注销。

在法定信用货币制度中,纸币形式的产生和销毁伴随着纸币承载价值的产生和销毁。纸币可以被销毁注销,也可以被银行认定为假币注销。账户货币可以被银行记账注销。商业银行破产后,储蓄在商业银行的存款就以这种方式被注销。所以,虽然你的货币是你的私有财产,但使用的货币体系决定货币的各项性质和归属,这是法定信用货币和实物货币不同的地方。

法定信用货币的单位货币价值可以通过利率、汇率变化进行增减,也可能因为债务货币数量增减导致的增厚摊薄而出现增减。法定信用货币的货币供应数量可以通过信用、贷款、发债、杠杆等方式增加或减少。纸币、账户货币、信用卡、汇票、支票、本票等不同形式的货币有各自的产生和注销方式,要具体情况具体分析,这也是导致货币政策在实施时,政策路径和作用效果不确定的主要原因。

从劳动价值和剩余劳动价值的角度来看,劳动产生劳动价值,剩余劳动价值储存在货币价值中,以货币价值的形式参与市场交易。当我们使用货币购买粮食时,剩余劳动价值就在购买粮食的过程中转化为粮食的价值,粮食被食用就是食用了货币价值中储存的剩余劳动价值。在这个过程中,我们的剩余劳动价值或者说货币价值被注销,当我们再次通过劳动创造出劳动价值时,就又赚得货币价值,又可以用于购物、投资和消费。货币在交易中转手恰恰说明货币是劳动价值的交易媒介和价值储藏载体。货币在交易中流通,代表劳动价值在生产劳动供应和交易需求消费过程中的产生和注销。

一般而言,消费注销劳动价值,亏损注销记账价值,货币不会自己注销。已经发行的货币只要不被收回,没被销毁,就会始终在经济体中处于流通状态,作为价值载体和交易媒介不断转手流通计量和储存劳动价值。所以在法定信用货币制度中,通过信贷、举债等方式产生的债务货币转化为价值货币后就留在经济体中周转,这也是市场上的法定信用货币越来越多的原因。反观在实物货币制度中,金银的供应量有限,即使经济出现大的发展,金银在市场中的流动性也不会增加,反而会因此导致通货紧缩。

无论在什么货币制度下,货币供应层面都采用记账方式确定数量的损益增减。产生盈利增加货币数量,产生亏损减少货币数量。增加货币供应,货币数量增加;减少货币供应,货币数量减少。因此,记账方式是普适到每个人的货币数量产生和注销的记录方式。在记账方式中,货币变成了流动性,是记账科目中的一项内容,但并不重要。这是法定信用货币扩大信用应用范畴后,弱化货币、强化资产、泛化价值对象的奥秘。

货币价值的产生和注销主要表现在货币体系层面,并不在记账层面体现,因此,对于货币持有者而言,并不能直接计算货币价值的变化,只能通过物价变化、利率变化和汇率变化感受货币购买力的变化。货币价值的产生主要依靠劳动创造和经营获利,货币价值的注销主要表现为消费投资和亏损,在宏观层面都表现为货币体系总价值的增减。在这种货币价值的产生和注销模式中,单位货币价值的购买力取决于货币供应总量和社会剩余劳动价值总值与经济休之间的关系,经济运行的本质就是货币价值的产生和注销。

货币发行供应原理

货币作为度量价值的工具,货币发行供应的本质是剩余劳动价值的货币表示和度量。不论实物货币还是金本位或法定信用货币,都由剩余劳动价值总值对应货币总价值,通过单位货币价值和货币供应总量表示。所以,通用的货币发行供应原理可以表示为:

剩余劳动价值总值 = 货币总价值

剩余劳动价值总值 = 货币总价值 = 单位货币价值 × 货币供应总量

在运用信贷产生货币供应的货币发行供应模式中,货币供应总量由价值货币供应总量和债务货币供应总量共同构成,货币发行供应原理可以表示为:

货币供应总量 = 价值货币供应总量 + 债务货币供应总量

货币总价值 = 单位货币价值 × (价值货币供应总量 + 债务货币供应总量)

公式既适用于实物货币制度,也适用于金本位货币制度和法定信用货币制度;既是货币发行供应的基本原理公式,也是制定货币政策和利率政策的基本原理公式。

实物货币制度中,在没有运用信用的前提下,单位货币价值就是单位金银的价值。当时通常采用“两”为单位,“两”就是单位货币价值,以“两”为单位的金银总量就是货币供应总量。如果当时还有官制的铸币,比如吊钱,那么再加上铸币的单位价值和总量共同构成货币总价值。在运用信用的前提下,货币供应总量是实物货币和银票表示量之和。尽管银票和实物货币数量之间有部分重叠,但由于都作为货币使用,相当于增加了货币供应量。当银票被兑换为金银,重叠部分注销。

在金本位货币制度中,黄金储备总量和兑换率的乘积就是价值货币供应总量。在此基础上,商业银行采用存款准备金制度供应的新增货币就是债务货币。

在法定信用货币制度中,通过各种信用和债务方式产生的贷款、授信额度、债券、信用卡、商业承兑汇票、银行支票,以及通过存款准备金制度供应的新增货币等,将价值货币和债务货币混在一起,货币的发行供应已经泛化为流动性,很难从形式上区别价值货币和债务货币,只有从货币发行供应资产负债表中,从权益、债务和流动性中进行区分。货币或者说购买力,又或者说流动性,产生的方式越多,表现的形式越多,对货币的管理越困难。货币价值的保障程度越低,货币债务化的趋势越严重。货币发行供应的这种信用化和资产化方式使货币不再是传统意义上的货币概念。比如,用比特币购物就是货币去价值化,突出支付工具化的典型表现。比特币的出现使货币泛化为支付工具。再如,银行发债突破存款准备金制度对银行信用应用的约束,商业银行可以借由混业经营方式通过发债吸收社会流动性激进经营,债券市场和货币基金的发展导致价值货币债务化,给整个货币金融体系造成风险。

从货币政策的角度看货币的发行供应,制定货币政策无非就是在现有货币供应总量和单位货币价值购买力的基础上,根据设定的目标和要达到的目的,安排利率,调整货币供应总量。

从利率政策的角度看货币的发行供应,利率政策无非就是如何确立新的单位货币价值,以及新的单位货币价值会对货币总价值、价值货币供应总量和债务货币供应总量产生什么影响的问题。

第四节　货币的自由竞争和国家垄断发行方式

货币的自由竞争发行方式

实物货币不存在货币竞争发行的问题，即使实物货币制度中同时使用黄金、白银和铸币作为流通货币，也不存在竞争发行的问题。黄金、白银和铸币之间只是在竞争货币价值的购买力，不是在竞争发行。

自由竞争的货币发行方式特指在不垄断货币发行权的前提下，多个货币发行机构在同一制度规则的约束下，自由竞争，施行各自货币的发行方式。

历史上自由竞争的货币发行方式出现在使用纸币的国家没有垄断货币发行权的时期。在中国，那个时期是各家钱庄各显其能的时期。每个钱庄都发行自己特有标识的银票，各个钱庄凭本事扩建分号。大钱庄因为实力雄厚、信誉良好，建立起全国性连锁分支机构，方便储户在各地使用其银票。经营不善的钱庄在竞争中倒闭。百姓自主决定将实物金银存在哪家钱庄。如果出现钱庄倒闭，只能自认倒霉。在美国，那个时期是各家商业银行百家争鸣的时期。由于当时现代工商业开始发展，同时有上万家银行发行多达几十种货币，各家相互竞争，发展信贷金融。由于竞争实在太过惨烈，商业银行倒闭事件经常发生。这也促成美国成立银行协会，也就是美联储的前身，协调各家银行的经营，制定出协会成员需要共同遵守的货币金融规则，产生了最早的货币金融管理制度规则。后来，当协会成员发现这种自由竞争的货币发行经营方式总会因为激烈竞争造成银行破产，给储户造成损失,对银行业的信誉造成伤害。于是,美国的银行协会最终达成共识,废除自由竞争的货币发行方式,使用共同货币开展授权经营。从此货币归于垄断,自由竞争的货币发行方式被彻底放弃,货币制度进入金本位时代。

自由竞争货币发行方式在国家范围内通常以私人作为货币发行主体,发行商业信用的货币。货币发行和货币经营一体,私人发行机构以自有资产承担货币发行供应的有限责任。货币发行机构既是货币发行主体,也是货币经营单位。货币供应既是货币价值保障工具,又是获利工具。私有产权作为货币发行主体,只能以有限财产作为货币发行和经营的担保准备,只承担有限责任。这种方式的优点在于,自由竞争发行方式基本不限制准入,符合条件的从业者都可申请经营资格。私有产权以自身产业作为担保,产业和事业都维系于货币经营。为确保长期发展,私有银行更看重商誉、服务、市场,能够主动维护货币价值,谨慎经营。特别是竞争淘汰机制发挥优胜劣汰的市场选择功能,有利于促进货币金融业的健康发展。这种方式的缺点在于,私有产权逐利的本质决定了这种发行方式天然的自私自利的本性。尽管竞争迫使企业谨慎经营,但私有银行的盈利压力和逐利冲动都可能促使其不择手段,铤而走险。市场竞争优胜劣汰,残酷无情,银行倒闭连带储户受损。以现代的眼光和金融知识来看,银行发行自己的货币且随时可能破产,对于货币使用者来说缺乏基本的保障,自由竞争的发行方式根本不适用于货币,自由竞争建构的市场宏观货币环境也不如垄断货币建构的市场环境稳定。

自由竞争的货币发行方式,是货币采用信用凭证方式后出现的货币发行方式。银票和金本位制度之前的纸币都采用自由竞争的发行方式。这种发行方式只在信用凭证货币初期采用,到了金本位制度时期,就完全放弃了竞争发行,采用中央垄断发行方式。试想在国家内部，如果多种货币竞争流通就可能遇到保护主义和拒收货币的情况。消费者总要准备几种货币，防止杂货店选择性接受货币。杂货店如果无选择接受各种货币，每月的盘点结账会相当复杂。多种货币竞争方式给使用者带来很多不便，即使是国际层面也无法避免这种情况，所以从使用者的角度来看，除非有利益，否则总是趋向于使用固定的货币。另外，每种货币都要建立同样的货币金融体系，造成金融体系成本高、效率低。因此，在国家内部采用单一垄断货币比多元竞争货币的优势大、成本低、效率高。当然，中央垄断模式也有很多先天缺陷，需要更严格谨慎的纪律进行监管和治理。

国与国之间的国际层面也可以采用自由竞争的货币发行方式。各国发行自己国家的主权货币，各国的主权货币在国际市场自由竞争，各国自由选择最有利的国家货币作为国际交易支付的媒介和国际价值的储存载体。多种国家货币作为货币的供应方同台自由竞争，货币使用者作为需求方自由选择国际货币。目前采用的国际货币制度接近这种方式，但美元对交易支付结算系统的垄断破坏了自由竞争机制，没有在国际市场形成货币自由竞争的局面。

竞争发行方式可以对货币发行供应起到有效的约束，能够惩罚激进冒险的货币扩张，奖励坚定维护货币价值的做法，通过竞争淘汰方式确保货币价值。在这种机制中，货币发行者更加注重信用和货币价值，审慎经营，严格管理。货币使用者的利益因此得到尊重和保护，良币能够从竞争中脱颖而出，市场始终呈现良币驱逐劣币的状态，这是垄断发行方式难以企及的。

自由竞争方式相较于垄断方式也更公开、公平、公正。在自由竞争方式中，货币来自不同国家，为国际市场提供多样性和差异化，满足市场的不同需求。各种货币价值对比一目了然，货币使用者能自由选择货币，拒绝甚至抛弃不负责任的货币，市场竞争优胜劣汰，不像垄断发行方式，没有选择权利，没有价值对比参照，窃取货币价值的利益由货币发行经营者获得，损失最终完全由持有者承担。

当然，这里说的是理想状态的国际货币自由竞争体系。现实的状况是美元在事实层面成为垄断的国际货币，尽管欧元、日元、澳币都是形式上的相互竞争者，但是发达国家凭借其实力垄断了国际货币，这种局面对发展中国家不公平，也限制了发展中国家的发展。在国家层面使用双边货币，以国际收支为参照，进行交易支付也是自由竞争的方式，不一定非要采用市场竞争方式。

一般而言，多种货币竞争的局面只能保持一时，随着货币竞争深入发展，主导货币通过竞争排挤其他货币最终还是会导致垄断。现在的国际货币金融市场很可能最终将发展成为几个主要货币及其货币区之间相互竞争的局面。小国、弱国的货币在竞争中很难保持主权独立性，各国应该结合自身经济特点加入相应的货币区以寻求长久稳定的发展。设想中的货币竞争有利于使用者的局面其实很短暂，经营者总会千方百计谋求垄断地位。国家货币之间在国际市场的相互竞争，决定了各国的问题和后果将由各国自己承受。这也是一种国际货币的约束机制，告诫那些货币已成为国际货币的国家，不要滥用国际货币的优势地位和特权，伤害货币持有者的利益。凡是无视货币纪律、滥用国际货币地位的国家，最终都会被国际货币持有者抛弃。

货币的国家垄断发行方式

货币的国家垄断发行方式是由国家垄断货币的发行供应和经营权利，由国家授权特定机构，如中央银行和商业银行，代表国家按照货币制度的规章要求在授权范围内发行、供应货币的方式。垄断发行方式的货币发行供应主要由中央银行承担，货币的供应和经营主要由商业银行承担。

中央银行是国家授权的唯一法定货币发行供应机构。中央银行授权商业银行和其他金融单位经营中央银行发行、供应的货币金融产品。中央银行作为国家授权机构，执行货币发行和管理、货币政策制定实施、货币金融风险防控、商业银行再贷款和纠纷裁决等职能。商业银行作为特许经营单位，根据货币制度和国家法律，依照授权范围经营中央银行发行、供应的法定货币和金融产品，开展相应的货币金融业务。

以垄断方式发行、供应的货币是可操纵的货币。可操纵的货币符合精英统治集团的利益，所以自古以来历朝历代的统治阶级都试图掌控并垄断货币的发行和供应。实物货币来自天然难以操控，古人就采用官方铸造的方式区别私银，垄断货币发行供应。春秋时期，一代名相管仲更是借助齐国货币的垄断地位上演了"一粮杀四国"的经典商战案例。

货币自金本位时期进入统一垄断的货币时期。但金本位时期的货币只是货币形式层面的垄断，货币发行供应被动受制于黄金储备的约束。直到法定信用货币时期，货币才进入发行供应层面的垄断，国家才真正实现了对货币的完全掌控。

国家垄断的货币发行方式，必然是发行和经营分离的制度设计。货币发行单位专职货币发行和供应管理，不能参与货币经营和金融产品开发。商业银行等货币经营单位专职经营，设计开发的新产品必须经过中央银行批准才能投放市场。如果中央银行作为货币发行供应单位也经营货币谋求收益利润，那么就会出现整个社会都替中央银行打工的局面。中央银行买卖资产、发放信贷的行为都是采用市场方式对商业银行和其他货币金融单位、货币金融产品的管理治理型操作，不是经营行为。由此产生的盈利要么重新注入市场，要么上缴财政，不能作为收益盈利处置。货币发行供应管理和经营的分离，兼顾专业发展和风险防控，商业银行因此可以放手开拓金融业。现代经济欣欣向荣,金融业蓬勃发展,都和发行管理经营分离模式有很大的关系。

在国家垄断的货币发行方式中,货币发行机构和政府关系紧密,易受政府影响,难以保持独立和中立,货币政策很容易成为政府的政策工具。货币政策为政府目标服务是国家垄断货币发行方式的主要风险。国民党在内战后期,利用政府掌握货币发行供应权为战争融资发行金圆券吸收民间财富,导致货币超发造成恶性通货膨胀就是滥用货币发行权的典型例子。因此,对于垄断发行供应方式而言要特别注意维护货币价值,确保货币的独立性和中立性。

国家垄断的货币发行方式,建立起基于本国货币的统一封闭经济体系。在国家内部,货币形式统一,制度系统连贯,对于确保国家的安全稳定具有重要的作用。国民经济在货币垄断范围内,结合国家的资源禀赋、文化传统、科技装备、劳动力、竞争力等诸多因素,建立起具有国家特色的、独立、独特、与众不同的经济体系。

从垄断发行和竞争发行的特点来看,国家内部竞争发行的货币属于发行货币的商业银行所有,货币价值及其保障由商业银行以有限资产为保障承担各项货币责任。货币管理机构的监督很难做到面面俱到。货币价值的保障主要依靠市场竞争淘汰机制,一旦货币出问题,民众就会连带遭受损失。在法定信用货币制度下,如果采用竞争机制,货币价值本身没有实物价值作为保障,银行破产,其货币作废,老百姓是不敢放心使用的。所以货币价值放弃实物发行准备后主要采用国家垄断方式发行货币。国家垄断发行的货币,货币价值保障掌控在国家手中,由国家政府和法律共同保障,货币价值和信用相比于竞争发行相对可靠。但垄断发行方式也会出现央行和政府勾结,窃取社会财富的情况。特别是出现恶性通货膨胀的国家及债务失控的国家,其本质都是中央银行失职造成的结果。在竞争发行方式中,不同货币价值之间相互比较,竞争替代,对于保障货币价值具有重要作用。在垄断发行方式中,货币单一,没有其他货币价值作为参照,物价是唯一的货币价值参照对象。一旦货币崩盘,又没有替代货币,利益受损的只能是老百姓。

竞争的货币发行方式是有利于货币供应方的发行方式,商业银行竞争失败的主要承担者是货币的使用者。垄断的货币发行方式是有利于货币使用方的发行方式,商业银行不会频繁破产,储户的资金得到更高的安全保障。对于储户而言,垄断发行的货币提供标准化,统一的货币形式和一体的市场,有助于经济发展。竞争发行的货币,货币种类多且竞争大,难免出现货币被淘汰,老百姓利益受损的情况。多种货币竞争常造成货币势力割据,经济体出现不同地区偏好不同货币的情况。这不仅限制交易流通,而且涉及货币兑换、真伪鉴别、价值保障等诸多应用问题。例如,微信和支付宝只是不同的支付工具,两者都存在激烈竞争。如果是不同货币之间的竞争,会比微信和支付宝之间的竞争更激烈。同一货币在国家内部垄断制度明显优于竞争制度。只有在国家之间,多元竞争性货币制度的优势才可以发挥出来。

第五节　货币的实物发行方式、实物准备发行方式和信用发行方式

货币发行采用实物发行方式、准备发行方式,还是信用发行方式,是对货币价值构成方式选择的结果。这三种方式是由货币价值决定的货币发行供应方式。

货币的实物发行方式

货币实物发行方式是指采用实物价值作为货币价值的货币

发行方式。采用实物价值作为货币价值的货币,货币形式是实物,货币供应数量是实物作为货币的总量,货币制度和货币功能都由实物的性质和特点来承担。

实物发行方式的铸币权通常由国家垄断,这也是货币主权性的体现。货币实物发行没有特定的货币发行制度和发行机构。货币铸造部门通常承担货币发行管理和货币成色保障职能。实物货币铸造投放即是实物货币发行。

实物发行方式一般选择贵金属作为货币,货币供应局限于实物的供应量。经济发展产生的大量剩余劳动价值累积储藏在供应数量受限的货币供应总量中,这种发行方式虽然可以很好地保障货币价值,但货币供应不足的问题长期困扰并制约经济的发展。

在中国古代,贵金属供应有限,前朝或民间铸造的实物贵金属不可能完全禁止,统治阶级只能垄断官方货币的铸造权,不会禁止民间铸造和流通实物货币。有时皇帝也会将铸币权赏赐给藩王。各种官银和私银共同流通,商户只按照成色选择货币,并不会拒收民间铸造的金银。有的君主故意降低官银成色,铸造时掺入其他金属,导致官银价值反而不如私银。

实物发行方式采用实物价值作为货币价值。实物具备怎样的价值,货币才会有怎样的价值。选择作为货币的实物价值真实、稳定、确定,货币价值因而具备同样的特性。货币体系借助实物本身的天然供应特性独立且不受政府干涉。货币制度所需的各项条件,都通过实物性质表现。实物发行方式适合小农经济的社会发展,当经济进入社会化大生产后,实物货币的缺陷在交易中逐步暴露出来,货币制度随之进入金本位时期。

货币的实物准备发行方式

货币的实物准备发行方式是指发行凭证货币时,考虑到凭证货币价值虚拟,为充实完善货币价值,将凭证货币发行和实物价值储备建立直接对应关系,以实物价值储备作为担保,按照设定比例发行凭证货币。这样的货币发行方式就是实物准备发行,作为担保储备的实物价值,就是货币的实物发行准备。

货币实物发行准备是凭证货币价值的来源和保障。严格的比例发行方式确保每一份凭证货币都对应相应的实物价值储备。每一份凭证所载金额的价值都可以按照兑换率转换为等值的实物价值。

货币实物发行准备是针对凭证货币而言的,实物货币无须发行准备。实物货币制度中发行的银票属于凭证货币,银票以实物黄金、白银作为准备发行,每张银票都可以兑换银票面值所载的等值金银。

实物发行准备可以是100%的完全实物准备对应关系,也可以按照设定的比例发行凭证货币。理论上,早期的银票是完全准备发行。金本位货币则是按照兑换率准备发行的货币。美元曾经就是按照兑换率发行的黄金兑换券,所以那时的美元也叫美金。

实物准备发行方式的优点是凭证信用和实物结合使用,既方便使用,又兼顾货币价值的保障,为信贷金融业的发展拓宽渠道。钱庄或商业银行从发行准备中发现了支付准备,由此开启了信用应用的新时代。支付准备替代发行准备大幅降低信贷业务成本,社会融资投资因此能够得到银行的大笔资金支持。信贷业务蓬勃发展始于利用支付准备开展信贷业务。

在实物准备发行方式中,当凭证货币超发时只可能造成凭证价值的贬值,并不会影响实物价值。所以,这种发行方式的货币金融风险是商业性经营风险,不是货币金融的系统风险。凭证货币的贬值风险由发行机构承担。银行只有管理好凭证货币的供应量才能确保凭证纸币的价值。实物准备发行的凭证货币,实物价值和实物供应量能够有效约束凭证纸币的供应和货币金融的运行,其本质仍然是实物货币制度。

实物准备发行方式的缺点是,凭证信用货币和发行准备完全对应,凭证信用货币的供应数量受实物准备数量约束不能跟随经济发展同步增长,经济受货币供应约束的老问题仍然存在。发行机构有多少实物准备,才能发行多少凭证信用货币。大量超发难以应付兑付,可能出现挤兑。在货币供应数量难以增加的情况下,经济发展总是导致单位货币价值上涨,货币购买力不断增强,经济发展的结果总是伴随着通货紧缩。从这个角度来看,实物货币制度下通货紧缩的本质是货币缺乏导致的社会需求被货币供应压抑。

货币的信用发行方式

货币的信用发行方式特指采用信用价值作为货币价值发行的货币。信用发行方式不采用实物价值作为货币价值,也没有货币发行准备,货币价值完全由信用构成,货币发行机构没有向货币持有者承兑实物价值的义务。因此,在货币信用发行实施的初期只能由国家垄断货币,采用中央发行方式发行信用货币。需要特别指出的是存款准备金制度是为应对取款留存的流动性准备的,不是货币发行准备,而是支付准备,不应与货币发行准备的概念混淆。

信用发行方式可以分为完全信用发行方式和储备发行方式两类。储备发行方式是指发行信用货币时,货币发行机构储备相应资产作为价值保障,用于增加信用货币的价值构成和支付保障。储备不是货币发行准备,只是发行机构持有的价值资产。目前各国发行的法定信用货币大多采用储备发行方式,中央银行储备一定数量的黄金和外汇作为国际支付和国内货币价值的保障,用以充实和稳定信用货币价值。

法定信用货币是最典型的信用发行货币。法定信用货币的货币价值保障责任完全依赖发行机构的信用和货币制度。法定信用货币的价值源于国家对货币的垄断，源于政府和法律的认可保护，源于国家的经济、政治、军事实力。从这个角度来看，垄断性、法定性和制度性是信用价值的核心，起到实物准备的作用。法定信用货币的货币价值因此和政权紧密联系在一起。政权不稳定、政局动荡，都会导致货币贬值和通货膨胀。这种现象是法定信用货币脱离实物价值采用国家信用价值导致的后果。

信用发行方式的优点在于，信用发行的货币也是制度货币，货币制度作为维护货币价值的工具，也是治理货币金融体系的核心和根基。采用信用发行方式将不可避免地强化货币的制度性和法制性，对于货币金融体系是重大进步。信用价值是虚拟的，但也是最具可塑性的。货币采用信用价值后，金融创新层出不穷，货币价值摆脱实物束缚，发展出欣欣向荣的现代金融业。

信用发行方式的缺点在于：首先，信用货币没有实物价值或权益对应，银行不负责实物兑付。如果货币丧失信用，或者发行机构丧失信用，或者政府丧失信用，货币价值也会相应减损。信用货币的风险主要由货币持有者自己承担，即使是货币超发也由货币使用者买单。其次，信用货币是可操纵货币。货币发行机构通过操控货币供应数量可以影响货币购买力。信用发行方式最大的问题在于，信用和债务的结合会使信用货币沦为债务货币。将债务标准化为债券，作为资产出售的方式是偷梁换柱，彻底改变了资产负债表的债权债务逻辑，将信用价值替换为债务价值的做法，或者说将信用价值替换为债权的做法可能颠覆整个货币金融体系。① 美元多年超发累积了庞大债务，如果不靠诚实劳动摆脱这些债务，无论哪种方式都会给世界带来灾难。如果货币价值沦落为债务价值或债权，这是对社会劳动明目张

①费里德里希·冯·哈耶克.货币的非国家化[M].姚中秋，译.北京：新星出版社，2007.

胆的抢掠,人类的未来将因此落入黑暗的深渊。

信用发行方式的优点和缺点同样明显。信用货币和信用价值创造出当前如此繁荣的经济,人类从没有如此富裕满足过。但是信用发行方式的过度使用又是如此危险,以至于一旦失控就没有挽救的可能。目前,信用发行方式仍在发挥正面积极作用,但是随着经济的进一步发展,法定信用货币制度的缺陷将逐步暴露,弥补法定信用货币制度的缺陷成为关乎人类未来的课题。

第六节　货币的私有发行方式和公有发行方式

货币的私有发行方式

货币的私有发行是指由属性私有的货币发行机构发行的货币。属性私有是指货币发行供应机构和监管治理机构由私有性质的商业单位或者商业有限责任机构担任,由此导致货币体系在宏观层面采用以私有产权为核心的经营管理方式,或者以其有限资产为担保承担货币发行和经营责任,又或者采用市场化供应方式向社会公众发行货币。

私有发行方式如果采用自由竞争的发行方式,那么只要具备货币经营资格、符合条件就能发行自己的货币。私有发行方式如果采用垄断发行方式,那么只有被授权的机构才有货币发行供应权。实物货币制度时期,钱庄发行的银票,以及早期银行发行的纸币,都是采用自由竞争方式私有发行的货币。美联储作为美国私人银行协会发行美元是采用垄断私有发行方式发行的货币。所以美联储的议息是以商业银行的投票和美联储的资产负债表为对象的议息,体现的是商业银行协会的整体利益。至于其议息决议和货币政策对储户或市场会造成怎样的结果,都居次要地位。这也是美联储的议息决议和货币政策有时不是解决经济问题而是在制造危机的原因。

私有发行方式的特点是货币发行供应和经营往往是一体的,货币发行者也是货币的经营者,货币金融监管机构负责对发行机构进行监管,货币制度负责保障货币的公共性和社会性,货币价值由货币发行机构负责保障,货币风险由发行者和持有者共同承担。私有发行方式的货币金融和实体经济都采用市场机制运作,货币金融和实体经济之间的一体化程度很高,能比较好地保持货币的独立性。市场和政府之间的边界清晰,政府利用货币金融作为政策工具的可能性低。私有发行的货币属于商业信用或偏向于商业信用,货币本身的价值保障性差,货币风险很容易由发行者和持有者共同承担。由于货币发行供应本身也是获利工具,在货币发行经营一体的情况下,私人银行往往会超额运用货币发行供应特权带来的获利机会,不顾风险地通过信贷扩张获利,由此产生的风险损失往往转嫁给货币持有者。

私有发行方式发行的货币属性是私有的,或偏向私有性质的,货币的社会性和公共性往往被忽视,逐利被商业银行视为第一目标。私有发行方式建立的货币金融体系是市场体系。货币金融和实体经济一体化虽然能强化市场的配置功能,能更好地推动货币金融发展,但货币金融作为实体经济的基础,很容易凌驾于实体经济之上,造成实体经济的边缘化。例如,美国将原本属于服务业的商业银行,发展成可以凌驾于实体经济之上的投资银行,造成实体经济泛金融化的局面,这就是私有发行方式在逐利思想驱动下导致的结果。这种发展方向满足了某些商业银行的逐利冲动,却忽视了货币的社会性和公共性,忽视了广大货币使用者的权益,改变了商业银行服务实体经济的初衷。一个由投资人和投机人主导的经济和社会会去向何方,是需要深度思考的问题。

货币的公有发行方式

货币的公有发行特指以货币属性公有，货币社会性和公共性原则为基础发行的货币。

公有发行是由国家垄断货币发行供应权利，授权特定货币发行机构发行国家统一货币的发行方式。国家以其资产、信用、实力和竞争力作为货币币值的保障。货币发行既可以采用商业发行供应方式，也可以采用非商业方式发行。货币发行机构的发行供应不以营利为目的。货币发行和经营分离，中央银行作为货币发行机构，以维护货币信用、确保货币价值和购买力为宗旨。商业银行不具有货币发行权，只具有依据授权范围经营国家货币的权利。

公有发行的优点是货币由国家垄断，货币的功能性质和货币价值在国家政府和法律的共同保障下更可靠，货币的社会公共性能得到保障。统一的货币及其管理运营，能够提高货币信用程度、增强经济运行的效率。公有发行方式建立的货币金融体系是制度体系，强化制度能更好地推动货币金融发展。

公有发行的缺点是，公有发行的货币具有垄断地位，缺少维系价值和商誉的压力。公有发行机构是政府授权机构，容易受政府影响。货币政策可能成为政府的主要经济工具，货币的独立性难以保持。实际上公有发行方式的很多风险来自政府对货币发行供应和管理的直接干预，这是公有发行方式需要特别注意的。

法定信用货币作为信用货币，特别是从维护货币的社会性和公共性角度来看，最适合公有方式发行。中国人民银行发行的人民币是公有发行。人民币是国家垄断货币，是由国家授权的人民银行采用非商业方式发行的货币。人民币是发行和经营分离的货币，采用制度作为货币功能和性质的保障，强调对货币社会性和公共性原则的维护。美联储作为私人银行协会，虽然美元也是国家垄断货币,是由美国政府授权美联储,采用非商业方式发行的美元,但其货币政策操作以私有商业银行的资产负债表为基础,以私有商业银行协会会员的投票为决策。美联储和商业银行共同管理经营美元的货币金融操作是商业逐利性的,是不以货币社会性和公共性为基础的商业操作。这些特点都显示美元的管理和经营更倾向私有发行方式。

第七节　货币的价值发行和债务发行

货币的价值发行和债务发行

货币的价值发行方式是指货币采用价值作为其价值构成,无论价值的形式是实物的,还是信用的,又或者是虚拟的,至少都是价值形式。发行的货币是度量剩余劳动价值累积的工具,是储藏剩余劳动价值累积的载体,是社会总财富中的一部分。

货币的债务发行方式是指货币发行中将原本应该具备的货币价值替换为债权,货币价值转换为持有债权的凭证,这样的货币发行称为债务发行,这样的货币不再是价值货币,而是债权凭证。

价值货币是交易的等价物媒介,以货币自身价值为载体和其他价值进行等价交换。债务货币是债权凭证,是具备流通性的借据,虽然债务货币也有价值,但债务货币存在债务违约的风险,这就偏离了货币价值的本质。使用债务货币的国家尽管老百姓的资产属于自己,但整个国家的资产都被银行家通过债务出售给货币持有人。虽然货币价值是私人的私有财产,但货币体系是国有或公有的,或者是掌握在像美联储这样的私人银行协会等货币发行供应机构的手中。货币发行供应机构摊薄单位货币价值,或者采用债务发行方式时就可以剽窃私有财产。金本位时期的美元又称为美金,持有美元可以按照官方公布的兑换率兑换黄金。如果持有的美元相当于借据,可以作为债权人兑换债务,这样发行的美元就是债务发行,这样的美元就是债务货币。当美联储的资产负债表中债券、贷款和信用资产大于负债时,由于这类债券、贷款和信用资产本身就是债务,其货币价值不再是剩余劳动价值,而是各种债务形式,此时发行供应的货币就称为债务货币。

价值是正向的效用或需求,债务是借贷透支的需求。货币采用债权作为货币价值构成的货币,等同于放弃了劳动价值和货币价值的基本关系。劳动和经济的关系也附带被舍弃。经济活动的性质从主张劳动创造转变为主张举债和博取利润。此时劳动者辛勤劳动的成果换取的是举债者的债权,而不再是任何价值。举债者成为货币供应的主要来源并推动经济发展。这样的货币制度显然很荒谬。

西方很多经济学家主张以债权作为货币价值。价值货币是银行的负债,债务货币是银行的权益和价值。所以债务货币是银行家的最爱,也是私有银行家们极力主张的货币。在价值货币体系中,劳动者持有权益,银行是为劳动者打工的服务者。银行经营劳动者的货币资产,维护劳动者的价值利益,才能实现自己的利益。在债务货币体系中,债务在货币发行供应资产负债表中的总金额大于权益价值,货币价值因此被大幅摊薄。即使靠操纵币值维持货币购买力,但缺乏劳动价值加持的货币金融领域只能巧取豪夺。银行包装各种债务成为价值资产换取社会剩余劳动价值,投机者制造市场波动和社会对立维持投机。劳动者持有债权,等同于持有借条借据,债务银行成了货币权益的主人。劳动者不仅要承担风险,也是在为银行打工。

很多经济学家为债务货币站台,银行家们嘴上不说,但在美元体系中不遗余力地推动债务货币的合理化。这就是美国的债

务如此庞大,但美元在国际上仍占主导地位的原因。政治家和
银行家对债务货币置若罔闻。他们明白这些债务最终不会由他
们买单。价值货币和债务货币就像天堂和地狱的差别。价值货
币引导整个社会通过诚实劳动实现发展。债务货币推崇举债,
庇护投机和不劳而获。选择价值还是继续债务,两种货币制度
将带给人类截然不同的后果。

第八节　法定货币、代币和未来的货币

法定货币

法定货币是指由国家政府确立,受法律承认并保护的货币。
法定货币也称为官方货币,以方便和非官方货币进行区分。古
代官银、铸币,现代使用的纸币都是法定货币。

成为法定货币的前提是货币由国家政府认可。国家政府可
能对货币进行垄断,也可能只是垄断铸造发行权。古代的官银
是法定货币,私银是民间货币,两者都能在民间流通使用。

法定货币的发行供应一般都是垄断性的、排他性的,即使出
现授权发行,这种授权也是在官方垄断排他权内的次级授权。
因此,法定货币一般都由专职机构发行供应。官银是官方铸币
局铸造的货币,金本位货币和法定信用货币都由专职的中央银
行发行供应。

货币的法定性是货币主权性的延伸。强调货币法定性的目
的是区别民间货币和代币。在法定货币的基础上,如果允许民
间发行货币,或者允许代币自由发行,各种货币的应用必然挤占
法定货币的市场,特别是和法定货币展开竞争,会严重损害法定
货币的地位和权威。因此,无论是在实物货币时期,还是金本位
货币时期,又或者是法定信用货币时期,政权总是谋求垄断货币

发行供应权。法定信用货币垄断货币发行权,不允许发行民间货币和代币,这样既是维护货币信用价值的需要,也是确保货币体系封闭性和独立性的需要。代币或民间货币在法定信用货币体系中的使用必然严重冲击国家信用。货币金融体系要成为一个完整有效的整体,内部不能出现内耗分歧。民间货币和代币的应用会制造内部竞争,伤害货币金融体系的统一性。

代币

代币可以定义为非法定货币或代货币或类货币。法定货币是官方承认的国家货币,除了法定货币外,其他货币或者货币形式的交易支付工具都属于代币。法定货币具有清晰、明确、典型的货币特征,具备全面完整的货币功能和制度安排。这些特征和功能都是货币具有法定地位、受法律保护、政府认可才能具备的。代币通常只具备某方面的货币特征,不具备完整的货币功能和货币性质。代币可以用于局部小范围的民间性交易,如果用于大宗交易或者复杂交易,其功能欠缺的缺陷就会暴露。

代币通常由民间发行。私人、企业、公司等各种组织,甚至个人都可发行代币。代币可以是合法的,如粮票、布票、饭票、代金券等;也可能是非法的,如非法集资者发行的用于集资的代币。代币有很多形式,粮票和布票是法定的代币,代金券、飞行里程是企业发行的非法定商业代币。无论法定的还是非法定的代币,都是非法定货币,最多也只是法定货币的替代或补充。

货币功能的作用是满足不同交易对支付清偿提出的各种要求。小范围内的交易支付场景对货币的功能性要求不高,可以发行自己的内部货币用于交易。例如,工厂内部发行的饭票就是典型的代币。交易范围扩展时,交易需求的差异性很大,对货币的要求更高,需要更专业、更规范、更具普及性的货币。此时工厂发行的内部代币就难以符合货币要求。

代币的价值通常依附于法定货币。有些代币以发行者的信用或支付能力作为保障。代币本身的价值通常很低,代币的信用也不可能和国家信用相提并论,但代币可以通过依附法定货币获得同等价值购买力的定价。例如,饭票就是纸质印刷品,连防伪功能都不具备。代币价值由发行者的信用保障,和法定货币等值兑换,其本质是用发行者信用替代法定货币的信用。这也是代币最具风险,对货币金融体系产生威胁的地方。饭票的支付价值是企业信用,出于对企业的信任,饭票购买者用自己的法定货币换取企业信用价值的饭票。如果企业出现支付困难,员工持有的代币饭票将无法兑现。如果某企业的饭票可以在社会中与货币同时流通,该企业就可以借助代币发行吸收民间储蓄建立小范围的独立收支"王国",这种做法对货币信用和政府权威都是严重冲击。

各种货币制度都可能出现代币。代币特别容易在小范围的封闭体系中产生,这是代币的特性之一,是经济活动自发形成的,也是现实需求决定的结果。工厂发行的代金券、消费积分,集团内部的票券等都是代币的主要形式。

无论法定代币还是非法定代币,一般都以法定货币作为准备发行,且具有特定发行对象或特定使用范围。例如,企业发行的饭票使用法定货币足额购买。代币具备部分货币功能,在小范围内流通,通常会设定使用限制。例如,饭票只能在特定的食堂购买餐食。发行这种代币的目的主要是形成封闭的交易环境,排除外来需求。曾经,布票作为法定代币虽然可以在全国流通,但也只能用于购买特定布匹衣料,属于具备特定功能的代币。

计划经济时期国内发行的粮票、布票等法定代币都是具备特定功能的代币。法定代币的使用必然冲减货币使用。发行多少粮票、布票,才有多少粮食、布匹的购买力,才和相应的供应能力匹配。如果粮票、布票没有超出配给范围,即使有钱也无法买到粮食和布匹,市场并不缺乏需求,发行布票、粮票的目的是限制需求。粮票、布票这种代币,既无法和其他商品产生统一的市场化定价,也不能调节供需,反映供需矛盾,更无法体现生产者的劳动价值和需求者的价值储藏。这种方式是指令分配的一种形式,由此可以了解配给形式的运作方式。

代币很有可能是未来主要的金融风险形式,但也可能是货币金融未来发展的新趋势,因此有必要对代币做深入研究。原本的代币是在封闭环境中发行的,数字货币的兴起为向公众发行代币提供了技术上的便利。企业发行数字加密货币的条件已经成熟,如果不进行规范,企业发行的数字代币或虚拟资产都会吸收民间储蓄,一旦普及会冲击法定货币的垄断性。比如,Facebook 试图发行自己的数字货币,按照这一方向,下一步Facebook会致力于形成支付使用环境。如果其建立像亚马逊那样的支付环境,对法定货币的排挤程度可想而知。这种局面将使得货币发行重回竞争模式,重回私有发行。货币的安全保障性和社会公共性如何确立,就成为这种发行模式是否具有生命力的关键。

未来的货币

由于比特币等数字货币的应用,国际上要求废除中央垄断发行方式的呼声越来越多。希望货币发行供应回到竞争的扁平化模式中的讨论也变得很热络。中央垄断发行方式的优点毋庸置疑,如果能够进一步完善制度、加强治理,必然会有更好的应用效果。反观目前,数字虚拟货币的扁平模式仍不成熟,数字虚拟货币只是噱头,其本质是虚拟资产。虚拟资产比实物资产的风险更大,如果虚拟资产得以普及,出现问题时造成的社会危害会更严重。试想你用法定货币兑换了虚拟货币,这种货币的价值由发行者和炒家控制,通过价格暴涨暴跌吸引投资者。而虚拟货币的发行者拿了你的法定货币挥霍,给你的是数字货币凭证。有一天,货币发行者破产,这些数字货币凭证没有任何价值保障,会一文不值。这也是本书特别分析代币,并把目前这种代币形式视为未来可能出现的重大金融风险的原因。

货币未来的发展趋势首先要沿着法定信用货币制度走下去。法定信用货币制度还没能解决国际货币和全球化的制度建设问题。区块链只是一种技术手段,作为货币只是改变了货币的形式,并不改变货币的性质和功能,技术手段只能优化部分货币功能。

在法定信用货币的国际货币制度取得成功之后,国际上未来可能兴起去中心化的货币发行方式。在信用成为必需品的时代,企业和各种机构可以发行自己的货币。这种发行方式是建立在放松代币管制、鼓励代币发行基础上的,从中央垄断自然过渡到扁平去中心化的道路上来[①]。

未来的货币发行方式可能沿着三条道路演化。

第一条道路是坚持现有法定信用货币的优势,完善当前法定信用货币制度中的缺陷,建立法定信用货币的国际货币制度。

第二条道路是改变中央垄断模式为扁平分布模式。这条道路可能沿着代币合法化的道路推进,成功与否取决于货币技术和货币制度的发展。

第三条道路是改信用价值为劳动价值。通过设定劳动价值

---

① 费里德里希·冯·哈耶克.货币的非国家化[M].姚中秋,译.北京:新星出版社,2007.

基准,用劳动创造自己的财富,将劳动财富与他人共享。

　　各种法则和模式都是根据现实情况设计建构的,都是相对于现实问题的解决办法。各种货币发行方式的优缺点不是一成不变的,而是可以相应消除缺点、发扬优点的。文中所列发行方式的特点和优缺点只是对实际应用时出现的问题所做的描述,实际上这些表现出来的优缺点都不是必然的,都是可以避免的,也是因国情而异的。有些货币发行方式和货币制度都是可以穿插交替借鉴的。只要以实事求是的原则为准绳,缺点皆可视为设计不足、认识不到,或者执行不当所致,并无制度高下之争,尽皆因势利导之故。

第五章　货币的价值

第一节　货币价值概述

货币价值的定义

货币价值指货币自身具备的价值或购买力。货币作为交易媒介,自身必须具备价值才能以等价物方式参与交易,才能作为各种价值的度量标准进行计价,才能作为价值储藏的载体储藏剩余劳动价值。

货币价值的来源

货币价值由货币制度确立。当货币采用实物形式时,货币价值由实物承担。当货币采用信用价值时,货币自身的效用,以及法律赋予货币的职能是货币价值的来源。

货币价值并不拘泥于实物,只要符合货币制度要求,就可以作为货币价值使用。货币价值曾经采用羽毛、宝石、金银等实物价值形式表示,目前采用凭证纸币和账户等信用形式表示,包括近年来出现的比特币等电子形式的代币,都印证了货币价值来源的开放性特点。

无论何种形式的货币,货币价值都源于货币自身的效用和外部对货币的需求。在经济活动中,货币作为交易支付工具,价值度量储备工具,计价标准和计价工具,具有特殊且无可替代的地位和效用,这种效用和对效用的需求构成了货币特有的价值。

货币的效用价值和需求价值主要由货币功能确立。货币具备的流通性、交易支付媒介功能、价值储藏功能、计价记账功能,赋予了货币效用价值,创造出经济活动对货币的天然需求。正因为如此,纸币经过国家认定和政府担保就能成为货币。如果国家政权被颠覆,纸币往往会大幅贬值。

货币价值的演化过程

最早的货币价值源于实物。实物以自身价值作为交易媒介,在交易过程中承担等价物的作用。交易时支付实物价值。持有货币主要是持有实物价值。符合货币价值要求的实物,被选定作为货币,用于经济活动的价值度量、储备和支付转移,这就是货币价值最初的起源。贵金属作为货币的效果最好,所以金、银、铜都是古代铸造货币主要的材料。

采用实物作为货币价值的时期,实物价值使用不便利的问题随着经济发展逐步暴露。钱庄等货币经营单位将实物货币作为准备,发行凭证纸币用于交易支付,解决了实物货币不适合大量携带、不便于大宗交易和异地支付等问题。纸质凭证本身没有价值,因为能够兑换等值实物货币而起到和实物货币同等的作用。由于银票等纸币方便携带,价值标识清晰准确,很快得到市场的认可,成为和金银同等的货币,反而实物货币的应用程度在不断降低。货币价值在纸币应用期间进入实物价值和纸币担保价值并行使用的时期。

实践应用是推动货币发展的动力。纸币和信用在现实应用中不断发展出各种规则、制度,像是防伪技术、价值保障方式、兑换方式、抵押借贷等经营方式,其规范也逐步建立,形成基本的针对纸币形式的货币制度,为担保价值走向信用价值奠定基础。原本以实物价值承担货币职能的做法,逐步演化为制度构建货币职能,保障货币价值的方式。凭证纸币的应用是货币制度走上历史舞台的前提。

钱庄的经营方式因人而异,银票价值可能因为钱庄破产造成损失。银票价值的保障程度成为凭证担保价值可持续性的关键。欧美经济最先进入工业大生产阶段,工业经济对交易支付提出更高要求。西方国家顺应经济发展的要求,最先建立起以黄金价值为准备、发行凭证纸币的垄断货币金本位制度。在金本位制度中,凭证纸币正式取代实物货币成为交易支付的法定货币,黄金退出流通,仅作为发行准备承担价值保障职能。金本位制度建立的时期,是担保价值制度化和法定化的时期,也是货币制度正式确立的时期。

实物货币和金本位货币制度均采用实物价值,两者的差别在于金本位货币制度的货币形式采用纸币,货币价值由实物黄金担保,货币形式和货币价值分离。货币价值仍然是黄金实物,纸币形式采用信用价值,两者通过担保和发行准备方式建立直接关系,纸币的价值保障由货币制度和实物共同承担。货币制度起到维护货币功能性质、保障货币价值的作用。黄金实物的供应数量和实物价值仍旧是货币制度的一部分,实物的其他性质特点对货币的影响已经完全淡出。实际上在金本位制度货币发行模式中,只要取消实物担保,进一步完善制度保障,以实物价值为基础的金本位制度就可以转变为以制度为基础的信用价值。

金本位货币制度在经济史中的应用时间并不长。随着人口不断增加,贸易超越国界,黄金供应无法跟随经济发展同步增加的问题越来越严重。纸币发行受限于黄金准备的货币发行,供应方式开始制约经济发展,特别是战争和国际贸易的发展,更加重了货币和经济之间的失衡。放开货币供应局限,满足经济发展产生的货币需求成为货币改革的主要方向。

纸币担保价值脱离黄金发行准备,采用完全信用价值,是解决黄金数量受限、货币供应紧缩及制约经济发展的最好办法。纸币脱离黄金准备后,为确保纸币价值,货币制度进行了一系列相应的完善。比如,货币价值采用法定信用价值,付息成为法定货币工具,商业银行成为法定货币授权经营单位,货币采用国家垄断方式发行供应,法定信用货币在国家范围内享有排他性和法律强制保障,等等。以纸币为代表的信用价值虽然本身没有多少价值,凭借其作为法定垄断货币具备的效用和需求,信用价值完全具备与实物同等的价值效力。

货币的信用价值建立在国家信用、国家法律和政府权力的基础上,其本质仍然是担保价值,只是担保方式由实物黄金的发行准备变成了国家信用实力。这种建立在国家实力基础上的信用价值形式,在国家内部依赖垄断、强制和法律保障,在国际范畴依赖国家实力和国际竞争力。一旦货币的信用基础被破坏,整个货币体系和经济体系都会受到影响,使用这种货币都无可避免地要为此买单。

未来的货币价值将如何演化,取决于经济基础提供怎样的土壤。全球化对国际交易支付和价值储备提出的需求,是当前货币体系迫切需要解决的问题。各国货币价值在国际范畴的度量方式和统一标准都需要重新确立。

货币价值的作用

经济交易的本质是等价交换,货币自身具备价值才能通过自身价值和商品进行交换,承担起交易媒介和支付工具的货币职能。丧失价值的货币,也就丧失了等价交易的地位。如果有人愿意接受失去价值的货币,这种行为不是交易而是施舍赠予。

货币价值的作用主要表现在以下三个方面:

(1)货币作为价值度量工具,以自身价值为标准衡量各种经济价值,产生以货币价值表示的价格,因此可以基于价格进行交易。基于货币价值对比产生的价格,使得商品、劳务服务、资产等各种经济价值都统一采用货币计价,在经济体系中形成统一的价值度量结果。原先对价值认识的主观性,被货币价格的客观比较结果取代,原先的价值差异通过价格差异表示。这种方式极大地促进了交易的开展。

(2)货币作为交易支付工具,以自身价值和商品进行交换,实现商品价值和货币价值的等值交换。所有商品、劳务、资产等经济价值都与货币价值进行交换,货币成为专业的交易支付工具,彻底解决交换过程中的供需匹配问题,为供应端的专业化生产和需求端的自由选择创造了条件。

(3)货币作为价值储藏工具,剩余劳动价值储存在货币价值中备用,持有货币等同于持有剩余劳动价值中能够储存备用的劳动价值。货币作为劳动价值的储藏工具,将经济活动的目的从满足需求扩展为创造货币财富,对于社会发展和人类进步具有不可估量的作用。

货币价值的基本要求

总体来说,对货币价值的要求包括货币价值是正价值,且满足稳定、确定、持久的基本要素。

货币价值是价值储备的载体,是价值度量的标准和工具,因此货币价值必须是正值,不能为负值。采用债务债权作为货币价值的做法是错误的。债权价值和债务价值都无法承担价值度量标准和价值储存载体的职责。

货币价值保持稳定的好处是显而易见的。稳定的货币价值,能够为经营者提供稳定的预期、稳定的物价水平和稳定的经营环境。在这样的市场中,商品容易达成交易,投资容易核算成本,价格不会大起大落,货币金融风险可控,宏观经济运行平稳。货币价值稳定,货币作为商品价值的参照和度量功能才能有效发挥作用。如果货币价值频繁波动,基于货币度量的商品价格也会相应波动,由此影响交易顺利开展,严重的甚至会破坏资产负债结构,造成严重的危机。例如,1杯奶茶原本卖5元,货币价值波动导致几天后奶茶变成6元,再过几天变成4元,这样生意就难以开展。比特币价格暴涨暴跌,如果采用比特币计价,1个比特币一年前换5杯奶茶,一年后换100杯奶茶,不会有人愿意销售奶茶,都会去炒比特币。美元利用自己强势国际货币的地位大幅加息提升自身价值,导致弱势货币汇率大幅波动,外汇储备流出引发经济危机的案例也屡见不鲜。这些都是货币价值频繁波动造成的经济问题。

货币价值保持稳定的难度很大,实物货币选择金银是因为金银价值符合稳定性要求。法定信用货币的货币价值波动性远大于金银,这也是法定信用货币常被诟病的原因。仅凭价值稳定这一项要求,很多代币就被拒之货币门外。比特币不是货币而被视为数字资产,与比特币价格波动幅度太大有关。

货币价值确定,才适合作为商品价值度量的标准。如果货币价值不确定,人们对货币价值有争议,很容易产生纠纷,影响交易的顺利开展。物物交换以货易货时,买卖双方对自己的货物和对方的货物价值认识的不同看法就是价值不确定导致的问题。使用货币作为交易媒介就是要利用货币价值确定的功能促成交易达成。

货币价值确定,也是法律的基本要求。交易涉及商品权利的转移,需要明确的边界划分才能从法律角度判定和区分责任、权利和义务,这就要求作为支付工具的货币给出清晰、确定、准确的价值结果。如果货币价值不确定,持有货币本身就会制造纠纷,更不要说使用货币进行支付。法定信用货币的价值是法定的,是各种货币形式中最确定的货币价值,因此没有出现过因为货币价值认识差异导致的问题。实物货币采用重量计价,由称量的精度决定其确定程度,还会涉及金银纯度的问题,使用金银实物交易时就可能出现争议。使用银票代金券等纸币形式时,纸币的价值是预先标注的,也具备确定价值。

货币价值的稳定性和确定性都必须持久。如果货币价值的稳定性和确定性不持久,货币价值像花一样容易凋谢,剩余劳动价值储存在货币中会自动减损甚至丧失。这样的形式难以承担起价值储存的重任,交易者也不愿意接受这样的货币作为交易媒介。因此,持久性是对货币价值最基本的要求。货币价值即使符合确定性和稳定性要求,如果不具备持久性,一样难以符合货币要求。黄金、白银的价值都能够保持持久,这是黄金、白银作为货币历史悠久的主要原因。

第二节　货币价值采用的形式

货币价值形式的种类

货币价值采用的形式特指货币基本单位,也就是单位货币价值采用的形式。从单位货币价值的构成来看,货币价值形式可以分为实物价值形式和虚拟价值形式两类。比如,实物价值和实物担保价值都属于实物价值形式。信用价值和数字货币的价值都属于虚拟价值形式。货币价值形式也可以分为价值形式和债务形式两类,比如,实物货币属于价值形式,信用货币可以成为价值形式,也可能成为债务形式。

货币价值采用何种形式由经济发展水平和货币制度决定。货币价值的核心是货币具备的社会效用和经济需求,只要满足这一条件,货币价值可以具有不同的形式。货币最初借助实物体现价值,随后引入凭证担保价值,当货币制度发展成熟后,实物价值被信用价值取代。

货币价值采用的形式是区分货币制度的重要方式,只要符合货币功能和性质的各项要求,满足货币制度提出的条件,能够承担货币的职能,货币价值采用的形式可以不拘一格。

担保价值属于混合形式,由担保标的的价值形式决定货币价值形式的归属。金本位纸币采用黄金实物担保发行,因此属于实物担保价值。法定信用货币采用国家信用做担保,因此属于虚拟担保价值。数字货币的价值形式无担保,是虚拟无担保的价值形式。

实物价值形式

采用实物作为货币时,实物价值是货币价值的来源和构成。货币价值的波动就是实物价格的变化。在使用金银作为货币的时期,货币价值表现为金银的价格。金银的价值稳定、持久、可靠,耐储藏不易变质,资源稀缺,供应量有限,货币价值也呈现出相应的特点。

实物价值形式的货币,为确保货币价值稳定、确定、持久,实物本身必须具备稀缺性,能够大量供应的实物注定无法成为货币。实物本身的价值只是载体,实物的供应量作为货币供应总量才是衡量是否能成为货币价值的关键。

在实物货币制度中,持有货币等同于持有实物。实物价值真实可靠,实物货币的内在价值稳定持久,独立性强,不受人为操纵干预,不仅能够抵御通货膨胀,也不会因为经济崩盘、政府更替、政权颠覆等外在原因影响货币价值。实际上,局势越动荡,实物货币的保值和抗风险优势越明显。所以金银等实物货币历经多个朝代和政权更迭而不改其货币的地位。

虚拟价值形式

虚拟价值形式分为有担保和无担保两种形式。在法定信用货币制度中,纸币的价值是虚拟信用形式的,虽然没有任何实物担保,但有国家政府为法定信用货币提供担保,因此法定信用货币是典型的虚拟价值形式的有担保货币。数字货币的虚拟价值由程序提供,分布式挖矿产生的数字货币供应,属于商业信用,没有国家和政府的信用保障,因此数字货币是典型的虚拟价值形式的无担保货币。

货币是不是必须具备内在实物价值?货币能够完全脱离实物采用虚拟价值?这两个问题在采用法定信用货币制度后已经

通过社会实践得到答案。货币的虚拟价值形式是不是必须有国家信用作为保障？可以单纯依靠制度确立货币的虚拟价值吗？这两个问题的答案只能从社会发展实践的探索中产生。数字货币的产生为研究这个问题开辟了道路。一般而言，货币价值采用实物还是虚拟形式并不是重点，重点是所采用的模式能够实现货币功能，符合货币制度要求，有利于人类的进步，有助于社会正义和真理的表达。

信用价值形式

信用价值形式是虚拟价值形式的一种，是采用担保方式产生的无实物价值形式。货币的信用价值可由货币发行企业提供担保，也可由国家政府提供担保。法定信用货币是由国家和政府提供担保的虚拟信用价值。

信用价值在没有实物价值保障的情况下能够被广泛接受，是由信用价值的保障来源决定的。法定信用货币的信用价值基础来源于国家对货币发行供应的垄断，来源于法律制度的保障，来源于货币自身的效用和市场对货币的需求，因此才能在没有实物价值保障的情况下良好运行。法定信用货币的信用价值是国家信用、政府信用、法律制度信用的综合体现。由于各国的国情、国力不同，各国货币的信用价值稳固程度也不同。在国际市场中，这种差异通过汇率表现，采用信用价值形式的货币也因此是由价格和购买力来确定信用价值的具体数值的。

货币的信用价值建立在国家安全、稳定、有序的基础上。国家、政府和制度是信用价值形式的保障。一旦国家局势出现动乱，价值保障必然减弱，国民对货币的信心也随之降低，信用货币很容易贬值。信用价值自身的价值构成不稳定，因此保障信用货币的信用价值是法定信用货币制度的重要内容。

采用信用价值的货币对国家和政府有依赖性，独立性弱，容易受到政府的影响，不能像实物货币那样保持独立。货币超发是信用价值货币的常态,这与信用价值形式缺乏内在实际价值,货币供应易受操纵有关。

采用信用价值的货币,货币供应能够人为增减,货币供应因此成为经济发展的动力。采用信用价值比实物价值更能推动社会进步。历史实践表明,在取消实物价值,将其改为信用价值后,货币金融对经济发展提供了巨大的推动力,各项事业广泛开展,人民得到更多的发展机会,社会经济出现飞跃式进步。历史实践已经证明,信用价值取代实物价值是历史发展的伟大进步。

信用价值的未来在于完善货币制度。严格货币经营管理,审慎运用信用,这些措施都是确保信用价值可靠性的主要方法。互联网的普及催生出数字加密货币和分布式发行方式。"挖矿"方式确保数字货币价值的方式显然不可行。数字虚拟货币试图替代信用货币还有很长的路要探索。目前来看,对信用价值进行完善,使之适应国际化的需要才是更可行的货币制度改革道路。

劳动价值形式

劳动价值作为货币价值时可以是实物形式,也可以是虚拟信用形式或其他形式。这是因为劳动价值不是货币本身的价值,而是储存在货币价值中的价值,是附着在货币价值上的价值,是借助货币价值呈现表示的价值。所以,货币价值采用实物价值时,劳动价值就通过实物价值表达;货币价值采用信用价值时,劳动价值就通过信用价值表达。

无论在何种货币制度中,货币价值的来源都是剩余劳动价值;无论何种货币价值形式,都用以表征劳动价值。因此,劳动价值最有资格成为货币价值采用的形式。但是在现实操作中,劳动价值必须被具体量化后,要像实物价值那样能够被度量、测算、计数,才具备成为货币价值的条件,才可以将虚拟信用价值替换为劳动价值。此时的劳动价值就不再是附着在货币价值上的劳动价值,而是实实在在的劳动价值和货币价值一体的价值形式。

在劳动没有被标准化和量化之前,劳动价值无法直接使用,也就不能直接成为货币价值。如果能够设定劳动基准价值,或者说单位劳动价值,各种劳动形式都可以标准化为劳动基准的倍数,各种劳动都可以用劳动基准度量得出量化结果,就可以放弃现有的价值形式,直接采用劳动计价,按照劳动分配,无须任何货币。由于劳动基准价值或者说单位劳动价值,在不同的经济体或国家中是不同的,每种货币都有对应于其货币金融和实体经济的单位劳动价值。因此,必须首先确立国际劳动基准价值,之后才能基于国际劳动基准价值度量各国的单位劳动价值,才能使用劳动价值直接作为货币价值使用。目前在法定信用货币体系中都没能建立一体化的公平的国际货币制度,要想实现劳动价值作为货币价值的构想恐怕是"路漫漫其修远兮"。

债务价值形式

债务价值形式特指将债务形式视为价值,以债权作为货币价值的方式。货币的债务价值形式是基于虚拟价值形式发展出的价值形式。法定信用货币的货币供应可以通过债务方式增发,因此,法定信用货币的价值构成由剩余劳动价值和债务两部分构成,也就是由价值货币供应总量和债务货币供应总量共同构成。如果债务发行过多,劳动价值不足,剩余劳动价值累积不够,就会出现债务价值大于劳动价值,债务价值主导货币价值构成的问题。当货币价值中超过50%的价值是债务价值时,这种货币就由信用货币的正价值退化为债务货币的负价值,这种货币的价值形式也就变成债务价值形式。

各种债务形式,无论是贷款、债券,还是信用额度、欠条,不可否认都具备一定价值。有些债务可能提供一定的收益;有些债务能提供固定收益;有些债务本身的流动性很好,既能提供收益,又可以当作支付工具使用。债务最差也能收到资产,这些债务的权益或收益以及资产因此被视为有价值,但不能将这类债务包装成价值资产用于供应货币。

债权价值只能在兑现后才能确定,债务只能在确保兑付的情况下才有价值。债权的价值不确定,债务可能贬值,也可能违约。债权和债务都是负价值,是需要承兑或贴现的预期价值。这种预期价值甚至不如信用价值可靠。采用偷换概念的方式将信用价值替换为债权价值或债务价值是错误的做法。

实物货币的价值构成是实物,不会出现债务挤占货币价值的情况。法定信用货币的货币价值是虚拟的,没有实物的充实,在运用信用的时候债务才能因此乘虚而入,挤占货币价值空间,使信用货币退化为债务货币。债务价值形式作为对债务的追索权利,是负价值,债务价值形式的价值来源也不是诚实劳动而是负债,持有债务货币等同于持有欠条,这是性质完全不同的价值。

采用债务价值形式的货币,以扩张发行债务方式作为经济发展的动力,也就是以举债打欠条的方式发展经济,而不是以诚实劳动和剩余劳动价值累积作为经济的发展动力。这种方式就像家庭靠借钱度日,举债能力和举债规模成为货币发行供应的关键。社会举债越多,购买力越大,经济越繁荣。在这种模式中,剩余劳动价值通过出借成为货币,劳动价值和不劳而获的举债之间共同产生货币供应,形成竞争关系,最终的结果是诚实劳动越来越少,好逸恶劳越来越多。诚实劳动换来的不再是价值,而是别人开出的借据。如果没人借钱,又没人愿意辛苦劳动,货币供应减少,经济就会出现收缩。这种模式导致劳动价值观被逐步放弃,花未来的钱成为时尚。这种价值观也是银行家最爱的方式。银行借出的资金为银行家提供收益,人的一生都在为超前消费、贴现消费买单。经济成为支付利息不断生钱的工具。

凡是将信用货币超发为债务货币的国家,都是在预支和透支国家的未来,国家的产业大部分被银行家控制,人民没有未来,社会失去希望。

适当运用债务和信用是合理的,如果过度开发和使用信用和债务,往往会造成难以预料的后果。

混合价值形式

货币价值的构成采用实物形式还是虚拟形式并不重要,重要的是所采用的形式能够实现货币的功能,符合货币制度要求,解决目前遇到的问题。混合价值形式正是在这样的初衷基础上建立的对现有制度的尝试性完善。法定信用货币制度是现有的货币制度,混合价值形式主要用于对法定信用货币的货币价值进行补充完善。

混合价值形式是对货币深入理解后针对现实提出的解决办法。不同国家会遇到的困难无法预测,如何解决困难更不确定,如何运用混合价值形式是见仁见智的。混合价值形式不是对货币制度发展的探索,只是针对现实问题做出的权宜性解决方法。通过组合各种价值形式的优点,避免缺点,灵活设计混合价值形式,可以解决现实中遇到的问题。

法定信用货币的价值形式是信用价值,如央行购入黄金作为实物价值的储备和支付工具,对于提升信用货币的价值可靠性有帮助。

外汇是法定信用货币的资产,持有强势外汇和持有黄金的作用相似,对于确保本币价值有帮助。

法定信用货币的价值由剩余劳动价值和债务构成,严格控制债务规模,严格管控货币供应数量,对于确保货币购买力有帮助。

在上述各种补充完善方式中,引入黄金成为货币价值的一部分是很有趣的问题。

第三节 货币价值的构成

货币价值构成方式

任何货币价值都可以看作由单位货币价值和货币数量的乘积共同构成的,用公式表示为:

货币价值＝单位货币价值×货币数量

不论在什么货币制度下,货币价值都是由单位货币价值和货币数量共同构成的,都可以表示为单位货币价值和货币数量的乘积。

任何单独核算的总货币价值都采用单位货币价值和货币总数量的乘积表示,用公式表示为:

货币总价值＝单位货币价值×货币总数量

当我们核算一国的货币总价值时,该国的货币总价值就是该国货币供应总量和单位货币价值的乘积。

单位货币价值

单位货币价值是指货币基本单位含有的货币价值,由于货币价值由劳动价值构成,因此单位货币价值可以用劳动价值表示,用公式表示为:

单位货币价值＝劳动价值＝剩余劳动价值储存的价值

单位货币价值＝社会剩余劳动价值总值/货币价值供应数量

在包括信贷负债产生货币供应的情况下,公式就变为:

单位货币价值＝货币总价值/货币供应总量

单位货币价值＝货币总价值/(价值货币供应总量＋债务货币供应总量)

在实物货币制度中,实物货币的单位货币采用重量计量,黄金、白银使用两和钱作为单位。1 两黄金、白银和 1 钱黄金、白银都是相应的单位货币价值,都是单位货币的购买力,也都是该货币含有的劳动价值,是储存在黄金、白银单位货币价值中的剩余劳动价值。

法定信用货币的单位货币采用元计量,1 元人民币是单位货币的购买力,也是人民币 1 元单位含有的劳动价值,是储存在人民币 1 元单位中的剩余劳动价值。

在任何货币制度中,不论是实物货币还是金本位货币,又或者是法定信用货币,都有其特定的单位货币和单位货币价值。单位货币价值在国内表现为购买力,在国际上表现为汇率。升息提高单位货币价值,降息降低单位货币价值,议息是对单位货币价值和购买力的定性。

单位货币价值也是货币的购买力,货币购买力特指货币和物价之间的关系。衡量货币购买力的方式在国际层面通常选定某种商品作为衡量参照,比较不同货币之间同一商品在不同国家的价格。购买力强的货币单位价值高。比如美元的单位货币价值比人民币的单位货币价值高,1 美元能买到的东西比 1 元人民币多。曾经有经济学家使用汉堡在各国的价格比较不同货币之间的购买力水平,但不同国家资源禀赋和劳动竞争力有很大不同,这种比较方式太过于片面。衡量货币购买力的方式在各国国内是直接比较收入相对于物价的购买力,物价指数就是典型的购买力衡量指数。但将物价指数和工资薪酬指数结合起来看比较客观。

货币总价值

货币总价值可以是一个国家所有货币供应总量的价值总和,也可以是任何独立核算单位的货币总价值,一般而言货币总价值指国家所有货币供应总量的价值总和,用公式表示为:

货币总价值＝单位货币价值×货币供应总量

货币总价值 = 单位货币价值 ×（价值货币供应总量 + 债务货币供应总量）

货币总价值是货币供应总量和单位货币价值的乘积，当货币总价值也是社会剩余劳动价值累积的总值，不涉及信用时，用公式表示为：

货币总价值 = 社会剩余劳动价值总值 = 单位货币价值 × 价值货币供应总量

从货币制度的角度来看：

在实物货币制度中，货币供应数量变动不大，经济增长导致的剩余劳动价值累积增加只能通过单位货币价值增长表现。因此，在实物货币制度时期，经济增长表现为单位货币价值提升的购买力提高及物价下跌的通货紧缩，经济发展的结果是通货紧缩方式的经济危机。

在法定信用货币制度中，虽然单位货币的名义价值因法定性保持不变，但实际价值表现为购买力随物价变化。经济增长导致的剩余劳动价值累积增加通过单位货币价值增长的购买力提升和货币数量增加两种渠道表现。因此，在法定信用货币制度时期，经济增长表现为单位货币价值提升的购买力提高和货币供应量的同时增长，物价表现为上涨的通货膨胀。经济发展的结果是通货膨胀方式的金融危机。

从经济活动的角度来看：

社会剩余劳动价值总值是宏观指标，是未含信贷债务的货币总价值。社会剩余劳动价值总值代表真实的剩余劳动价值累积量，无法掺假，付出多少劳动产生多少剩余劳动价值，才能产生相应的剩余劳动价值总值，也就对应产生多少货币总价值。所以，当采用增加债务货币供应的方式增加货币供应总量时，在社会剩余劳动价值总值不变的情况下，债务货币供应总量增加会摊薄单位货币价值，在经济体中表现为货币购买力降低。

　　货币总价值代表社会剩余劳动价值总量和信贷债务增加的货币价值。货币总价值通过单位货币价值和货币供应总量储存。货币总价值在单位货币价值和货币供应总量中分布的方式由该经济体的特点决定。虽然货币制度不同,但是经济体有差异,人类的劳动本质是相同的,都由单位货币价值和货币供应总量构成货币总价值。

　　通过劳动生产效率提高增加的货币总价值,要么储存在单位货币价值中,表现为购买力增加或汇率升值;要么储存在货币供应总量中,表现为货币供应总量的增长和人均收入增加。在微观上,某人消费5万元劳动价值可能被其他人创造的5万元劳动价值抵消,并不会改变其剩余劳动价值总值或者说货币总价值。只有当宏观的社会剩余劳动价值总值增长时,剩余劳动价值出现净增长和纯累积,才会导致货币总价值的实际增加,才会对单位货币价值或货币数量产生影响。通过举债增加货币供应或通过提高利率增加单位货币购买力的方式增加的货币总价值都是需要偿还的负债,这是导致利率周期和经济增长周期波动的根本原因。货币总价值随经济增长和剩余劳动价值累积增加而增加。货币的单位价值越高,货币总价值越高,货币供应总量越大,货币总价值越大。

　　通过印钞票的方式增加货币供应数量,并不会改变剩余劳动价值总值,但可以改变货币总价值,增加总购买力和总需求。多产生的货币供应量是负债,要么创造出新的劳动价值被偿还,要么不断借新还旧,最终会因为货币供应总量增加推高物价,降低货币购买力。因此,这种方式的结果是制造虚假财富。钞票印得越多,单位货币价值减少越多,货币购买力越小,通货膨胀程度就越严重,持有货币者的劳动价值损失越大。除非能通过劳动创造新的价值以充实增加的货币供应,否则过度印钞会成为货币发行机构窃取民间财富的方式。美元虽然在大量印钞的基础上能够保持强势,但这种做法是通过美元的国际货币地位借他国的钱实现的。只要各国不买美债,不给美元融资,美元也无法做到保持强势的,同时还能大量举债。

从公式来看,单位货币价值可以采用加息或汇率升值的方式人为提高。货币供应总量也可以采用增加债务货币供应总量的方式人为增加。在这种情况下,货币总价值就被人为提高,这也是通过货币操作不劳而获的方式。美联储通过强势的美元政策提高美元的购买力,通过扩大举债加大债务货币供应,保持美国的经济运转。从公式来看,只要没人继续购买美债为美国融资,美元的流动性就会下降,就会出现由于资产套现导致的资产贬值,美元就无法再继续维持强势。

第四节 货币的定价

货币定价方式

在开始分析货币定价方式之前,先来看一下商品价格的产生方式。

商品价格的产生方式采用货币价值作为基本定价单位,单位商品价值和单位货币价值进行比较,就产生了以单位货币价值为基数表示的价格数值。例如,西瓜 3 元 1 斤是指 1 斤西瓜的价值等于货币 3 元的价值。这种方式用公式表示为:

1 单位商品价值 $= N \times$ 单位货币价值

1 单位商品价格 $= N$ 货币单位

在法定信用货币制度中,这里的 N 就是价格,货币数量就是价格,单位货币价值被省略。西瓜 3 元 1 斤具体表示为:

1 斤西瓜 $= 3 \times$ 单位货币价值

当买 6 斤西瓜时,表示为:

6×1 单位商品价格 $= 6 \times 3$ 货币单位

用公式表示为：

$M \times$ 单位商品价格 $= M \times N$ 货币单位

这是一般性的商品价格公式，在法定信用货币中，采用"元"作为货币单位。在黄金、白银等实物货币制度中，采用"两"和"钱"作为货币单位，同样适用于该公式。

无论何种货币制度的货币都采用单位货币价值作为货币定价单位。1两银子、1钱银子、1元人民币、1美元都是货币定价的基本单位。在实物货币制度和金本位货币制度中，由于各国都采用黄金、白银作为实物货币，因此，黄金、白银既是国家货币也是国际货币，还是各国金本位纸币的价值锚，货币价值在国内和国际是一体化的，都是黄金、白银的实际价值。各国之间的黄金、白银价格最多存在运输费用和套利收益的价差，并不会出现较大的定价差异。因此，在实物货币制度和金本位货币制度中货币定价是稳定的，经济波动主要是商品价格的波动。

在法定信用货币制度中，各国货币自成体系，都有基于自身经济特点和资源禀赋的个性定价，1元人民币和1美元虽然都是1元，但其价值和价格有很大的差异性。这种现象说明法定信用货币缺乏统一的价值锚，国内定价和国际定价的方式并不相同。

法定信用货币目前采用的定价方式在国内是购买力定价，在国际市场是交易定价。这两种定价方式的本质都是价格定价，不是价值定价。目前的法定信用货币还没有设立价值锚，只能采用价格替代价值，所以货币价格才容易大幅波动。

货币在国际上也可以采用购买力比较的方式进行定价，但这种定价方式首先需要统一各国的劳动价值，否则各国物价结构差异很大，无法作为定价参照。汇率作为货币交易产生的定价是金融市场的流动性定价，购买力比较方式的定价是货物流通性定价,两者的定价方式是不同的。由于货币购买力定价不如交易定价清晰明确,所以习惯上都采用交易定价而很少提及货币的购买力定价。其实,购买力定价是更准确的定价方式。

很多人仍以实物货币的定价方式看待法定信用货币的定价。实际上,法定信用货币的单位货币价值和货币供应总量都会影响货币定价,两者之间又相互影响,单位货币价值和货币供应总量都是可以操控的,所以法定信用货币的定价是很复杂的,不管什么法定信用货币的理论,如果不能讲清楚货币定价问题都是无效的。

法定信用货币的定价方式和定价模型

法定信用货币的定价模型也是法定信用货币的价值公式:

货币总价值 = 单位货币价值 × 货币供应总量

货币总价值 = 单位货币价值 × (价值货币供应总量 + 债务货币供应总量)

社会剩余劳动价值总值 = 单位货币价值 × 价值货币供应总量

从法定信用货币的定价模型来看,决定法定信用货币定价的因素包括单位货币价值、货币供应总量、价值货币供应总量、债务货币供应总量、货币总价值和社会剩余劳动价值总值。

单位货币价值是相对于货币购买力而言的,物价高就是单位货币价值购买力降低的结果。利率是国内影响单位货币价值的主要因素,汇率是国外影响单位货币价值的主要因素。

货币供应总量是相对于社会总需求而言的,货币供应总量越大对应的社会总购买能力越大,每个人的平均购买力越大,社会的总需求越大。利率、汇率、债务货币供应总量、存款准备金率、信贷规模、中央银行货币操作等因素都会影响货币的供应总量。

价值货币供应总量可以从债务货币供应总量转化过来。影响价值货币供应总量的因素主要是债务货币供应总量和举债消债的程度,特别是市场产生收益、创造劳动价值的能力。

债务货币供应总量是通过信贷、举债等方式产生的货币供应,影响债务货币供应总量的因素主要是各种能够产生货币供应的债务和信用。

货币总价值是以价值形式衡量的社会总需求。社会剩余劳动价值总值是以剩余劳动价值衡量的社会总需求。货币总价值对应的社会总需求中,有一部分是由举债创造的,因此,影响货币总价值的因素包括单位货币价值、货币供应总量、价值货币供应总量和债务货币供应总量。社会剩余劳动价值总值对应的社会总需求是完全的劳动价值,因此,影响社会剩余劳动价值总值的因素主要是价值货币供应总量和单位货币价值。

在法定信用货币的定价模型中,创造劳动价值是充实价值货币供应总量和单位货币价值的主要方法。创造劳动价值的主要方式就是参与社会分工合作取得工资薪酬、报酬收入,或者从事生产经营和商业经贸获取利润收益。创造的劳动价值越多,价值货币供应总量越多,单位货币价值中含有的劳动价值越多,货币购买力越强,由此产生的举债能力就越大,货币供应总量和货币总价值越大,社会的需求总值越大,经济表现就越强劲。

由于相关因素之间的相互影响很复杂,各个因素都有多条显化路径,法定信用货币的定价模型需要结合具体情况代入实际数据进行分析。当我们把单位货币价值去掉后,法定信用货币的定价模型可以缩小为企业的权益债务的资产负债模型,当结合产品品种、数量、价格的模型后可以对具体产业进行分析。

国内货币购买力定价方式

法定信用货币的货币价值在国内表现为各种劳务、商品、资产的购买力。因此,法定信用货币在国内的价格可以由劳务价格指数、商品价格指数、资产价格指数表示。实体经济、劳务服务市场和金融领域的定价方式各不相同,因此,商品价格指数、劳务价格指数、资产价格指数分别代表实体经济、劳务服务市场和资产领域的价格水平。有的国家主要依靠资源产业,这种情况可以设立大宗商品价格指数,用以观察本币在大宗商品领域的购买力变化情况。

采用价格指数表示的货币购买力可以表示为:

劳务价格指数 = N 劳务 × 单位货币价值

商品价格指数 = N 商品 × 单位货币价值

资产价格指数 = N 资产 × 单位货币价值

一般而言,国内货币购买力的确定依据是各类价格指数,也可以对每个行业建立价格指数,再根据该行业在国民经济中的比重进行加权,将各个行业的物价指数综合为本国经济的价格指数集合。这个集合的各项数值就是本币在国内的购买力表示方式。

这种定价方式依据的原理是等价交易原理:1 单位商品的价值 = N × 单位货币价值,在 1 斤苹果 = $6 × 1$ 元人民币的等式中,这里的 1 斤苹果替换为物价指数就可用以衡量经济体中的类别价格。各种类别价格指数加权平均得到的综合价格指数就是衡量经济体的综合价格指数。这个经济体的综合价格指数和类别价格指数都可以代表货币在国内的价格。国家之间进行货币购买力比较时,既要比较物价指数,还要比较汇率。法定信用货币的价值是虚拟信用价值,单位货币价值是名义价值,是由国家规定的价值。这个价值具体有多少金额,不像黄金、白银那样有具体的数值,而是要通过相对于物价的购买力才能得出具体数值。因此,使用本国经济的价格指数集合表示货币的购买力,再由物价指数的倒数得到单位货币价值的具体数值,就可以度量货币的价格。衡量法定信用货币的价值并不是看单位货币含有多少价值,而是看法定信用货币的购买力。

采用这种方式得出的单位货币价值是相对于劳务、商品、资产等类别或行业价格指数的单位货币价值,又或者是价格指数集合的购买力。采用这种方式进行货币汇率比较时,也是采用价格指数分别进行比较。货币价格可以单纯用商品物价表示,也可以用资产价格或者劳务劳动力价格表示,这取决于要研究的对象。通常使用工业品价格和消费品价格指数衡量货币价格。这种比较方式能更准确地从货币购买力的角度衡量不同货币的价值,但这种方式太烦琐,不如采用交易定价方式简单、清晰、直接。

需要特别注意商品价格、劳务价格、资产价格的差异性。商品价格和劳务价格是一体两面的不同表现方式,是相辅相成的关系。资产价格反映社会剩余劳动价值累积的程度。日本资产价格长期走低就是社会剩余劳动价值累积达到高峰后回落的结果。日本资产价格长期走低,从资产中出来的社会剩余劳动价值累积维持了日元坚挺以及日本高工资和人口老龄化的消费①。

国际货币交易双边比较定价方式

不同货币之间通过货币交易兑换,货币价值之间相互比较产生的货币价格就是货币交易双边比较定价方式,这样产生的货币价格就是汇率。被选择作为比较标准的货币价值就是货币价值锚。在国际货币交易中,各国货币主要采用美元作为货币价值的比较标准,所以美元的价值就成为国际市场货币交易的价值锚。货币价值锚可以是选定的国家货币,也可以是其他符合要求的价值形式。

货币国际定价是货币之间相互比较产生的比价,也可以是

①林直道.危机与萧条的经济理论[M].江瑞平,译.北京:中国人民大学出版社,2005.

和国际货币价值锚比较的结果,用公式表示为:

货币价格 = 货币价值1/货币价值2

货币价格 = 货币价值/货币价值锚的价值

在黄金、白银作为货币的实物货币制度中,黄金的价值特点更符合价值锚的要求,因此,黄金是白银定价的标准。金本位制度选择黄金作为代金券的发行准备而不选择白银,也是因为黄金的价值锚特性。当时各国普遍都采用黄金、白银作为货币。虽然各国金币、银币的铸造款式不同,但黄金、白银作为统一货币的适用性是相同的。因此,在实物货币和金本位货币时期主要是纸币的货币价格不同,黄金、白银在各国的定价差异性不大。

在法定信用货币制度中,国家是信用货币价值的主要保障。美国的国力最强,经济规模最大,科技最发达,军事力量最强大,这些因素都提升了美元的信用保障程度,各国货币目前都以美元作为价值锚。在国际市场中,各国货币都和美元进行交易,都以美元价格作为货币价格参照标准,即使各国货币之间进行相互比较,也是基于美元价格基础上的。

双边比较定价模式的本质是采用国家货币作为价值锚。任何国家的货币都带有本国特质和本国的经济偏好。这样的价值锚必然带有典型的偏好,无法确保价值比较时的中立、公允、公平性。美国经济债务规模庞大,以金融为主,实体经济萎缩严重。以美元作为价值锚确定本国货币的国际价格时,美元的金融投机特性很容易对本币造成影响。假设选择人民币和欧元作为价值锚,人民币和欧元偏好实体经济,货币价值波动性小,本币波动幅度也会因此减小。

这种以美元作为价格锚交易定价模式的问题在于:

(1)双边比较时,虽然任何国家的货币都可以作为比较标准产生相对的比较结果。但在各国都使用美元作为国际货币的情况下,各种货币都采用美元作为标准定价,市场就形成以美元为价值锚的定价体系。各国汇率都是以美元作为价值锚定价的相对结果。无论美国国内经济如何,美元价格都是价格锚,即使在美国举债达到天量的情况下,由于没有可以替代的价值锚,只能继续采用美元价格锚。解决这个问题的办法是各国要建立制度,改变原有的货币使用习惯,不能单一使用美元作为国际货币,要采用多元价值锚定价,要选择多种货币作为国际货币。选定作为国际价值锚的国家货币越多,提供的价值参照越多,结合多种不同价值锚产生的汇率越准确。总是采用美元定价汇率会被美元绑架,难以发现真实准确的汇率价值。

(2)采用美元价格作为价格锚的做法是用价格锚替代价值锚。由于货币价格没有价值中枢做基础,价格采用交易定价方式很容易被资金操纵,从而导致货币价格动荡加剧。黄金、白银作为货币时,货币价格很稳定,采用法定信用货币后国家汇率经常会大幅贬值,这就是锚定美元所致。解决这个问题的办法是选择中立价值锚。中立价值锚是公允、公平、公正的货币价值锚,能够给各种货币提供准确的定价。

(3)采用美元作为价格锚,两国货币之间的定价不可能脱离美元价格基准。各国经济都必须和美国经济联系紧密以维护其货币币值。和美国关系好的国家,货币会比较稳定,美国不看好的国家,货币就动荡,这都是采用美元作为价格锚导致的结果。

国际货币交易中立价值锚定价方式

在货币国际价格形成机制中,可以采用货币中立价值锚模式确定货币的国际价格。中立价值锚模式是指选择非货币价值形式作为中立价值标准用于货币定价的方式。可以选择实物价值的黄金,也可以选择劳动价值。这些价值形式都不是国家货币的价值,所以符合中立价值锚的要求,也比货币比价方式产生的货币定价更准确。

作为货币中立价值锚的价值需要具备稳定、持久、可靠、确定的价值,需要符合货币价值的基本要求,能够承担货币价值锚价值比较的各项要求。从性质上来看,黄金虽然适合作为货币中立价值锚,但黄金供应数量相对于全球贸易额和储备需求来说太少。如果一定要采用黄金作为货币中立价值锚,黄金的数量和价格都要成为货币供应机制的一部分。金本位制度的问题在于没有放开黄金兑换率。即使黄金数量和价格都作为货币供应机制的一部分,也需要成立世界银行发行世界货币。世界货币不是国内的交易支付货币,而是国际的支付工具和储备货币。世界货币的发行供应锚定黄金,发行对象是各国中央银行。各国中央银行采用世界货币在国际范围内进行交易支付、融资、贷款、发债。世界货币是货币中的货币,其操作原理就像我们首先要生产出棉花,将棉花卖掉换成货币,再用货币购买所需商品。国家货币就相当于棉花,世界货币就是货币,国际市场交易支付只能使用世界货币。世界银行负责结算和调剂各种货币的供需。在这种模式中,世界银行实际上是各国中央银行的中央银行。这种世界货币已经超越特别提款权,是真正用于交易支付的国际货币。但是这种方式需要各国放弃部分主权,将黄金存到一起,各国在国内的货币政策如果实施不当,很快就会在国际市场反映出来,因此,在目前各国各行其是的局面下没有探讨的余地。

采用中立价值锚模式确定的货币国际价格比采用双边比较定价模式更为准确。从理论上讲,没有一个国家的货币具备作为公允、公平、公正的货币价值锚的资格。采用国家货币作为国际定价方式的价值锚是不得已而为之的做法。只有选择中立价值,才能利用其不受各国影响的特点,发挥价值锚公平、公开、公正的标准作用。

第六章　实物货币制度和金本位货币制度

第一节　货币制度概述

什么是货币制度

货币不是单纯的实物或者凭证,也不是单一的程序或数据包,货币作为习惯性称谓,是货币制度的一部分。黄金或纸币只是货币采用的形式。货币的功能、性质、供应方式、价值构成和流通交易方式等内容都是货币不可分离的部分。这些内容共同构成完整的货币制度。因此,认识了解货币要从货币制度开始。

货币制度是关于货币来源、货币采用的形式、货币具备的功能、货币性质特点的确立、货币发行供应方式、货币价值的来源和构成方式、货币的流通转移兑换方式、货币经营管理方式和机构、货币金融管理规则等货币和金融体系的统一规章制度。

货币制度的种类

货币从诞生到现在一共经历过三种货币制度。实物货币制度是最早的货币制度,也是使用最久的货币制度。实物货币制度之后是金本位货币制度。金本位货币制度是在实物货币制度基础上发展起来的货币制度,是实物货币向信用凭证货币过渡时期的货币制度,也是由实物承担制度功能向规则条文制度方式过渡的货币制度。金本位货币制度之后,货币制度发展到目前采用的法定信用货币制度。随着网络应用的普及,货币有数字化的趋势。当前出现的虚拟货币具有天然的缺陷,缺少很多货币必备的功能,不具有真实世界的货币属性,最多只是虚拟资产。

货币制度的演化

最早的货币制度是实物货币制度。实物货币制度就是采用实物作为货币建立的货币制度。在实物货币制度中,实物以自身的特性承担货币制度的各项要求,黄金、白银等贵金属实物具备性质稳定、来源稀缺、价值贵重等特点,能够满足货币的交易支付、计价度量、价值储备、债务清偿等功能要求,因此,在很长的历史时期内都被作为货币使用。早期的经济活动很少涉及金融,货币功能主要是交易支付和价值储藏,无须制定关于货币的各项规则,可以完全由实物承担货币制度的职能。实物货币制度是小农经济的产物,与初级的交易结算经济水平相适应。当社会进入大规模分工合作的工商经济发展模式后,货币就出现了采用实物货币担保的银票和纸币形式的货币。钱庄和早期的银行各自发行自己的纸币,各自以自身的实物货币和资产为凭证纸币提供担保。由于当时的钱庄和银行为谋利经常超发纸币激进经营,钱庄或银行破产时有发生,对纸币的信誉造成了严重影响。在当时看来,解决纸币信誉受损问题的唯一手段是不允许商业银行各自发币。纸币的发行供应和价值保障统一由国家垄断是现代货币制度诞生的标志,也是货币制度进入金本位的开端。

实物货币制度发展到金本位货币制度,是银票、纸币等凭证货币应用和借贷普及与经济发展共同作用的结果。银票、纸币等货币的出现,解决了黄金、白银等实物货币不适合异地交易、不适合大宗交易、无法快捷交易、难以安全交易等问题。随着经济进入工业化阶段,交易更加频繁,借贷蓬勃发展,实物货币的弊端越发明显。

金本位货币制度是实物货币制度向法定信用货币制度过渡的制度。在金本位制度时期,凭证纸币的发行供应权由国家垄断,纸币形式首次统一并发行供应,被确立为法定货币,凭证式和账户式纸币成为市场流通货币的主要形式。黄金、白银完全淡出流通。黄金作为纸币的发行准备和纸币的货币供应建立起按照承诺比例直接兑换的价值保障关系,钱庄和商业银行转变为经营国家法定货币的现代商业银行,信用货币从此正式走上历史舞台,开始出现现代金融业的雏形。

金本位货币制度施行的时间并不长。在金本位货币制度的后期,实物供应数量不足导致纸币供应缺乏,货币供应不能跟随经济同步增长的问题越来越严重。实物货币限制经济发展的事实最终导致实物价值被彻底放弃,货币制度进入法定信用货币制度时期。

法定信用货币制度是中央垄断模式的、以各项规章制度为核心的、以金融和信用为发展对象的货币制度。在法定信用货币制度中,货币价值由以前的实物变成完全的国家信用。货币不再是开采铸造的矿产,而是由国家垄断发行的主权货币。原先的实物货币独立且不受干涉,不同国家之间可以自由流通使用。而现在的法定信用货币由央行垄断,国际交流需要进行货币兑换,本国经济在本币的基础和保护范围内发展。

随着人类进入网络社会,交易网络化、社会扁平化、社会活动个体化趋势的发展导致虚拟数字货币出现。原本以工商业为主要服务对象的金融信用货币,也在朝着网络化和个体化的方向发展。去中心化模式取代中央垄断模式,货币脱离实物形态完全数字化,这些新兴的概念都是当下社会现实对货币制度提出的新课题,也是未来货币制度发展的可能演化方向。虚拟数字货币是否能够被政府认可,成为国家法定货币,仍然有很长的道路要走。在经济基础和社会演化的物质条件没有具备之前,虚拟数字货币只是民间对去中心化道路的探索与尝试。

货币制度总是与经济运行方式、社会发展水平相适应。货币制度的各项安排总是要解决经济运行中的交易支付、价值储备、计价度量等问题。货币制度作为国家制度的一部分,总是承担着保护国家经济安全、维护社会稳定和经济发展的责任。不同的货币制度在面对这些问题时的相应安排,就是货币制度服务于经济和社会发展的问题解决机制。未来的货币制度演化也会沿着同样的方向继续前进。

货币制度和经济的关系

货币制度影响经济的运行方式,经济的运行又同样影响货币制度构成元素和结构的演化。货币制度从实物货币制度发展到金本位货币制度,进而发展到法定信用货币制度的历程充分证明了这一点。

从微观来看,货币制度以货币为核心,以凭证、信用、储蓄、贷款、汇兑、利率和货币供应等货币金融业务建构出特有的货币金融流转方式和信用运用方式。货币金融作为独立的运行体系,在商品、资产、资源和劳务的交易中发挥交易流通媒介的作用,通过货币购买力和货币供应总量对价格和需求产生影响,从而发挥调动供需、分配资源、组织生产劳动、协调供应、满足需求的作用。

货币金融决定经济的运行方式和方向。实物货币制度受限于货币供应,经济发展的结果总是导致单位货币价值增加和通货紧缩形式的经济危机。法定信用货币制度的货币供应和单位货币价值随经济发展能够同步增加,经济发展的结果是单位货币价值增加和货币数量增长,由此表现为通货膨胀和金融危机。这是货币制度决定经济运行方式的典型例证。

从宏观来看,货币制度是经济制度和社会制度的一部分。货币制度作为经济制度中最基础、最核心的部分,始终服务于经济发展和社会进步。每当现实需求和社会演化进程对货币制度提出新要求时,货币制度总是能够率先改革,促进人类社会的发展和进步。

黄金、白银等贵金属的属性符合交易支付的要求,因此成为货币。等到黄金、白银等贵金属因为自身条件所限不能满足经济发展的要求时，凭证纸币取代实物货币服务于市场交易，货币价值随之进化为信用价值，最终由法定信用货币替代实物货币和金本位货币。这样的演化过程都是顺应经济发展规律的制度进步。这些事实都说明，经济和社会的运行影响着货币制度的发展。货币制度是随着经济发展对交易提出的现实要求而不断变化的。社会制度、经济制度和货币制度都是在解决人类面临的现实问题中产生的。未来的货币制度也只会从现实发展中产生，不会从特权的指定安排中产生。

第二节　实物货币制度

实物货币制度的定义

实物货币制度是采用实物作为货币形式，以实物自身的性质特点作为货币的性质特点，满足货币功能和货币制度要求的货币制度。

实物货币采用的货币形式

实物货币采用实物作为货币，历史上曾经使用羽毛、贝壳和贵金属等物品作为货币。实物货币的本质是实物。作为货币的实物必须具备稀缺性，唾手可得的实物不是价值稳定、可靠、持久的交易媒介，难以承担起衡量商品价格、储存劳动财富的价值载体责任。选择金银等贵金属作为货币，最主要的原因是金银价值能够满足社会对货币保值和价值储藏的各项要求。金银实物货币也是迄今为止各种货币中价值最稳定、保值性最好的货币。如果金银货币的价值不稳定，恐怕早就被其他实物取代了。

实物货币的计价和交易方式

在实物货币制度中，黄金、白银本身的价值就是货币的价值。实物货币采用等价计价方式,计价商品的价值与实物货币的价值相等。黄金、白银等贵金属货币以单位重量作为计价单位,商品价值与黄金、白银的单位重量价值比较产生价格。各种物价表示为一斤商品几两几钱黄金、白银,然后支付等价值重量的金银完成交易。

采用实物作为货币,交易方式依据实物特点来构建。使用黄金、白银货币时要进行称量,检验成色,面对面支付都是采用实物货币的结果。以黄金、白银的价格度量商品价格,黄金、白银的供应总量和总价值就是社会货币财富的总价值。由此可见,货币的计价方式和交易方式完全体现实物的特点,货币制度深刻影响着市场的交易方式和价值核算方式。当货币脱离实物采用信用价值后,计价方式和交易方式也随之改变。黄金、白银的"两"作为计价单位与法定信用货币的"元"作为计价单位完全不同,就是这个原因。

实物货币的价值构成

实物货币是以实物价值作为货币价值的货币。选择什么实物作为货币,该实物的价值就成为货币的价值。选择金银作为货币时,金银的价值就是货币价值,国家拥有的金银总量就是该国的货币总价值。

实物货币的性质特点

货币作为专业性的价值度量工具、价值存储载体和交易支付媒介,对作为货币的实物提出了严格的要求,只有符合条件的实物才具备成为货币的资格。作为货币的实物材质,需要满足获取不易、具备稀缺性的条件。实物材质的物理化学性质要稳定,不会腐烂变质,适合长期储存。只有符合这种要求的实物作为货币,才能确保货币价值长期稳定可靠,才能够承担价值度量和价值储备的功能。作为货币的实物,还需要满足便于携带、便于分割计量、易于辨别真伪等条件,要适宜于普及使用,具备广泛的社会接受性,这样才能承担货币的交易支付媒介功能。

经过长期的市场应用筛选,黄金、白银等贵金属实物具备性质稳定、来源稀缺、价值贵重等特点,满足货币的交易支付、计价度量、价值储备、债务清偿等功能要求,因此成为使用最久、应用最普及的实物货币。实物性质承担货币制度功能,是实物货币最典型的特点。

实物货币的本质是商品,是商品交换过程中社会分工合作的产物。在以物易物的交换过程中,最能满足交换对价值度量存储要求的实物逐步被市场接受并作为专业的交换媒介,这就是最早的货币。实物货币从商品中分化出来,作为交易的专业支付媒介、发挥交易等价物的作用,是经济史上最伟大的变革。历史上曾经使用羽毛、贝壳和金属等不同的物品作为货币。无论采用哪种实物作为货币,其本质都是以物易物的交换媒介,是产品之间的等价交换物。

实物货币虽然源于商品,但已经不是商品,而是独立于商品之外的具备特定交换交易功能的实物。特别是国家对货币实物的认可、垄断和掌控,更加提升了这一实物的特殊地位和独特功能。被选择作为货币的实物,因此也被赋予特定的价值和意义。与此同时,实物原先的自然属性反而被社会大众忽略。黄金、白银等实物凭借自身的性质特点,在人类历史的很长时期内被作为货币使用,即使在法定信用货币时期已经退化为装饰品,却仍然不改其贵重的特质。

实物本身具备的价值就是货币价值,实物货币价值因此具备很强的独立性。金银等贵金属实物作为货币难以人工合成,不易造假仿冒,不受国家政府控制,具有天然的独立可靠性。货币持有者的地位是平等的,无论政府、君主还是贫民,实物货币都能被一视同仁地对待。政府虚增货币价值很容易被民间发现,不像法定信用货币那样有倾向性。因此,实物货币也是最中立的货币。钱庄、银行等金融机构没有特殊地位,也难以谋求特殊利益。这也是在人类历史的大部分时期都采用实物货币的原因。

金银尽管取自自然,具备天然的独立性,历朝历代都沿用,金银只有得到国家法律的认定才能成为国家的法定货币,交税和官方交易都必须使用官方铸造的法定金银。适合作为货币的实物极其有限,每个朝代都会废除前朝铸造的金银货币,而采用相同的实物,铸造自己政权的金银货币以宣示主权。因此,官铸金银和民间铸造的金银同时流通,朝代更替也不会影响民间铸造黄金、白银的使用。不带官方铸造标志的金银货币能够历经诸多朝代仍然在社会中流通使用。这既得益于黄金、白银等贵金属本身的性质和价值稳定,能够长期保持不变,也是实物货币本身具备独立性和超越主权的特性所致。

实物货币的发行供应方式

黄金、白银作为实物货币,需要经过开采、铸造、提纯,达到一定的纯度才能作为货币使用。历史上大部分时期的冶炼水平无法人工合成金银货币,民间冶炼的金银和官铸的金银都可作为货币流通使用。

实物货币没有中央银行,无须特定机构专门发行货币。货币铸造方不算是货币发行机构,官方铸造主要为宣示政权的合法性。货币铸币权由国家垄断掌控,官方控制矿藏,禁止私人铸造货币。但是,民间私自铸造的金银一直作为合法货币在社会中流通使用,只是不能用于缴纳赋税,不能用于和官方的交易。

黄金、白银开采供应有限,极大地约束了货币供应扩张。政府难以通过增加货币供应的方式来稀释货币价值,攫取社会财富,也难以在经济增长市场需要更多货币时满足市场对货币的需求。如果政府掺入其他金属,降低官方黄金、白银的成色,不仅很容易被发现,还会形成官银和民间金银的竞争。而且,官银价值掺假会严重损害官府信誉,严重的造假行为甚至能导致朝代更替。货币供应受实物供应约束的问题,始终是实物货币制度的主要缺陷。

以金银作为实物货币的国家,金银的供应总量代表这个国家剩余劳动价值储备的总量。当社会剩余劳动价值增加,在金银供应总量保持不变的情况下,单位金银价值增长,货币购买力增加,导致市场物价相对下跌,表现为通货紧缩。经济发展导致通货紧缩,引发危机,是实物货币制度下经济运行的基本模式。这种局面由货币供应和社会财富的关系决定。如果不改变实物货币制度,经济运行模式就始终制约着经济的发展。从这个角度来看,中国古代修长城、修大运河等大型基础设施建设工程在历史上都引发大规模的农民起义。除了劳役赋税繁重,还有基础设施建设拉动需求、促进经济增长而导致通货紧缩的原因。

实物货币的发行供应模型

实物货币的发行供应模型用公式表示为:

货币总价值 = 单位货币价值 × 货币供应总量

实物货币制度的货币数量基本不变,货币总价值增加表现为单位货币价值增长,或者说单位货币购买力增加,在经济体中表现为物价下降。实物货币在其使用的历史时期中一直保持强大的购买力,即使政局动荡货币依旧保持坚挺的原因就在于此。实物货币制度下经济增长的表现是供应过剩和物价下跌,经济持续增长的结果是通货紧缩和经济危机。中国历史上很多有远大抱负的帝王,比如修长城的秦始皇、开凿大运河的隋炀帝,施展抱负推动浩大工程的结果从货币的角度来看必然导致财政亏空、货币紧缺和通货紧缩,由此引发人民起义,推翻政权。这种现象和实物货币制度的运行机制紧密相关。

当实物货币中后期使用银票后,相当于引入信用增发货币,货币发行供应模型用公式表示为:

货币总价值 = 单位货币价值 × 货币供应总量

货币总价值 = 黄金、白银总价值 + 信用总价值

货币供应总量 = 黄金、白银供应总量 + 信用纸币供应总量

在钱庄运用信用增发银票时,黄金、白银供应总量仍旧是原有总量在流通,增发的银票是新增的货币供应量,所以此时的货币供应总量是黄金、白银供应总量和银票供应总量之和。钱庄中虽然有部分黄金、白银留作储蓄备付金,但也处于流通中,并不影响黄金、白银供应总量的数值。

银票的应用

实物货币难以大量携带,不适合大宗交易,异地交易也很不便利,钱庄据此发明银票,以解决实物支付存在的缺陷问题。银票通常由钱庄发行,承诺按照票面约定条款兑换黄金、白银。付息银票还可以起到吸引储蓄的作用。银票的持有者可以在钱庄的分号、连号等值兑换银票所载金额的实物金银。商家会接受信誉好的银票作为等值金银直接使用,银票因此起到与实物货币等同的货币作用。银票的出现也是信用在金融范畴最初的应用探索。金融业的诞生可以从银票的信用运用算起。

钱庄根据库存实物金银数量发行银票。早期发行的银票有接近100%的实物金银作为准备,钱庄并不敢多发银票。随着银票逐渐普及,钱庄发行银票的实物金银准备也在不断降低。由于银票的使用者不可能同时到钱庄兑付实物金银,钱庄即使降低发行准备程度,只要留有足够日常兑付所需的流动性实物金银,就能够应付兑付。钱庄采取的这种发行方式属于部分准备发行方式,已经接近现代银行的存款准备金货币发行方式。由于银票发行不再采用完全准备方式,钱庄有更多的钱用于放贷或投资经营,银票的风险也随之加大。钱庄如果因为经营不善倒闭,那么银票的持有者就只能自己承担损失。

钱庄发行的银票属于商业信用,完全依赖钱庄的实力和信誉。各个钱庄都会发行自己特制的银票,信誉好的钱庄扩张就

快。大钱庄的银票在很多地区具备等同实物货币的效力。银票的使用很便利,但是钱庄因为经营不善倒闭而给民众造成损失的情况时常发生,也严重损害了银票的信誉。

西方国家在建立工业文明后,机器生产推动经济实现飞速发展,交易信贷规模不断增长,银行在竞争中逐步建立起各项货币金融制度和行业规范,这也是现代商业银行的雏形。随着纸币使用越来越频繁,货币发行权统一收归国家,商业信用货币转变为中央垄断信用,设立统一的货币形式,商业银行依据授权经营国家货币,货币制度从此进入金本位时代。

实物货币制度存在的问题

实物货币制度采用实物自身具备的性质特点以满足货币制度对货币的各项功能性质要求。实物货币制度因此受限于实物的性质特点,不能随着经济发展而相应提升货币功能。当市场交易对货币提出更高要求时,实物货币的缺陷就逐步暴露。

实物在大宗交易和异地交易中的不便利,尽管可以由银票形式的代币缓解,但银票本身的资质和信用并不完善,价值保障不尽如人意,做不到与实物货币等同的地步。这是实物货币存在的问题。

实物货币的货币供应受限于资源勘探开采,货币数量难以随经济规模增长而增加,经济运行常常处于货币短缺的局面,经济发展总是导致通货紧缩,经济呈现周期性过剩形式的危机。这也是实物货币存在的主要问题。

金银实物货币虽然符合货币的基本功能要求,但也有很大的局限性。实物货币制度下的经济属于自然经济,经济发展速度缓慢。金银实物适合小农交易、小额交易、面对面现场交易,而对于大宗交易、频繁交易、异地交易,则会暴露其作为实物的缺陷。工业发展催生了很多大额交易、远距离交易,实物货币不适合大量携带的弊端在规模制造的工业化时期暴露无余。建设厂房、购买和储存原料经常需要资金融通和信贷,这些现实需求都不是实物货币能够满足的。货币度量采用重量单位也不方便,交易结算时需要配备称量工具,称量的准确性很容易产生异议,不如采用凭证形式的银票更加严谨规范。随着铸造技术发展,金银掺假水平不断提高,鉴定真假和成色也是货币使用时必不可少的步骤。这些都是使用实物货币面临的问题。

从现代货币制度的角度来看,实物货币制度适合农业社会的经济发展,适合以自然经济为模式的发展方式。经济发展进入工业化后,生产效率大幅提高,产出成倍增长,交易越来越频繁,创造出的财富更多。货币供应如果不能跟随财富增长同步增加,就会制约经济增长。随着经济不断发展,实物作为货币的不利影响越来越明显,经济发展最终推动货币制度进入金本位时期,开启信用和金融共同发展的新时期。

第三节　金本位货币制度

金本位货币

金本位货币是指由国家授权的特定货币发行管理机构,以黄金作为发行准备,以授权机构持有黄金的数量为参照基数,按照法定的发行兑换率来发行凭证形式的黄金兑换券或代金券。黄金兑换券或代金券作为法定交易支付和债务清偿工具,起到货币的作用。黄金兑换券或代金券可以依法按照法定兑换率向发行机构兑换实物黄金。这种货币制度就是金本位货币制度,采用金本位制度发行的货币是金本位货币。

金本位货币采用的货币形式

金本位货币采用凭证形式的纸币,黄金实物退出流通,仅作为凭证纸币的价值保障和兑换标的。金本位时期发行的美元是典型的凭证式代金券。美国政府承诺以黄金为准备发行美元,按照 1 盎司黄金兑换 35 美元的兑换率自由兑换黄金。因此,美元在当时就是代金券,也被称为美金。

金本位制度采用凭证形式的代金券作为货币,为银行券、汇票、支票和账户等信用货币形式的出现开拓了新道路。信用和金融能够实现大发展,与凭证信用的广泛使用息息相关。

金本位纸币的法定地位和主权性

银票或代金券由商号或钱庄发行,是凭证形式的代币,不是法定货币。钱庄以自身的信誉资产为银票价值做担保,这种担保方式属于商业信用。如果钱庄倒闭,钱庄发行的银票丧失价值,银票持有人无法追索。以这种方式发行的银票或代金券虽然可以作为货币使用,但实际上属于私人所有,不具有法定地位和主权性。

金本位纸币虽然也是凭证形式的代币,但金本位纸币采用统一的形式,由国家垄断发行,政府和法律确保凭证纸币与实物黄金具备同等的货币权利。凭证纸币替代实物黄金承担流通职责,是由国家政府垄断的货币,是具备典型的主权特征和法定地位的货币。在金本位货币制度中,货币的商业信用转变为国家信用,进一步强化了凭证货币的法定地位。国家垄断货币能够避免商号、钱庄因经营不善导致破产而对社会造成的伤害。这也是金本位制度在货币史上首次确立凭证纸币的法定地位。从实物货币制度发展到金本位货币制度,虽然货币制度改变的程度不大,主要是对凭证纸币进行了法定垄断,但这种进步奠定了法定信用货币的制度基础。货币法定地位和主权性的确立标志着货币正式进入制度时代。

金本位制度仍然属于实物货币制度,黄金实物仍然是金本位制度的货币。黄金主要用于凭证货币的发行准备,不再用于市场流通。在金本位制度中,凭证纸币是承担流通职责的代金券。凭证纸币的本质是兑换黄金的契约,是货币发行机构向凭证纸币持有人承诺,根据凭证注明条件,自由向银行兑换实物黄金的合同,并不是完全独立的货币。凭证纸币虽然是发行机构的承诺契约,但实际作为货币流通使用。国家法律保障凭证纸币代金券作为法定货币的权利。

金本位纸币的计价方式

金本位货币采用等价计价方式,计价商品的价值与金本位货币的价值相等。金本位凭证纸币的票面标注金额作为法定价值,代表凭证具有的货币价值,用于度量商品价值,也用于交易支付结算。凭证纸币的法定标注价值采用数量方式计价,凭证数量和标注金额共同表示商品价值。由于采取黄金准备发行方式,发行机构持有的黄金总价值等值于凭证货币按兑换率计算的总价值。

凭证货币的票面标注金额是法定和强制的,不接受反驳和质疑。法定标注价值的方式,改变了实物货币采用重量作为计价单位度量商品价值的方式,不仅实现了货币度量计价的标准化,而且度量计价方式简单统一。这种计价方式使货币数量成为可操纵的工具,彻底改变了经济运行原有的方式,为货币价值采用信用方式奠定了基础。

金本位货币的价值构成

金本位货币是由凭证纸币用于货币流通、黄金实物用于纸币发行准备的担保价值货币。因此,金本位货币的货币价值是由黄金准备价值和纸币信用价值两部分构成的。

作为发行准备的黄金价值是实物价值,凭证纸币的价值是法定黄金兑换率的兑换价值,因此,凭证纸币的这部分黄金兑换价值也是实物价值。由于纸币可能存在超发行为,凭证纸币还具备信用价值。凭证纸币信用价值的金额由超发纸币的数量决定。

实物货币制度中期开始出现凭证纸币时,代金券或银票与黄金之间都是完全准备的关系。代金券或银票虽然只是纸质凭证,但是实际具有票面所载的黄金价值。当市场普遍接受代金券或银票后,在实物货币制度后期,或者说金本位货币制度建立前期,钱庄或商业银行开始大幅降低准备金率,此时的代金券或银票的价值就由实物黄金和信用共同构成。

在凭证纸币的发行供应由国家垄断后,凭证纸币成为决定货币,金本位货币制度正式实施,实物黄金彻底退出流通,仅作为凭证货币的价值担保和货币发行准备。纸币和黄金准备的关系是法定的兑换率。此时的黄金准备虽然不是完全的 100% 准备,但也是按照法定准备率严格执行的准备比例关系。此时,金本位纸币的价值由实物黄金和信用共同构成。

金本位纸币本身不具备实际价值,纸币只是代金券或兑换券。纸币作为货币的价值主要源于黄金准备、国家对货币的垄断和法律对纸币承诺的保护。只要作为代金券的纸币的发行供应能够严格按照制度操作,银行能够遵照承诺自由兑换黄金,纸币的价值就有保障。纸币货币价值的风险主要是货币发行机构的准备信誉和黄金兑付风险。如果纸币得不到承诺的兑付,纸币就将一文不值。货币采用凭证形式后,货币的独立性丧失,货币价值维系在发行准备和兑付承诺的基础上。国家政治和经济稳定性都会影响黄金兑付,进而影响代金券纸币的购买力。凭证货币的广泛使用,彻底颠覆了市场对货币价值的看待方式。实物价值从此被信用价值替代,为国家信用和法律保障的信用价值成为货币价值铺平道路。

金本位制度的末期同样出现纸币超发、滥用信用、黄金准备率得不到认真执行的情况。与实物货币制度后期钱庄或商业银行降低准备金率超发纸币不同的是,这是中央垄断纸币的超发,是中央银行或其授权商业银行降低准备金率超发纸币所致。金本位纸币以黄金准备为基础的发行供应方式仍然不能摆脱实物货币的数量束缚,这也为放弃金本位而采用法定信用货币埋下了伏笔。

金本位货币的货币发行供应方式

金本位货币是由国家授权的特定货币发行经营管理机构,代表国家垄断发行的全国统一的通用凭证式纸币。纸币发行供应采用黄金准备方式,以授权机构持有的黄金数量为参照基数,按照法定的发行兑换率来发行凭证纸币形式的黄金兑换券或代金券。黄金兑换券或代金券,即法定货币。这种法定纸币的持有者可以按照法定承诺的兑换率自由兑换黄金。法律保障纸币和黄金具有同等货币效力,保障持有者自由兑换的权利。

在金本位货币制度中,私有银行不再发行自己的商业性凭证纸币,转而经营国家垄断货币。原本由商业银行各自发行代金券的货币自由竞争发行供应模式转变为由中央银行垄断货币发行权、专职发行供应、专职监管的货币发行模式。国家垄断货币发行权在货币金融领域实现统一,改变了私人发行货币时信用程度不足及市场竞争导致的乱象。形成主权特征鲜明的封闭性货币金融体系。

黄金实物作为发行准备,是凭证纸币发行的约束机制。超比例发行或者黄金储备不足均属违法行为。如果缺乏黄金储备就发行不了凭证纸币,也不能将货币贷出。银行想要增加代金券的发行,就必须购买黄金充实发行准备。如果不按发行准备执行,代金券超发可能造成兑付风险。

按照兑换率发行凭证纸币,相当于增加黄金的供应量,能够缓解黄金供应不足而导致的货币紧缺问题。黄金本身就是国际通用货币,一国如果调整黄金兑换率,会出现与他国兑换率不同的价差,从而在国际上引发黄金的交易输送。即使各国采用统一的兑换率,国际收支同样会导致黄金流入流出,引发国内货币供应波动,导致经济运行起起伏伏。实际上,采用兑换率方式发行凭证货币也只能暂时缓解黄金供应不足的问题。随着经济不断发展，黄金供应不足的问题会不断爆发。金本位货币制度并未完全脱离实物的束缚，实物货币制度特有的经济发展导致通货紧缩的问题始终得不到解决。

第一次世界大战期间，各个国家都害怕黄金流出导致永久性的经济萎缩，所以纷纷停止纸币和黄金的兑换，禁止黄金出口。第一次世界大战以后，各国为战争融资超发的纸币过多，黄金储备不足，又无力恢复战前的金本位。直到1925年英国才率先恢复金本位。经济发展和金本位制度自身缺陷之间的矛盾始终难以调和，这为放弃金本位而采用法定信用货币埋下了伏笔。

金本位货币的发行供应模型

在金本位货币制度中，黄金作为代金券纸币的发行准备，纸币按照兑换率和黄金准备数量发行。兑换率相当于放大黄金供应量，因此货币供应数量比完全采用黄金实物有很大提高。金本位制度的货币供应总量仍然受限于黄金准备数量，不能根据经济发展的需要进行弹性调整，因此，并不改变实物货币发行供应方式，经济增长导致物价下跌，经济出现紧缩的本质。金本位货币制度的货币供应公式为：

货币总价值＝代金券总金额＝单位货币价值×黄金准备总量×黄金兑换率

黄金兑换率的使用暂时在各国国内经济中缓解了黄金不足造成的通货紧缩，但在国际交易中，实物货币制度的缺陷又暴露出来。在金本位制度中，黄金兑换率固定不变，黄金准备数量随国际收支结余不断变化。当国际收支出现逆差时，黄金流出，黄金准备总量减少，代金券总量收缩，货币供应减少，经济走弱；当国际收支出现顺差，黄金流入，黄金准备总量增加，代金券总量增加，货币供应增长，经济走强。国际贸易越频繁，国际收支的金额越大，对国内经济的影响越大。在金本位制度中，各国纸币都与美元挂钩,由于各国都尽量控制黄金流出以避免经济收缩,超发的纸币流向美国,最终导致美国难以承担黄金兑付,退出金本位制度。即使不考虑国际收支的影响,各国国内经济发展到一定程度后,货币发行供应还是会受限于黄金供应和固定兑换率的约束,而且各国纸币和美元挂钩的做法太理想化。在国际货币制度中,要么选择统一货币和经济,要么各自浮动,最忌货币一体化而政治经济各自独立的模式。

在金本位货币制度中,黄金开采自然增长能够推动货币供应总量的实质性增加。当经济增长速度快于黄金数量增加速度时,黄金相对紧俏,货币供应呈现紧缩状态,金本位制度出现制约经济发展的现象;当经济增长速度和黄金数量增加速度基本保持同步时,金本位制度和经济运行相适应,不会出现抑制经济增长的情况。因此,当西方国家的经济出现快速发展时,货币需求显著增加,黄金不足的问题逐渐凸显,成为制约其经济发展、导致其退出金本位的主要因素。

人口增长同样产生巨大的货币需求。随着社会越来越和平,战争减少,人口出现大幅增长,也要求黄金数量相应增加到匹配的程度。如果黄金勘探开采滞后,货币供应不足,同样会制约经济的发展。西方列强殖民主义对海外财富的野蛮掠夺,原因之一就是自身货币材料的缺乏。

金本位货币制度的特点

金本位货币是担保价值货币。金本位制度采用实物担保方式发行凭证纸币,这种做法兼具实物价值和信用价值的双重特点。金本位虽然没有脱离实物,但货币形式和货币发行都在逐步制度化。代金券纸币由授权机构根据制度规则发行,是法定信用货币的前身。信用货币制度的很多特点在金本位货币制度中已经初露端倪。

在实物货币制度中,记账的作用并不重要,而金银的成色和重量鉴别则比较重要。在金本位制度中,银行凭证的广泛使用促进了记账和银行账户的使用。当货币制度发展到法定信用货币时,记账和账户已经成为货币制度中最核心的部分。

金本位货币制度与实物货币制度的差别在于,实物货币制度本身没有发行供应制度,也无须发行准备,货币供应完全是由实物金银的供应能力决定的。实物货币制度中的黄金、白银是货币,钱庄发行的银票作为代币,只是为了方便使用的权宜安排。银票、代金券等凭证纸币在实物货币制度中不是国家信用而是商业信用,其价值保障性低,信用程度差。在金本位货币制度中,凭证纸币成为法定货币,由国家垄断发行。凭证纸币的价值由国家信用和黄金发行准备共同保障,货币价值可靠,属于国家信用。金本位货币制度是通过货币发行供应建立的制度,对于货币向制度化发展具有划时代的作用。

金本位货币制度的优点在于,以实物黄金为准备发行凭证货币,既保留了实物货币的独立性,避免政府通过增发货币窃取私有财产,又能摆脱黄金产量对货币供应的暂时限制,满足经济发展对货币价值增长的要求。但是金本位货币制度并没有从根本上解决实物束缚货币供应的问题,兑换率需要不断调整才能跟上经济发展对货币供应的要求。由于改变兑换率等同于改变货币价值,这是货币持有者无法接受的做法,因此,货币供应受限于实物发行准备也成为金本位制度的硬伤。彻底放弃实物价值走向完全的信用价值,成为当时唯一可行的解决之道。

第三部分

法定信用货币理论原理

第七章　法定信用货币制度概述

第一节　法定信用货币概述

什么是法定信用货币

法定信用货币是由国家授权货币发行管理机构代表国家，采用中央垄断发行模式发行的，由政府认定、法律保护的，采用信用价值作为货币价值进行交易结算和债务清偿的法定货币。

法定信用货币的货币形式和流通方式

法定信用货币采用凭证形式作为货币形式，纸币和银行账户货币都是典型的凭证货币。纸币以票面所载金额和票面防伪的独有形式表现其凭证特性。账户货币由商业银行出具银行凭证确认货币金额和货币合法性。储蓄卡和存折都是典型的账户形式的凭证货币。

凭证货币中的纸币是中央银行垄断发行的，具有法定效力的货币财富凭证和交易支付清偿工具。纸币是形式标准、全国统一通用、效力无差别的法定信用货币。纸币主要用于当面支付，防伪功能可以确保货币的合法有效性，无须银行当场确认。

凭证货币中的账户货币是中央银行发行的具有法定效力的财富凭证和交易支付清偿手段。账户货币主要由商业银行出具法定凭证，注明货币持有的情况。账户货币依赖商业银行的网络体系进行记账、存取款确认、凭证出具、收支结算和登记确认货币合法性等业务。商业银行体系是封闭的体系，账户货币采用汇款转账方式流通，货币流通在银行账户体系内完成，通过账户间结算完成转移支付。金融信贷等相关业务也通过商业银行的内部体系开展。美国的 SWIFT 系统就是国际货币账户系统。

　　纸币的实物流通方式形成现金支付应用环境。银行账户的记账、汇兑、结算、流通方式形成以银行设施为基础的结算支付应用环境。纸币和银行账户各自独立流通使用，形成两个独立循环的货币流通体系。两种货币流通体系通过商业银行自由转换。比如，银行账户中有 1000 元人民币存款，可以从银行中提取等值的纸币现金，也可以采用汇款方式转账支付。现金流通和记账结算流通都是法定信用货币的典型流通方式。

　　银行汇票、支票、本票等货币凭证是商业银行在中央银行授权的范围内发行的商业支付工具，是商业信用，不是法定货币。每个银行都有独立形式的银行汇票、支票、本票等货币凭证。法律依据中央银行授权的范围来保障商业银行汇票、支票、本票等货币凭证持有人的权益。在法定信用货币制度中，商业银行发行的各种票据具备合法流通性和法定价值，法律承认商业银行按照中央银行授权发行凭证支付工具的货币地位。这些凭证支付工具不仅可以在银行等金融机构之间流通，也可以在企业单位之间流通。合法金融机构发行的票据凭证作为法定信用货币的补充，起到类货币、代货币的作用，对于推动金融业的发展有重要的帮助。

　　法定信用货币作为制度货币，对货币形式的要求已经不像实物货币那样严格。信用卡这类既是实物也是账户的货币形式兼具两者功能，银行汇票、支票、本票等合法货币凭证也可作为法定货币广泛使用。货币的功能效用主要来自制度安排，形式已经不那么重要，可以说法定信用货币是典型的制度设计的功能性货币。

法定信用货币的币值

　　法定信用货币的币值由法律规定，由具备币值确认职能的授权机构确认。纸币币值是纸币的面值，账户货币的币值由存款所在商业银行出具确认凭证确认币值。

　　中央银行和商业银行是法定具备币值确认职能的授权机

构,只有中央银行或商业银行确认的货币及其币值才是有效合法的货币币值。商业银行出具的存折或银行卡就是商业银行确认储户持有货币币值及其权益的凭证。

纸币的票面币值是依法规定的。无论是 1 元、5 元,还是 10 元、100 元,纸币的法定价值保持不变。账户货币的币值也是法定的,因此,法定信用货币的票面价值或者说法定价值也被称为名义价值。法定信用货币的实际价值主要表现为物价变化,也就是货币购买力的变化。

法定信用货币的计价方式

法定信用货币采用等价计价方式,计价商品的价值与法定信用货币的总价值相等。法定信用货币采用单位货币为基准进行计价,单位货币的价值由法律认定。人民币采用元、角、分作为基本价值单位进行计价。商品、劳务、资产价值与单位货币价值相比较,产生相对于货币单位的价格。比如,海信电视 3000 元人民币一台,是指海信电视的价值等同于人民币价值以元为单位的 3000 元货币的价值。

由于法定信用货币的单位价值是法定不变的,所以其价值有多少采用数量方式表示。商品、劳务、资产的价格都采用元、角、分等货币单位的数量倍数表示,法定信用货币因此是量化型的货币。法定信用货币用数量表示计量计价结果的方式对经济运行产生了决定性的影响。劳动价值可以用货币数量表示,商品劳务和资产的价值也可以用货币数量表示,经济发展主要表现为货币总量的持续增长,经济运行也因此能够用货币数量进行统计核算和模拟。以数量方式量化计量是法定信用货币独有的特点。

法定信用货币的货币确认方式

法定信用货币属于凭证式货币,凭证式货币是典型的确认货币。与实物货币由实物的性质特点验证并确认货币合法有效的方式不同。凭证货币作为垄断货币，只能由货币发行机构或授权机构确认货币的合法有效性。

记账体系是法定信用货币确认货币合法有效的基本方式。无论现金纸币还是账户货币，所有发行的法定信用货币都记录在货币发行机构的记账体系中。记账本身就是对法定信用货币的确认。

法定信用货币采用纸币和账户货币两种方式。纸币通过防伪技术鉴别真伪，确认货币合法有效。账户货币由账户所在商业银行负责记录和确认，每笔交易支付转移活动都记录在账户中。交易支付结算结果和余额作为货币确认结果，由银行出具证明予以确认。

账户货币依赖银行体系认证和账户可追踪记账，所以账户货币需要建立交易支付结算系统，不同货币之间需要建立支付结算转换的主权安排。从这个角度来看，国际货币的交易支付系统必须是国际性的，不能是国家的；必须是法制和国家间合作的，不能是商业私有性的。笔者认为，目前，国际货币制度采用美元和美元结算系统的做法是有重大制度缺陷的安排。

法定信用货币的货币合法性和真伪都依赖银行确认。如果银行拒绝承认货币持有者持有货币的合法性，即使货币是真的，如果银行不予认可，那也是假币。这也是法定信用货币不能发展成为债务货币的原因。那些极力推动债务货币的银行家根本就没打算承担货币责任。债务货币发展到难以为继的地步时，银行家们可以翻脸不承认货币的合法有效性。当年美联储放弃金本位，让美元和黄金脱钩贬值，美元的持有者只能无可奈何地接受损失。货币如果掌握在私人手中，人民的利益所托非人，货币承载的权益根本没有可靠的保障。

货币拥有者也是货币的监督者。货币持有者清楚自己拥有多少货币金额，获得多少利息，产生多少收益，这些都应被准确记录在自己的银行账户中，或者反映在持有的纸币中。货币拥有者本身也是对货币发行者的监督，所以商业银行无法凭空创造货币，只能通过债务稀释货币价值。如果商业银行凭空创造货币，这些货币将作为商业银行的负债，冲减商业银行的资产负债表。中央银行具备凭空创造货币的能力。中央银行凭空创造的货币以债务形式均摊到所有货币持有者的货币价值中。这是法定信用货币制度中最主要的缺陷，也是法定信用货币治理最需要完善的部分。

第二节　法定信用货币的性质特点和权利安排

法定信用货币的权利安排

　　法定信用货币是国家垄断，由中央银行发行的主权货币。法定信用货币的货币价值由国家信用担保，因此法定信用货币的所有权属于货币发行机构，即属于国家。只有国家才能决定法定信用货币的各项性质功能，决定法定信用货币的价值，决定法定信用货币的各项制度安排；也只有国家才能决定法定信用货币的存废更替，国家真正拥有法定信用货币及其货币金融体系。

　　法定信用货币是度量社会财富的货币。货币持有者拥有货币的使用权和货币的财产权，也就是拥有货币所承载价值的财产权。货币价值是货币持有者真正拥有并受法律保护的权利。货币发行机构虽然拥有货币形式的所有权，但是并不拥有货币所承载的价值。货币价值由货币持有者拥有。

　　在法定信用货币制度中，货币价值权利和归属权利的分离，要求法律制度分别对货币发行供应机构和货币使用者进行有针对性的规范和保护。货币发行机构能够利用自身具有的货币发行供应权来影响货币价值，因此，货币发行供应机构的行为必须受到法律的规范和约束。货币持有者的货币价值权（也就是购买力水平）必须得到保护。对于法定信用货币而言，确保货币价值是非常重要的原则。

从法定信用货币的权利关系来看,货币使用权用于确保持有者的价值权利和使用权利。货币的使用权是私有性的产权,但这个私有产权不是货币本身的所有权,只是货币价值的所有权和货币的使用权。经济制度和民法确立的私有财产权是货币的使用权和货币价值的所有权,并不包括货币及其体系的归属权利。所以,当出现通货膨胀、货币购买力下降的状况时,法定信用货币的持有者无权对此进行追索。但是,作为货币发行机构的中央银行不能对此熟视无睹,不能事不关己、听之任之。中央银行应该承担起保护货币价值的责任,国家应从立法层面解决法定信用货币财产权受侵犯的问题,这样才能真正体现对私有产权的保护。

只有法定信用货币的所有权属于国家,才能够更好地体现法定信用货币的公共性和社会性。依靠市场竞争维护货币价值在现实中无法实现,竞争的结果总是走向垄断,市场机制在货币价值保障方面是失灵的。目前来看,制度是保障货币价值最有效的方式。当然,法定信用货币的所有权属于国家,政府也更容易利用货币政策实现政府的目标。政府对货币金融的影响力产生正面作用时,整个社会将因此受益;政府对货币金融的影响力产生负面作用时,整个社会将因此受损。政府控制货币政策会破坏法定信用货币的公共性和社会性,进而损害社会利益。法定信用货币的公共性和社会性要求中央银行保持独立,货币决策必须依法开展,依法进行。

货币的公共性和社会性都支持国家和法律代掌货币所有权,由货币制度保障货币价值。

法定信用货币特有的性质特点

除了货币具有的一般性特点以外,法定信用货币还具备一些特有的性质特点。这些性质特点包括使用凭证形式和信用方式,体系的封闭、垄断和系统性等。法定信用货币是名义性的、法定性的，没有实物效用，不受实物制约。法定信用货币同时又是制度性的、管理性的货币。法定信用货币的这些机制安排使法定信用货币具备更丰富的功能，能够更好地作为货币使用，但也存在风险。

法定性是法定信用货币最重要的性质特点，法定性强调的是合法，是管制，是按照规矩规则办事。法定信用货币的法定性表现在其法定性是依法强制确立实施的，是通过国家垄断、政府信用担保和法律保障实现的。货币的性质、功能和效用都是在获取国家法定地位后才获得的。商业银行的营业资质需要中央银行核准授权，必须持有经营许可才能在批准的范围内开展经营。法定信用货币制度有严格的货币合法、非法区分标准，各种交易要在法定货币的体系内完成。试图规避或脱离法定货币体系的做法都是非法的。法定性还体现在，在国家范围内，所有货币或支付工具，甚至金融产品，都需要经过核准授权才能开展经营。不仅经营机构需要取得合法经营牌照，金融产品的开发和经营同样需要严格的审批和管制。未经批准的金融产品和操作交易模式都是非法的。信用卡、支票、汇票和充值卡等都是经过批准才能发行使用的具备法定地位的支付工具。民间使用的货币未被政府和法律承认，不能享受货币应具备的权利，不受国家法律对货币特殊地位的保护。

法定信用货币是制度货币。法定信用货币的制度性是指货币金融的产生、经营、管理、运作和注销等活动的规则化和法治化。实物货币可以脱离制度单独存在，法定信用货币不能脱离制度单独存在，必须以制度和体系的方式存在和运行。法定信用货币的货币制度是国家法律制度的重要构成部分。法定信用货币的功能、性质、货币价值和货币流通方式等特点都是通过货币制度建构出来的。法定信用货币的发行供应和经营管理，以及货币政策的制定实施，都必须依法构建，依法执行。法律制度是法定信用货币的基础和保障。符合各项法律制度要求，是法定信用货币的基本要求。货币制度是法定信用货币的灵魂和生命,赋予货币具体的内容、形式、存在的意义和价值。货币制度确定法定信用货币的形式和货币应用方式,建构货币的生成注销方式,确立货币的功能性质,规定货币金融产品的经营方式。法定信用货币是货币制度的产物和表现形式,处处体现出货币制度的各项安排。法定信用货币只有依据法律制度运行,才能排除个体因素、政权因素、认识水平和价值目标偏好等外部影响,使法定信用货币按照自身的规律运行,确保法定信用货币作为货币的功能性质能够正常发挥作用。只有通过法律制度的硬性安排,法定信用货币的独立性才能得到自始至终的贯彻,法定信用货币的社会公共性才能得到体现,货币价值才能确保稳定,货币金融体系才能更有效地运行,货币金融作为经济的上层建筑才会对经济发展提供积极的帮助。

法定信用货币是凭证货币,货币承载的内容和形式都通过凭证确认体现。法定信用货币的货币确认方式由货币发行供应机构负责,采用记账和实物两种方式确认货币的合法有效性。现金纸币由央行制造发行,存款凭证由商业银行确认,纸币和账户货币都是法定货币。凭证的应用使货币价值聚焦为数字,反而忽视了货币的真正价值。凭证的应用也使支付结算系统必不可少,要知道实物货币是无须支付结算系统的。法定信用货币制度的很多内容都是围绕凭证形式制定的,货币的法定性、信用性、制度性和管理性等都是为确保凭证形式的有效运转而制定的规则。

法定信用货币是封闭垄断的系统性货币。法定信用货币的封闭性、垄断性和制度性都是系统性的表现形式。中央银行和商业银行作为法定货币发行供应机构垄断特许发行经营法定信用货币,这种金字塔式的货币发行供应方式就形成了货币发行、供应、使用和管理的封闭性内循环流通体系。货币制度的各项规章都是围绕体系性本身的要求设计的。货币体系的封闭垄断性建构出封闭垄断运行的经济环境、支付环境和独立的货币区，不仅可以很好地保护本国经济，也使得储藏的剩余劳动价值能够被社会共享。货币体系的封闭垄断性创建出基于本币的独立定价体系。本国经济在本币系统中按照自身的资源禀赋和劳动力水平分配资源财富，协调供需，满足社会发展的需求。所以，任何国家的经济周期都是该国本币体系和经济体系相互作用的结果，都表现出本国的特点。

　　法定信用货币是采用信用价值的货币。信用价值能够成为货币价值是基于垄断性由国家实力、政府信用、法律保障共同维护产生的。法定信用货币的信用价值可能是正价值，也可能是负价值。采用债务构成信用价值时，信用价值是欠条借据形式的负价值。虽然中央银行持有黄金等储备资产，但是只作为备用支付工具使用，最多能够提升市场对该货币的信心，对于货币本身的价值构成没有帮助。法定信用货币的信用性表现在，货币的价值是法定的，没有实物保障，完全依靠国家信用和制度保障。纸币标注币值代表纸币的货币价值，账户货币由银行出具存款凭证，确定货币价值。商业银行发行的合法凭证，比如支票、汇票和信用卡等支付工具也是货币的一部分。商业银行付息揽储，采用存款准备金方式发放贷款。商业银行还可以采用信用额度的方式创造货币。这些信用创新的好处是极大地促进了经济的发展，而由此带来的问题是对未来的预支、透支和贴现。

　　法定信用货币是典型的主权货币。法定信用货币的主权性表现为货币作为国家主权范围内的交易支付和债务清偿工具，具有排他、垄断、强制和法律保护等特殊地位。货币的主权性对内表现为国家对货币的垄断、强制，各种经济活动强制使用法定主权货币；对外表现为经济体系的独立封闭和自主，不受外部势力干涉的自我保护能力。货币是国家主权重要的构成部分，关系到经济的发展和国家的安全稳定，这也是国家不论大小都要设立自己专属的垄断货币的原因。主权货币使国家经济自成体系，保持相对独立性，便于根据国家的目标和要求进行管理，也更安全，能够降低来自其他国家的经济冲击。货币不仅是交易的媒介和财富价值的代表，也是经济的基础。只有掌控货币才能够掌控经济，所以货币在主权国家中天然反映政治性。

　　货币的社会公共性是货币社会性和公共性的结合，是由货币作为国家经济活动的交易支付媒介、计价记账工具、价值储备载体的效用和价值决定的。货币承担着交易支付、储备价值、调节供需、激励生产、引导投资和分配社会财富的作用。货币的作用如此突出，地位如此重要，决定了货币属于全民，是公共产品，不能私有。只有属于社会公共的货币，才能无差别、无偏好、无倾向、无选择地遵循市场规律，公正地分配社会财富，诚实地保障货币价值。法定信用货币是中央银行和商业银行发行供应的公共产品、共有产品、共享产品。法定信用货币的社会公共性体现在每个社会成员创造的劳动价值都储存在本币货币系统中。每个社会成员的劳动创造不仅对自己有利，同时也增加了社会货币总价值，为社会做出贡献。每个社会成员创造的劳动价值不仅属于他自己，还同时是货币总价值的一部分，这使每个社会成员都因此获益。货币中储备的价值既是个人的劳动价值，也是社会总体的价值储备。货币价值从一个人手中转移到另一人手中，货币的使用所有权发生转移，货币储备的价值从宏观看保持不变。因此，货币体系的归属决定货币的真正归属和权利。货币体系归属于社会就是货币社会公共性的体现。法定信用货币的社会公共性决定了法定信用货币虽然是中央垄断货币，但货币同时需要得到社会的认可，要兼顾公众利益，满足公共要求。法定信用货币作为能够通过发行供应任意增减的产品，必须保持中立，尽可能消除偏好和人为影响，接受严格的监管，确保货币持有者的利益。

第八章 法定信用货币的发行和供应

第一节 法定信用货币发行供应概述

什么是法定信用货币的货币发行供应

法定信用货币的发行供应特指法定信用货币的数量增减，具体包括货币发行和货币供应两个部分。在法定信用货币制度中，货币发行特指中央银行发行价值货币度量表示储户持有的货币价值，货币供应特指由中央银行和商业银行通过举债信贷方式供应的货币。由于价值货币和债务货币在货币形式上完全一致，法定信用货币的货币发行和货币供应只能从货币发行供应资产负债表中进行区分，习惯上也不区分价值货币和债务货币，将法定信用货币的发行供应视为一体，只要是由中央银行和商业银行发行供应和经营产生的货币，数量增减都视为法定信用货币的货币发行供应。

法定信用货币的货币发行供应单位

法定信用货币作为垄断货币，只有中央银行是法定的货币发行供应机构，商业银行作为中央银行授权经营，中央银行发行供应货币的机构，只具备供应货币和经营货币的资格，没有发行法定信用货币的权利。

法定信用货币的银行账户

银行账户是储户在银行开立的由银行代表储户管理，根据储户指令提供相应服务的货币账户。银行账户主要包括三类：储户在商业银行开立的账户、商业银行在其他商业银行开立的账户、商业银行在中央银行开立的账户。这三类账户的开户者都作为储户向银行申请开立账户,他们的资金和业务操作都由银行负责执行和管理。银行账户按照户主归类,有些经营单位拥有多个账户,在进行账目统计时需要合并数据。货币金融业务以账户为单位,由商业银行根据客户指令开展业务。银行账户承担着账户货币的确认、记录、收支转移、兑换等职能。货币体系通过银行账户和账户货币构建出封闭独立的流通支付渠道。

　　银行账户是货币和信用创造的基本单位。法定信用货币的货币创造、信用运用、货币经营主要通过银行账户开展。信用卡、贷款、支票、信用证等业务的开展都在银行账户中完成。未来的银行账户将进一步法定化、个性化、标准化、功能化。这种发展趋势是社会治理走向专业化的必然结果。银行账户目前由商业银行代管,未来可能直接由中央银行统一开立,将账户和身份合并作为货币身份进行统一管理。由于所有账户业务都由银行完成,并不会增加储户的负担,银行的服务性将更加突出,利用现金从事非法交易和洗钱的空间将会进一步被限制。

法定信用货币的记账货币

　　纸币和账户货币都是货币发行供应体系中的记账货币,具有同等法定货币效力。转账支付和现金交接的支付效力相同,都是法定的交易支付和债务清偿方式。账户货币便于支付、核算、统计、分析,便于开展储蓄、信贷、投资、保险等各种金融活动,不仅方便统一管理,而且简化税务征缴。尽管现金不像账户货币那样能自动记录交易数据,但现金的发行供应数据记录在中央银行的资产负债表内,并没有超出记账管理的范围。从记账统计核算的角度来看,普及账户货币,限制现金使用可能成为发展趋势。纸币基于现金交易的特点形成现金流通支付渠道,账户货币基于账户形成以银行为基础的流通支付渠道,两种支付方式在商业银行的网络中完成转换,都处于中央银行总账的监督管理之下。

法定信用货币的借贷关系

借贷关系是资产负债表记账模式的标准关系。法定信用货币的发行供应采用中央垄断发行供应方式，货币发行供应的供应方和使用方分离，货币使用方持有的货币需要得到发行方的确认。这种货币发行供应方式只能采取借贷关系模式发行供应货币，采取资产负债表记录货币的发行供应。

借贷关系和交易关系有本质差别。交易关系发生交易后关系解除，借贷关系发生后借贷关系才正式确立且持续到解除借贷关系。交易关系是等价值交换，借贷关系是价值协议借贷转移。借贷关系是根据借贷协议的条款实施，协议是进行式不是完结式，借出的要收回，借入的要归还，因此，借贷关系需要采用资产负债表方式双向记账，且借贷双方都有记录，按照权益和负债方式分别列支记账。从这个角度来看，货币发行供应是中央银行、商业银行和储户之间的货币借贷关系。中央银行发行的货币作为价值交易媒介供经济单位使用。谁拥有货币价值，谁就拥有货币权益，借入货币者是负债方。

货币依据货币价值归属权益分为权益的价值货币和负债的债务货币两类。债务货币的货币形式和购买力与价值货币完全一样，只是在资产负债表中处于借贷关系的两端，分别属于价值生成和债务生成两种方式。

债务货币是借贷关系和资产负债表货币发行供应模式的产物，在资产负债表中可以实现对债务货币的统计和管理。尽管从银行和储户持有的货币中，无法区分哪些是价值货币，哪些是债务货币。但从储户的资产负债表中，或者商业银行的货币发行供应资产负债表中，以及中央银行的货币发行供应资产负债表中，都可以清楚地区分储户或者银行的权益和债务。从货币价值产生方式的角度看待权益和负债显然是可靠的。

货币的借方和贷方通过协议建立关系。借贷双方的地位平等,目的不同,采用借贷分列方式区分货币所有权归属。因此,银行经营的动力是增加信贷,扩张货币。储户作为货币持有者,更希望保持货币价值稳定和货币购买力提升。借贷双方利益差异是由借贷记账关系决定的,这种利益差异也是法定信用货币的制度缺陷和经营风险之一。

这种风险在各国国内的货币体系中表现得并不明显。中央银行为确保国家稳定和经济的有序运行,具有确保货币价值的积极意愿。这种风险在国际货币制度中却会得到放大。国际货币提供国利用国际货币地位超发货币,过度举债,将货币贬值风险通过进口方式输出国外,自己过上举债不还、不劳而获的生活,就是这种风险的表现。

基于借贷关系建立的资产负债表记账模式会重复统计货币数据。储户在银行存入 100 万元人民币,商业银行按照存款准备金要求上缴 10 万元,将剩余 90 万元全部用于发放贷款。货币供应总量由原本的 100 万元通过贷款成为 190 万元,经济体中实际流通的货币只有 90 万元。储户的资产负债表中有100 万元权益,商业银行的资产负债表中有相对于储户的 100 万元负债,有相对于中央银行的 10 万元权益和相对于贷款者的90 万元权益。在中央银行的资产负债表中,只有负债 10 万元。由此可见,货币供应数量的统计是相对于记账对象和账户的相对数据,相对于储户、商业银行和央行资产负债表产生的统计数据各不相同。

法定信用货币发行供应体系的构成

法定信用货币的发行供应体系由中央银行、商业银行和储户三级构成金字塔式的中央垄断货币发行供应体系。中央银行、商业银行、储户、银行账户、记账货币、资产负债表是货币发行供应体系最主要的构成元素。

货币发行供应以银行为主体,使用银行发行供应的货币,在银行网络中开展货币金融业务,由此形成封闭的货币发行供应体系和经济的经营运转流通体系。

中央银行和商业银行是货币发行供应体系的基础设施,负责货币的发行供应、鉴定确认、收支转移、结算记账、储蓄信贷、经营管理等工作。为了统一进行货币金融管理,确保货币金融体系的封闭独立性,中央银行只和商业银行建立直接的货币发行供应关系,不和任何储户建立直接关系,也不向储户直接发行供应货币。中央银行只接受商业银行在中央银行开立账户从事货币业务。中央银行和商业银行之间的储蓄信贷业务本质上是中央银行通过商业银行向社会发行供应货币。中央银行的业务操作不是对货币的经营,而是对货币的管理,更不是以赢利为目的的商业行为。

储户是货币的持有使用人,也是银行账户的开立人。储户既是储蓄者,也是贷款者,还是货币使用的记账对账单位。储户包括政府、企业事业单位、公司、个人、家庭等社会组织单位和独立核算的经济单位。储户在商业银行开立账户,由商业银行为储户提供货币金融服务。

独立核算的经济单位也是独立的记账单位,中央银行、商业银行、政府、企业事业单位、公司、家庭、个人都是独立的记账单位。法定信用货币体系就是由各级独立记账单位构成的体系。独立记账单位各自独立记账、相互对账,由此建立起货币发行供应体系的校对印证相互确认模式。由于采取借贷关系记账,记账单位可以分为银行和储户两种类型。中央银行和商业银行作为银行类型的记账单位,是货币的发行供应方,账目呈现货币发行供应的特点。货币的使用方,包括个人、家庭、企业、公司、政府、事业单位等各种经济单位的账目,呈现出储户多样的特点。银行和储户按照借贷关系在资产负债表中分列,相互流通的货币金额在所涉及的记账单位中都有记录,都能相互校对验证审核。

资产负债表是货币发行供应体系的记账模型。货币发行供应以借贷关系为基础记账,采用资产负债表作为货币发行供应的标准记账模式。

借贷关系是资产负债表记账模式的标准关系。货币发行供应采用中央垄断发行供应模式,货币发行供应方和使用方分离。这种货币发行供应方式只能采取借贷关系模式发行供应货币,采取资产负债表记录货币发行供应。

货币发行供应是中央银行、商业银行、储户之间的货币借贷关系。中央银行和商业银行发行供应的价值货币是储户存在银行的权益存款,是储户劳动价值的储存载体,所以需要用价值货币供应表示。储户从银行取得的贷款,银行给储户的信贷额度是银行的权益储户的负债,所以需要用债务货币供应表示。发行的货币作为价值交易媒介供经济单位使用,谁拥有货币价值,谁就拥有货币权益。借入货币者是负债方,贷出货币者是债权人,因此,借贷关系需要采用资产负债表方式双向记账,且借贷双方都有记录,按照权益和负债方式分别列支记账。

在货币发行供应的资产负债表中,货币依据借方和贷方进行分类,贷方和借方就是货币价值的归属,分为权益的价值货币和负债的债务货币。债务货币和价值货币的货币形式和购买力完全一样,在资产负债表中处于借贷关系的两端,分别属于价值生成和债务生成两种方式。因此,不论产生价值货币还是债务货币都会增加货币供应,这就是法定信用货币创造货币供应的方式。

法定信用货币的发行供应体系具备创造货币的能力。通过信用、贷款、债务等方式供应的债务货币,能够增加社会总需求和总购买力,推动经济增长。债务货币在归还消债后产生的价值货币能够增加价值货币供应总量,因此,能够避免实物货币供应不足的窘境。法定信用货币创造货币供应的方式是助力经济增长。在保障货币购买力和货币价格稳定的基础上,货币的创造能够推动经济增长,成为经济发展的新模式。沿着货币供应助推经济发展的道路走下去,同时兼顾货币购买力、投资风险、投资收益等指标,多数国家都能摆脱贫穷,实现经济快速发展。这是一条人类普适的发展道路,尽管路上也会荆棘密布、困难重重,但这条道路的科学性是可靠的。

第二节　法定信用货币的货币体系

法定信用货币体系由中央银行和商业银行的货币发行供应体系为主,构建出包括记账统计核算体系、收支结算体系、储蓄信贷体系、货币金融监管治理体系在内的几个主要部分。

法定信用货币体系的收支结算体系、储蓄信贷体系、记账统计核算体系、货币金融监管治理体系这几部分既是银行的工作职责,也是货币体系具备的功能。货币体系的运行主要是这些功能的运转。货币的发行、供应、持有、支付、经营、汇兑转移、结算、记账、管理等活动都在货币体系的内部,通过银行设施和网络完成。因此,法定信用货币体系是建立在货币发行供应垄断和中央发行模式基础上的内生体系,是内生自我循环运转和治理的封闭体系。

法定信用货币的收支结算体系

法定信用货币的收支结算体系是建立在银行设施和网点网络的基础上,对现金、账户货币,各种法定支付工具和票据等货币形式的确认、收支、兑换、存取、结算的体系。

在法定信用货币制度下,货币采用凭证形式,货币主权和垄断性,都决定了货币需要建立收支结算系统。如果货币采用黄金、白银等实物形式,就无须收支结算系统。货币的收支结算系统也是独立和垄断的,是为特定主权货币服务的收支结算体系。国际货币支付结算,需要签订国家间的支付结算协议,经过许可授权后才能进行货币之间的收支结算。

收支结算的对象是货币、支付工具、票据、凭证等货币和类货币。各种资产属于金融产品,不是货币体系处理的对象。商业银行买卖资产的活动属于商业经营活动,不属于货币经营。原则上商业银行买卖资产和商品的活动只能使用商业银行的资本金或盈利累积,不能使用储蓄资金,这是商业银行治理监管的重要原则。如果允许商业银行使用储蓄资金买卖资产和商品,储蓄资金就可以规避中央银行的存款保证金制度,储蓄资金购买的资产可以作为商业银行的权益资产开展经营,这也是为什么商业银行不可以混业经营的原因。

结算是收支业务的一部分,是银行对收支结果的结算。结算是银行内或银行间对货币收支的结算。银行间的结算通常采用差额结余清算方式。由于银行间每天发生很多笔收支,不能笔笔进行结算,所以银行采用定时结算方式,只将结算的差额进行清算支付。

收支结算体系主要由银行网络和特定的收支结算确认机构构成。所有的收支结算都在银行网络内部完成。银行的收支结算网络是银行最主要的资产。没有收支结算网络意味着货币不能到达,不能收付,不能确认。每种货币都有自己的收支结算网络。实物货币时期的银票只能采取当面验收、防伪确认的方式。电报系统发明后,收支结算利用电报确认方式处理收支凭证,确认结算结果,从此收支结算成为银行的主要业务。特别是异地跨行的收支结算,正是由于电报系统的应用得到充分发展。现代的收支结算系统无论多么先进,其结算原理仍然不变。

目前的国际货币采用国家货币作为国际货币使用,国际支付结算因此也采用国家货币的支付结算系统和网络。目前,国际结算货币主要使用美元,国际收支结算系统也采用美元系统。美元能够建立全球性的结算网络,主要是各国同意采用美元的收支结算设施。本币收支结算在中央银行建立的网络中开展。本币和外币之间的结算需要国家间建立支付结算的协议制度和收支结算设施。只要国家同意在本国使用他国的支付结算设备和网络,就能利用他国的收支结算网络联通国际结算。国际货币采用美元的收支结算网络,这种做法不可避免地受到美元的影响和制约。尽管这种国际货币制度安排具有巨大的缺陷,但在美国强势推动和暂无替代的情况下,国际社会只能认可。

未来的国际货币制度如果采用国家货币相互竞争的模式,应建立各国主权货币地位平等的权利安排和货币结算网络。在这种制度模式中,各国货币和经济差异主要通过货币价格体现。国际收支结算系统可以基于国家间的协议建立,以国家为单位建立货币收支结算中心。各国的本币收支结算系统作为国内系统,国家收支结算中心作为央行的分支,负责处理国际结算。这样的制度安排能够摆脱各国对国际货币提供国系统的依赖,防止国际货币提供国利用国际货币地位实施霸权主张。

法定信用货币的储蓄信贷体系

法定信用货币的储蓄信贷体系由中央银行、商业银行和储户三部分构成。中央银行作为法定的货币发行供应机构担负向社会发行供应货币的职责。商业银行作为法定货币经营机构担负储蓄管理和信贷发放职责。储户是货币的使用者,既是储蓄者,也是贷款者。储户包括政府、企业事业单位、个人、家庭等社会组织单位和独立核算的经济单位。

为了统一进行货币金融管理,确保货币金融体系的封闭独立性,中央银行只接受商业银行在中央银行开立账户,从事货币业务。中央银行和商业银行之间的储蓄信贷业务本质上是中央银行通过商业银行向社会发行供应货币,不是对货币的经营,更不是以赢利为目的的商业行为。

政府、事业单位、企业、公司、个人等经济单位都作为储户,在商业银行开立账户,由商业银行专业提供货币金融服务业务。商业银行和储户之间的储蓄信贷构成金融体系,金融体系是货币体系的外延,是专业的货币经营体系,是以赢利为目的的货币商业经营行为。如果某国家允许政府部门在中央银行直接开立账户,政府账户脱离货币政策和货币供应体系,政府支出不受货币政策和货币治理的约束,该国家就会成为货币治理的法外之地。中央银行直接向政府部门供应货币,不仅钝化中央银行的货币管理,而且还会造成寻租等一系列经济和政治问题。

储蓄信贷是银行最主要的业务,也是储户和银行建立关系的关键。商业银行从储户手中吸收存款,发放贷款,是商业银行最主要的经营方式和收益来源。银行和储户之间的储蓄借贷关系决定了储蓄信贷方式。储蓄信贷由商业银行垄断。垄断方式提供了货币体系的安全、秩序、稳定运行的环境,虽然导致成本高、效率提升慢、竞争程度不高、市场化不强、行业封闭,但绝对是值得的。反之,如果采取竞争方式提高效率降低成本的做法会导致混乱,进一步影响实体经济的运行。

记账方式和货币发行供应方式都基于借贷关系为基本模型构建业务模式,整个货币金融体系都基于借贷关系设置和运转。在借贷关系模式中,银行处于货币发行供应端,储户处于货币使用端。储户进行储蓄相当于把货币贷给银行,银行向储户发放贷款也是同样的性质。不论银行还是储户,既是存款者,同时也是贷款者。银行和储户的主要差别是,只有银行能够吸收社会存款和发放贷款,储户只能存款和贷款。在法定信用货币制度中,存款贷款业务是银行垄断专营的业务,个人吸收公众存款放贷是违法行为。从借贷关系的角度来看,如果取消中央货币发行模式,取消货币垄断,取消银行货币专营权,每个经济单位都可以成为货币发行者,经营单位之间可以建立直接的借贷关系,不必完全通过银行建立借贷关系获取货币,那么经济活动会出现大混乱。这是因为当前的信用信誉还处于初级阶段,还不到经济单位发行货币的阶段。最近几年频繁讨论的去中央化货币发行方式,应从借贷关系入手,建立基于经济单位的信用制度才能真正实现变革。比特币将中央发行改为挖矿货币供应方式换汤不换药。挖矿也是中央供应模式,只是挖矿属于自然产生,不再有人为对货币供应的主动建构而已。

　　贷款资金来自存款,是储蓄信贷方式的核心原则,是由资产负债表作为记账方式决定的。因此,贷款总额 = 存款总额 + 银行本金,这是商业银行发放贷款的最大程度。超发的货币不是贷款,而是信用方式对货币的虚增和创造。信用运用必须根据商业银行的资质水平由央行设定信用额度。就像商业银行给企业个人授信一样,中央银行负责给商业银行授信,商业银行只能在授信范围内运用信用,超出授信范围即是违规,授信额度将被降级。信用和储蓄贷款必须分别建账,单独核算管理。信用方式可以凭空创造虚增货币产生收益,是商业银行最愿意采用的经营方式,但储蓄贷款和信用混在一起具有一定的风险。

　　储户是货币的主要使用者,储户利用贷到的资金从事生产经营、开展投资、获取收益。经济体系中的货币主要通过储蓄信贷方式供应。货币就像经济运行的血液,货币供应充足时,经济运行才能保持良好。储户实际上是货币最主要的生产者。储户通过劳动和经营生产货币价值,银行通过货币供应生产货币数量,两者有机结合才是法定信用货币制度设计的最佳举措,对当前经济飞速发展和社会普遍富裕起到关键作用。

法定信用货币的记账统计核算体系

　　法定信用货币的记账统计核算体系由记账和统计核算两部分构成。记账原本是由货币发行供应方式决定的,是账户货币自带的主要功能,在货币应用中发展出统计核算功能,成为完整的货币记账统计核算体系。货币发行供应采用的记账统计核算方式随着货币使用在经济活动中普及,发展出财会、审计等专业记账统计核算服务性行业。法人经济单位普遍使用的各种财会报表,都是基于货币发行供应记账管理方式发展出的报表。货币的记账统计核算体系发展成为经济体所有经济单位普遍采用的统计核算分析方式。财会成为经济单位的必备职位。财会报表在经济记账统计核算分析中普遍应用,由此产生的经济影响不可估量。

　　记账统计核算功能是法定信用货币特有的功能,是法定信用货币发行供应确认的方式,是采用银行账户和凭证货币形式才发展出的货币功能。从法定信用货币制度来看,记账是对银行和法人机构的法定要求,施行法定记账是构建封闭垄断货币体系的主要措施。

　　银行的记账统计核算体系记录经济体中法定信用货币的发行供应、交易支付、流通转移、形式转换、信贷借贷等各种货币金融活动的数量、金额、交易对象、交易日期等内容。银行网络和基础设施是记账统计核算体系的硬件,中央银行和商业银行负责具体记账统计核算工作。经济单位的记账统计核算聘请专业财会人员按照财会税收申报要求记账、统计、核算和申报。记账统计核算业务的全面财会化和标准化处理,以及交易结算实现和货币的自动一体化,是交易普及的必然发展结果。经济单位采用统一的记账统计核算方式,国民经济的统计核算才能够形成完整的统一体,便于监督管理。其中,记账单位单独核算,自负盈亏,记账单位之间相互联系,交易流通,既符合经济学的经营理念,也符合人类自我谋生发展的基本原则。

法定信用货币的货币发行供应全部记录在中央银行和商业银行的记账统计核算报表中。根据经济单位开展经济活动产生的数据编制的财会报表,货币数据才是统一的,记账数据才能真实可靠地记录货币金融和经济运行的具体细节。货币体系的封闭性能够确保货币数据可靠、确定、严谨、准确,是经济运行的全面反映、准确反映和科学反映。因此,这样的货币金融数据是经济活动记账统计核算分析科学性的基础,也是经济学科学性的基础和来源。经济分析和政策决策都以记账数据提供的描述为依据。

法定信用货币的监管治理体系

法定信用货币的监管治理体系包括监管体系和治理体系两部分。监管是对中央银行、商业银行和储户等组织机构的货币金融活动的监管。治理是对经济和金融环境的治理。

法定信用货币的货币发行供应由中央银行和商业银行负责,中央银行和商业银行既是储户的监管者,也是被监管治理的对象。商业银行开展的货币供应由中央银行负责监督管理,中央银行的货币发行供应由国家设立的金融监督管理机构负责监督管理。货币发行供应涉及的所有成员都处于监管之下。

对中央银行和商业银行的监管主要是监管银行依法开展货币金融活动的情况,对信用、贷款、票据凭证、债务运用的监管;对依法申报和依法经营、如实申报和如实经营、准确正确申报的监管。

法定信用货币由中央银行垄断,由商业银行授权专营,其他机构未经批准授权不得开展货币业务。中央银行和商业银行负责确保法定信用货币的垄断性和专营性。私人和企业可以基于自身信用出具票据凭证,用于交易支付,但不能公开向公众发售票据凭证。例如,个人向某人出具借条借款 5 万元是合法,但向公众销售借条获取存款就是违法的。

中央银行和商业银行的货币发行供应应按照货币金融制度和规章的要求开展,货币金融制度和规章的要求是中央银行和商业银行发行、供应、经营行为的边界。通过信用、贷款、凭证、票据、债务等方式创造的货币或者支付工具,只要具备货币功能,能够用于交易支付和偿债的都属于货币,但都需要得到中央银行的批准授权才能发行供应,都处于中央银行的监管范围内。

货币制度的原则来自货币金融理论。对法定信用货币没有透彻深入的认识和理解,难以建立完善的货币管理制度。法定信用货币体系比实物货币体系更加复杂,涉及的货币基础理论更深奥。

法定信用货币的治理体系主要由中央银行设定目标,制定策略,由中央银行和商业银行共同实施。法定信用货币治理是通过对货币定价、对经济环境和金融环境的建构实现的。

影响货币价格的方式包括利率、汇率和货币数量,中央银行通过确定基准利率影响市场利率的方式改变货币金融成本,达到影响经济活动的目的。利率的调整能改变国内货币的单位价值和货币的国际定价,从而改变单位货币购买力,由此建构出新的经济环境。

中央银行通过调整货币供应数量的方式影响商品和资产的需求,进而达到影响市场价格的目的。通过商品和资产价格的变化,实现对经济环境和金融环境的影响和建构。

由于货币供应手段也是推动经济发展的重要手段,只要债务风险可控,债务持续产生收益,转化为价值货币增加,坏账率保持在低位,最终的结果是推动工资收入的增长和就业岗位的增加。在这种情况下,坏账主要集中在个别资产负债表没有管理好的企业和过度扩张的行业,不会造成普遍性的问题,即使货币超发,风险也不大,大量举债利大于弊。反之,即使货币增发规模不大,但盲目投资导致供应过剩,投资不产生利润反而出现亏损,这样的举债风险更大。由此可见,中央银行和政府管理好货币供应,建构好经济环境和金融环境对经济可持续发展有多么重要。

从理论上来说,法定信用货币的风险主要取决于央行治理。法定信用货币制度赋予中央银行垄断发行货币的权利,也赋予中央银行建构金融环境和经济环境的能力。中央银行和商业银行能够通过货币供应和利率政策推动经济增长,也能通过同样的手段治理金融环境和经济环境。因此,中央银行从宏观层面管理好货币供应,调控好货币金融活动和经济活动,经济就能够长期稳定发展。

第三节 法定信用货币的发行供应方式

法定信用货币的记账发行供应方式

记账既是法定信用货币的确认方式,也是法定信用货币的发行供应方式。采用记账方式发行供应的货币,只有经过银行确认才属于合法货币,才是合法发行供应的货币。处于银行记账监管体系之外的货币不是法定货币。即使你持有的是现金真币,如果银行不认可,也可被视为假币。

法定信用货币的发行、供应和使用都建立在记账的基础上。无论是现金还是账户货币,都在银行记账体系中有明确的记录,都处于中央银行和商业银行的监督管理下,都经由银行向社会发行供应。中央银行记录现金的印刷供应量,商业银行记录现金和账户货币的投放使用,货币发行供应的总量数据和分类数据都能做到准确地记录和统计。

记账是货币发行供应不可分离的一部分。货币发行、供应、持有、支付和转移等使用过程都采用记账方式进行确认和管理。中央银行和商业银行共同构建的封闭独立银行体系负责货币发行供应的记账工作。自然人和法人单位负责持有使用货币的记账报表工作。法律规定法人单位依法承担记账申报责任,法人持有、使用货币不仅需要记账,还必须根据法规要求编制财会报表依法申报。货币发行供应记账采用借贷关系记账,货币使用者和发行供应者各自记账又能够相互验证,由此建构出自然人、法人和银行的财会报表,对货币发行、供应、持有、支付、转移等使用过程进行完整封闭的记账。

记账工作通过账户和报表开展。货币持有者在银行开立账户,由银行提供涉及货币的各项业务。账户货币使用过程中银行会自动进行记录,现金使用需要自行手工记账。经济单位的记账,对自然人来说,是记录货币收支,是核算资金使用的现实需要;对法人单位来说,是法定的报税责任;对上市公司来说,是法定的报表公开义务。记账的广泛应用将货币和账户结合在一起,不仅有助于各种货币金融业务的开展,还可衍生出财会审计等金融服务行业。

法定信用货币采用的记账方式及记账单位共同构成法定信用货币的记账体系。记账体系承担货币确认、交易支付记录、数据统计核算等职能。在记账体系下发展出的经济统计核算分析成为经济研究的数据来源和科学性保障。在网络支付和账户货币应用普及的带动下,未来的记账功能将成为货币金融发展的重要前沿。

法定信用货币的中央垄断发行供应方式

当前各国发行的法定信用货币普遍采用中央垄断方式发行供应货币。这种发行方式需要设立中央银行作为专职的货币发行供应管理机构,采用不以牟利为目的的货币发行供应和经营方式,通过市场化方式由中央银行向商业银行和社会大众发行法定信用货币。

　　法定信用货币的发行方式是金字塔式的中央发行方式,中央银行完全垄断货币发行权,中央银行授权商业银行经营中央银行发行供应的货币支付工具和各种资产。除中央银行及其授权单位外,其他组织和个人均无权发行经营法定信用货币及其支付工具。所以非法吸收公众存款和发行支付工具是严重的违法行为,会冲击信用制度,破坏货币金融系统的稳定性,造成金融风险。非银行类金融机构,如保险、证券、基金公司等都不具备货币和支付工具的供应资质,其业务经营和产品创新仅限于授权的资产,不能涉及货币供应和支付工具开发。货币和支付工具创新是中央银行垄断的范畴,未经特许授权不能开展创新。

　　在法定信用货币的中央垄断发行供应方式中,货币发行机构发行的货币相当于发行者的债务,持有者的债权,这样才能真正体现货币价值是剩余劳动价值的储藏工具。货币发行机构和货币持有者是财会报表中的借贷关系。由于货币发行机构没有实物价值准备与发行的货币相对应,法定信用货币的垄断信用发行方式从发行机构的角度来看相当于发行债务借据,这是西方很多经济学家主张将货币视为债权的原因。但这种看法显然忽视了货币价值是剩余劳动价值储藏工具的基本原则,没能考虑到货币的社会性和公共性。在中央垄断发行供应方式下,确保法定信用货币始终作为价值货币,是维护法定信用货币制度的底线。

法定信用货币的信用价值发行准备

　　法定信用货币的货币发行供应没有实物价值准备,完全以国家信用担保发行供应货币。国家信用、法律制度和中央垄断发行供应模式都能起到发行准备的价值保障作用。

　　中央银行虽然持有黄金,但黄金的作用只是备用支付工具,通常是在本币信誉下降、外汇储备不能使用时的备用支付方式，并不是货币发行准备。目前储备黄金的方式也不会对货币价值提供帮助。货币价值构成是单独的体系，黄金处在体系之外，并没有被纳入货币价值构成，因此无法对货币价值产生影响。设计将黄金纳入货币价值构成体系的方式并不难，法定信用货币是否可以设立部分发行准备是很值得探讨的问题。

中央银行持有的外汇是国际支付清偿工具，也不是货币发行准备。在本币无法用于国际支付的情况下，外汇主要用于国际市场的交易支付和债务清偿。储备外汇主要用于满足国际交易支付需求。持有外汇能够增加本币信用，但是外汇不是本币的货币发行准备。

法定信用货币的存款准备金制度

法定信用货币的存款准备金制度是中央银行依法规定商业银行在获得存款时，为确保取款的流动性支付能力，必须按照法定要求向中央银行按照存款准备金率缴纳存款保证金，确保商业银行的存款支付能力。

法定信用货币的存款准备金制度是为应付存款提取留置的支付准备，不是发行准备，不仅对提升稳固货币价值没有帮助，还相当于加大了信用应用，增加了货币供应，摊薄了单位货币价值。所以中央银行将存款准备金率的设定作为防范金融风险的主要工具。调高存款准备金率可以提升商业银行留置的存款备付程度，防范支付挤兑风险。

法定信用货币的举债上限

价值货币和债务货币代表货币的产生方式和来源。价值货币通过劳动价值储藏、累积、经营产生货币的正价值，债务货币通过透支、预支、贴现或信贷等债务方式产生货币的债务价值和货币供应。价值货币和债务货币在形式上完全相同，但在性质上相反，所以必须加以区分，以警惕价值货币和债务货币在产生方式、来源和性质上的差异，防止过度举债将货币信用价值债务化。

中央银行和商业银行的货币供应能力受储蓄、资本金和收益累积的限制。商业银行供应货币的能力由中央银行统筹管理。中央银行供应货币的能力只能由制度约束。理论上，中央银行具备无限的货币供应能力，货币也是可以靠印制供应的。

中央银行设定的货币发行供应上限由中央银行的资本金和收益累积以及储户的剩余劳动价值累积共同决定。剩余劳动价值累积总量就是价值货币供应总量。价值货币供应总量是中央银行的负债，是储户储蓄的总量，因此，也是中央银行债务货币供应总量的上限。债务货币供应超过这个供应上限，货币的信用价值由正转负，虽然货币购买力还在，但那是垄断发行供应和缺乏价值锚所致。劳动价值已经开始预支、透支未来。这就是有些货币汇率极其脆弱，导致国内通货膨胀很高的原因。

中央银行采用债务方式供应货币的上限，可以用公式表示为：

价值货币供应总量＋中央银行资本金及其收益累积＝信贷债务上限

采用信用、贷款、债务方式供应的债务货币必须按时归还。需要对中央银行和商业银行举债进行严格管理的原因在于：这类举债能够创造货币供应，过度举债不仅伤害储户利益而且威胁法定信用货币体系和国家政权。债务只要不归还，就会一直留在资产负债表中。债务货币只要有持续的举债，就会一直在经济体中流通。像美国这种大量举债消费的国家，原本会出现通货膨胀，但是美国经济靠进口推动，美元流出海外抑制国内通货膨胀的同时，还将债务转移了。海外市场持有的主要是美元的债务，是在帮着美国承担债务压力。美元举债到无法持续的时期，就会出现债务收缩。无论在国内还是国际，举债发展最终都会面临债务收缩的问题。

　　对于银行来说,特别是对于中央银行来说,倾向于推动社会债务货币增加,而不是增加社会价值货币。价值货币是中央银行的负债,债务货币是中央银行的债权。中央银行和储户的利益在借贷关系中是相反的。社会中债务货币越多,中央银行的收益也越多。所以,美联储作为私有银行协会,才会不遗余力地推动债务货币合理化。社会举债越多,银行发展越好,资本家盈利越大。劳动收益用于支付债务利息,社会就成为银行的打工仔。因此,坚持举债上限,对银行进行严格的信贷应用管理,是确保法定信用货币制度稳健运行的关键。

第四节　法定信用货币的发行供应模型和分模型

法定信用货币的发行供应模型

　　货币发行供应特指货币数量的发行供应。在法定信用货币制度中,中央银行垄断货币发行权利,只有中央银行才能发行供应法定信用货币。商业银行没有货币发行权,只有货币供应和经营权。商业银行通过信贷举债等方式供应债务货币。

　　法定信用货币的发行供应用公式表示为:

　　货币总价值 = 单位货币价值 × 货币供应总量

　　货币供应总量 = 价值货币供应总量 + 债务货币供应总量

　　货币总价值 = 单位货币价值 × (价值货币供应总量 + 债务货币供应总量)

　　该公式是法定信用货币发行供应的总公式,该总公式又可以分为四个基本模型和四个分模型。

（一）货币发行供应总公式的四个基本类型

1. 现金和账户货币发行供应模型

法定信用货币的发行供应按照货币形式差异可以分为现金发行供应和账户货币发行供应两种方式。用公式表示为：

货币供应总量＝现金供应总量＋账户货币供应总量

中央银行负责现金的设计、印制和发行，商业银行负责向储户供应中央银行发行的现金，并负责现金和账户货币的兑换。

在银行开立货币账户，存入现金和转入汇款即是账户货币。中央银行是账户货币的最终发行人。商业银行代表中央银行负责账户货币的确认、经营和管理工作。储蓄卡、银行卡、存折、信用卡等都属于账户货币。

2. 价值货币债务货币发行供应模型

法定信用货币根据价值构成差异分为价值货币和债务货币两类，因此，不论是中央银行的发行供应，还是商业银行的供应和经营，都是价值货币数量的供应和债务货币数量的供应。用公式表示为：

货币供应总量＝价值货币供应总量＋债务货币供应总量

在法定信用货币制度中，价值货币由中央银行垄断发行供应，是度量、储藏劳动价值的交易支付工具。债务货币是通过信用、贷款、凭证、债券等债务形式创造的货币供应。因此，法定信用货币的货币供应总量等于价值货币供应总量加债务货币供应总量。

货币发行供应是价值货币和债务货币的发行供应。价值货币和债务货币在货币形式功能和购买力上完全相同，都表现为流动性。只有从货币的产生方式和货币发行供应资产负债表中才能区分价值货币和债务货币。

中央银行的货币发行供应资产负债表和所有商业银行的资产负债表相对应。所有商业银行的资产负债表既和中央银行的资产负债表对应,也和储户的资产负债表对应。商业银行的货币来自中央银行、储户和其他商业银行。商业银行处于货币供应体系的中间层,负责货币的批发零售。根据借贷关系可知,银行发行供应的货币等于储户使用的货币,每一笔货币在借贷记账双方的资产负债表中都同时有记录。任何一方都无法单独虚增货币的同时又让对方认可这笔钱的合法性。

增发债务货币能够增加社会总需求和总购买力,推动经济增长。虽然债务货币总归要偿还,但适当举债对经济发展有积极推动作用。只要能够确保偿还能力,举债发展是实现经济快速发展的一个捷径。

3. 单位货币价值发行供应模型

单位货币价值是所有货币持有者最关心的问题,也是中央银行货币价值保障的主要对象。单位货币价值是看待经济、看待货币金融重要的视角。基于货币总价值、单位价值和货币供应总量之间的关系可以得到基于单位货币价值的发行供应模型:

单位货币价值 = 货币总价值/货币供应总量

单位货币价值 = 货币总价值/(价值货币总值 + 债务货币总值)

从公式可知:

(1)在剩余劳动价值总价值不变的前提下,如果货币供应数量减少,单位货币具有的价值会相应提高;如果货币数量增加,单位货币价值减少。信贷举债增发的债务货币越多,单位货币价值越低,货币的购买力越差,通货膨胀的压力越大。

(2)确保单位货币价值,也就是确保货币购买力的方式:要么将债务货币供应总量保持在一定程度上,要么减少价值货币供应总量,要么提高利率,要么维持汇率强势,要么多创造劳动价值。公式也是制定利率政策时常会用到的公式。

（3）公式说明货币制度发展到法定信用货币制度后，实物约束被取消，货币供应不再有任何发行准备与实物对应。货币供应成为金融经营的一部分，因此，单位货币价值成为货币操作对象，货币供应总量成为货币操作工具，法定信用货币成为金融货币。

4.储户和银行的货币发行供应模型

中央银行发行供应的货币最终都通过商业银行流向储户，所以中央银行是货币使用的局外人。储户才是货币的使用者，商业银行是货币的经营者，中央银行是货币的管理者。这个定位必须在货币制度和货币经营管理中有明确的体现。从储户的角度来看，社会中用于消费投资的货币供应总量主要由储户持有的货币总量构成。商业银行和中央银行持有的货币供应总量是储户的对立面，这种关系可以用公式表示为：

储户货币持有总量＝商业银行货币供应总量

储户货币持有总量＝现金持有总量＋银行账户流动性余额＋存款总额

商业银行货币供应总量＝存款准备金率×存款总额＋信贷总额＋现金发放总量

中央银行和商业银行的银行资本金和银行收益累积没有出现在公式中。这些资本金如果用于消费投资或者发放信贷，就会出现在储户端，如果不用就不必作为流动性余额出现在公式中。

这几个公式很好地体现了货币借贷记账的发行供应等于持有的基本原则。商业银行发行供应储户持有的货币，按照价值货币和债务货币进行区分后可以表示为：

储户货币持有总量＝价值货币＋债务货币

商业银行货币供应总量＝价值货币＋债务货币

这样结合储户和商业银行各自的资产负债表就可以知道储

户和商业银行各自持有的货币是价值货币还是债务货币。

货币发行供应的定义是银行向储户发行供应货币,商业银行和中央银行之间的货币往来如果不进入经济体,都不算货币发行供应,只是银行间的货币调剂,应定性为货币发行供应系统内部的调整行为,并不在经济统计核算的范围内,更不是储户的经济行为。

储户和银行的货币发行供应模型暗示了一种结果,商业银行和中央银行经营货币如果出现亏损,损失和后果看起来由货币发行者承担,实际最终都转嫁给货币的持有者承担。当银行生产出大量债务货币而储户又不知道时,储户持有债务货币当作价值货币直到银行资不抵债,货币丧失购买力。

(二)货币发行供应总公式的四个分模型

1.分模型一:中央银行供应模型

中央银行的货币发行供应是指中央银行向商业银行和储户发行供应货币。

中央银行发行供应货币主要包括以下三种方式:

(1)中央银行根据储户的剩余劳动价值累积总价值发行的价值货币。价值货币是储户的权益,是中央银行的负债。中央银行发行现金和账户货币两种形式的价值货币,两种形式的价值货币都通过商业银行交付给储户。

(2)中央银行向商业银行发放贷款或信用。这部分货币是中央银行的权益,是商业银行的负债。

(3)中央银行通过买卖商业银行的债务、票据或资产等方式调控商业银行持有的货币,这部分是资产和货币的转换。中央银行买卖商业银行资产或票据债务的方式属于货币经营,可能产生盈利或亏损。中央银行经营货币不以获利为目的,但不改变经营获利或亏损的事实。中央银行货币操作产生的经营获利应用于充实货币价值或者央行资本金,这是处置央行获利的关键,否则中央银行的性质将发生根本性的改变。这就是在法定信用货币制度中,任何国家的中央银行都必须是国有的,不能是私营的原因。美联储作为私营银行协会,如果对货币操作产生的收益进行分红,发放红利给会员银行,这样的货币就是由中央银行经营的商业银行,中央银行就可以通过货币政策和资产买卖牟利。这样的货币无异于给持有该货币的劳动者戴上枷锁,劳动者在这种货币驱使下成为货币金融资本的打工人。

中央银行和商业银行之间的资产负债表记录中央银行和商业银行之间的货币发行供应。每个商业银行都在中央银行开立账户,用于开展和中央银行的货币业务。中央银行是货币发行供应方,商业银行是中央银行的储户。中央银行发行供应的货币、买卖的商业银行资产都记录在中央银行和相关商业银行的资产负债表中。

中央银行发行的价值货币是社会剩余劳动价值累积的度量储藏和交易工具。中央银行不进行价值货币数量增减操作时,货币供应总量的变化主要是由债务货币数量变化导致的。

价值货币数量和债务货币数量之间能够实现转换,这是除发行供应方式外,由货币经营导致的价值货币和债务货币数量变化方式。通过举债经营产生的利润是价值货币,债务归还注销时,利润收益作为新增的价值货币数量被保留下来,价值货币发行总量因此增加相应数量。亏损的情况正好相反,通过举债经营产生的亏损会注销价值货币。债务归还注销时,亏损从自有本金中弥补,价值货币发行总量由此扣减相应数量的价值货币。

2.分模型二:商业银行供应模型

商业银行的货币供应是指商业银行向储户供应货币。商业银行之间的货币交易往来是货币在银行间的转移,不是货币供应,不对货币供应数量产生影响。

　　商业银行和央行之间的交易虽然产生货币供应,但在和中央银行的关系中,商业银行相当于中央银行的储户,商业银行接受中央银行的信贷债务,产生的货币数量变化是过渡性的,最终的影响将在储户层面体现。

　　商业银行的货币供应主要包括四种方式:

　　(1)商业银行向储户发放供应现金,兑换转移货币,出具票据,发行支付工具。

　　(2)商业银行根据储户存款向中央银行缴存存款准备金,发放贷款。

　　(3)商业银行向储户发放信用。

　　(4)商业银行向中央银行或储户买卖资产票据。

　　商业银行的货币供应主要是利用信用、贷款、债务等形式实现的,由此创造出的货币供应属于债务货币。商业银行的货币供应业务和货币经营业务是一体的,都以银行本金和储户储蓄存款为基础,主要用利息吸引存款,通过支付利息发放贷款获取收益的同时完成货币供应。

　　商业银行和中央银行都具备货币确认职能,能够在自己的账户中确认货币的合法性。因此,商业银行通过债务方式创造的货币是合法有效的,只有出现债务违约才会导致问题。尽管商业银行以自己的资产对货币供应导致的债务负责,但货币供应增加导致的各种后果应由货币发行方承担,但最终都转嫁给货币的持有者。法定信用货币制度的一项重要内容就是对银行货币经营的具体方式做出明确规定,防止商业银行激进经营,造成金融风险。

　　商业银行购买资产提供货币的方式需要严格监管,不然商业银行可能蜕变为投资银行,借道资产买卖来规避监管。资产买卖原本是属于资本金范围内的,如果动用储蓄和信用方式买卖资产,会造成巨大的金融风险。

商业银行和储户之间的资产负债表记录商业银行和储户之间的货币发行供应。储户在商业银行开立账户，用于开展和商业银行的货币金融业务。商业银行代理中央银行向储户提供中央银行货币，其无权发行货币，只能经营中央银行发行的货币。商业银行通过信用、贷款、债务等方式向储户创造债务货币供应。

商业银行向储户发行供应的货币，以及和储户间买卖商业银行资产的活动都记录在商业银行和储户的资产负债表中。商业银行和中央银行之间、商业银行和储户之间、商业银行和商业银行之间各有不同类型的账户和业务模式，各有不同类型的资产负债表。

商业银行向储户和其他商业银行发行供应的货币，要么来自中央银行，要么来自储户，要么来自其他商业银行，要么来自资本金和收益累积。无论货币来自哪里，不是价值货币，就是债务货币；不以货币形式呈现，就以资产形式呈现，表现为债权或债务。债权债务是对资产属性借贷关系的区分，价值货币、债务货币是对货币借贷关系属性的区分。

储户使用的货币全部来自商业银行，中央银行不和任何储户直接发生关系。这样的结构模式才能确保中央银行货币政策不出现外溢，确保没有脱离中央银行监管治理体系的特权机构。中央银行发行的价值货币代表剩余劳动价值累积，不能任意增减，只能从债务货币中转化而来。债务货币通过举债增加，通过消债减少，是具备供应弹性的货币。

采用不同资产负债表统计的货币金融数据是不同的。中央银行和商业银行之间，商业银行和储户之间都有明显的差异。因此，货币金融和经济统计需要根据统计对象和统计目标选择合适的资产负债表模型。货币金融经济统计是相对于特定资产负债表模型的相对统计结果。

3.分模型三:商业银行间转移模型

商业银行之间相互开立账户用以开展商业银行之间的货币交易支付和资产买卖。商业银行之间的资产负债表用以记录商业银行之间的货币转移。商业银行之间的货币转移是交易行为,也是货币的调剂,但不是货币的发行供应。法定信用货币制度禁止商业银行之间的货币发行供应行为,商业银行之间只能转移交易货币,不能创造货币。商业银行之间相互发放信用、贷款、票据等债务应进行严格管理,否则信用的应用就可能失控。商业银行作为货币发行供应体系的中间层,承担过渡、流通、转移职能。中间层出现放大或收缩货币发行供应的情况,都必须在中央银行的严格管控下,只有这样才能确保中央银行管控货币发行供应的能力不被窃取,储户的权益得到保障。

商业银行之间最主要的交易是资产买卖。商业银行间的资产买卖能够囤积、沉淀大量货币资金,还能通过资产买卖调剂流动性,调整资产结构和经营收益率。货币资金在商业银行之间囤积阻塞本身就会导致经济和金融的脱离,还会降低中央银行货币政策的效果,累积金融风险。

4.分模型四:储户间转移模型

储户之间的货币转移通过商品、劳务、服务、资产等载体的买卖实现。储户之间货币转移的本质是交易支付,在这个过程中货币表现为流动性,货币频繁流动表示交易旺盛、经济活跃。储户之间的交易由持有货币的多少决定,所以拥有货币就是拥有购买力。拥有的货币越多,能做的生意越大。一般而言,拥有货币的总量是衡量经济单位实力的主要指标。

储户通过消费、投资、亏损等方式注销自己持有的货币价值。储户通过劳动、劳务、经营方式创造货币价值。储户不能创造货币,只能创造货币价值。储户创造的货币价值作为社会货币总价值的一部分储存在单位货币价值和货币供应总量中。货币供应总量由中央银行和商业银行发行供应,作为交易支付媒介、价值储藏工具、记账计价工具和价值度量标准,用于社会劳动价值的转化度量和储藏。中央银行和商业银行既可以创造货币价值,也可以创造货币,这是法定信用货币最主要的特点。

储户通过劳动劳务定价以及生产经营方式获取的收益是储户的权益,也是价值货币。储户通过信贷举债从商业银行获取的货币是债务货币。举债归还后债务货币注销。使用债务货币经营出现亏损从价值货币中弥补差额,债务货币最终必须归还注销。使用债务货币经营出现盈利,增加价值货币供应,储户的劳动创造和经营获利是价值货币供应总量增长的关键因素。储户的价值货币、债务货币和资产都反映在储户的资产负债表和交易支付记录中,是统计核算的原始数据。

第五节　法定信用货币发行供应的性质特点分析

法定信用货币的发行和供应是一体的,由银行采用中央垄断金字塔式的货币发行供应方式向储户发行供应货币,发行的货币性质要么是价值货币,要么是债务货币。无论是价值货币还是债务货币,都是现金或账户货币的形式。货币的经营和使用都在银行体系的监督管理下,都是货币金融封闭体系的构成部分。这些因素都会导致法定信用货币成为独立、封闭、内循环运行的体系。内循环、自我循环也是法定信用货币制度下经济运行的主要特点。法定信用货币发行供应的性质特点可以简单总结如下。

1. 法定信用货币的货币价值是创造出来的

法定信用货币采用虚拟信用价值,虚拟信用价值没有实物形式的价值作为保障,是国家信用担保的货币价值。实物价值是自然开采出来的物质价值，因此不能凭空创造。信用价值不具形式，可以借助信用，通过货币制度创造货币价值。因此，信用价值的具体数值完全取决于制度设计和机制运行的结果。以货币制度确定的单位货币价值以及货币发行供应数量共同决定货币价值的实际购买力，还可以通过授信、担保、借贷、预支、贴现等方式直接创造货币价值。货币价值可创造性是法定信用货币制度本身的制度安排。

2. 剩余劳动价值提供货币正价值，信贷和债务创造提供货币负价值

货币价值是剩余劳动价值价值量的代表，任何形式的货币价值都是剩余劳动价值的度量手段和储备载体。因此，货币发行供应及货币总价值和剩余劳动价值量匹配，代表剩余劳动价值的货币数量提供正价值，是价值货币。通过各种信贷和债务方式创造的货币虽然以货币的形式向社会发放，也具备相同的购买力，但是这种货币不是剩余劳动价值的储备，而是透支预支借贷的货币价值，其本质属于债务，是负价值的债务货币。因此，通过信贷超发货币不会导致相应的剩余劳动价值增加，反而因为对未来购买力的预支透支，会导致剩余劳动价值在单位货币价值中被稀释，继而导致单位货币价值降低和购买力下降。只有当信用和债务增加的货币供应创造出新的剩余劳动价值时，举债才具备积极的作用。如果信用和债务增加创造的货币供应产生亏损，会加速价值货币的减少和剩余劳动价值的注销。

3. 货币供应数量能够人为增减，是调控经济的货币政策工具

在法定信用货币制度中，债务货币数量能够通过信贷方式人为增减。中央银行可以通过调控债务货币供应的方式对经济运行进行管理。当中央银行收紧债务货币供应时，就可以给经济降温。经济将在价值货币和央行允许的债务货币供应总量的范围内运行。当中央银行放松债务货币供应时,就可以给经济增添动力,经济将在价值货币和新的中央银行允许的债务货币供应总量范围内运行。这种债务供应的管理模式就是中央银行货币政策的执行工具。实物货币既无须中央银行操纵货币供应,也不涉及货币政策和政策工具。法定信用货币的信用应用能创造货币供应,赋予中央银行主动影响经济运行的能力。因此,法定信用货币制度下的经济是建构经济,法定信用货币制度下的经济学属于建构经济学。

4. 货币供应数量反映货币的流动性程度和社会购买力程度

在法定信用货币制度中,价值货币和债务货币具备同样的形式和购买力,货币供应量以需求和购买力的方式进入经济体,货币供应增加会导致需求增加,推动经济增长。货币供应减少会导致需求减少,使经济运行减速。货币供应总量代表经济体的总需求能力和流动性保有程度,经济运行是货币供应总量作为总需求不断周转运行的结果。货币供应数量既反映社会需求能力和购买力,也维持经济运行的流动性程度,是观察经济和货币金融运行的重要指标。

5. 货币供应是偏好型的社会分配方式

市场经济制度既是生产供应机制,也是社会分配方式。货币制度是经济制度中承担分配职能的机制,是经济运行的血液和动力。法定信用货币作为主动建构型的货币,在履行社会分配职能时不可避免地会带有偏好性。偏好性由资本拥有量决定,通过货币政策和经济政策的支持方向传达,被支持的行业将得到强化,被抑制的行业将受到约束,经济运行由此出现偏好性分化,最终导致社会整体性贫富分化加剧。

6. 货币供应成为政府发展经济的手段

法定信用货币制度的货币供应是可控的,债务和信用能够增加社会购买力,货币供应因此成为政府发展经济的手段,能够通过货币供应来推动经济增长。法定信用货币制度的这种特点不应被视为风险,而应被善加利用,成为发展中国家脱贫致富、走上发展道路的科学指导。货币供应作为一把双刃剑,既是政府推动经济发展的手段,也是寅吃卯粮、借债度日的工具,要如何合理使用,实现怎样的结果,并不是意识形态优劣所致,而是因人而异造成的结果。

7. 货币供应是商业银行牟利的工具

货币供应是商业银行最主要的货币经营方式,商业银行通过信用、贷款和债务方式供应债务货币,赚取利差和服务费,货币供应因此也是商业银行最主要的牟利工具。商业银行逐利的本性通过积极推动债务货币扩张表现。寄希望于商业银行自律是不现实的。信贷规模、信用运用方式都必须接受统一管理才能确保货币价值和购买力不受侵蚀。商业银行运用信用开发新产品是增加货币供应的主要方式。当然,新的货币金融产品上市必须得到中央银行核准后才能推向市场。管理好商业银行的货币供应和信用开发是控制货币金融风险的关键。大部分金融风险不是企业的问题,而是中央银行和商业银行的问题。

第九章　法定信用货币的货币价值

第一节　法定信用货币价值的来源和构成

法定信用货币价值的来源、产生方式和注销方式

由于法律制度禁止抢劫、欺诈、偷窃,经济制度规定劳动是法定的价值创造方式,因此,无论什么货币制度下的货币价值都来源于劳动,都由劳动价值构成货币价值。货币价值都是剩余劳动价值的累积。货币价值通过劳动经营创造,储藏在单位货币价值和货币数量中,通过劳动和经营获利产生,通过消费投资和亏损注销。对任何货币制度而言,当货币价值创造大于注销时,货币总价值增加;当货币价值注销大于创造时,货币总价值减少。所有社会成员创造的货币价值,都以单位货币价值为基本单位,累积储藏在货币供应总量中。

法定信用货币的价值同样源于劳动价值,同样由剩余劳动价值累积构成。法定信用货币价值的产生方式包括劳动创造货币价值、货币经营产生利润、信用生成货币价值、债务生成货币价值四种方式。法定信用货币价值的注销方式包括消费注销货币价值、亏损注销货币价值、投资注销货币价值、债务归还注销货币价值四种方式。

劳动创造货币价值是通过劳动服务定价将劳动价值转换为货币价值。劳动创造货币价值也是最主要的货币价值产生方式。在法定信用货币制度中,劳动价值既能转化为货币数量,也能转化为单位货币价值,不同国家货币之间的汇率差异表现的就是不同货币单位含有的劳动价值差异。

货币经营产生利润方式是指货币价值作为储藏的劳动价值

被用于生产经营创造出新劳动价值或者利润收益。买卖商品赚取价差是典型的经营产生利润的方式。经营利润主要表现为货币数量的变化,从而不对单位货币价值产生直接影响。

信用生成货币价值方式是指银行利用货币供应机制采用信用方式增发货币的方式。信用生成方式同时生成货币数量和价值,是主动增加货币供应的主要方式。

债务生成方式和信用生成方式类似,银行利用货币供应机制,通过贷款举债方式产生新增的货币供应。债务生成方式同时生成货币数量和价值,也是增加货币供应的主要方式。

消费、投资和亏损方式注销货币价值是普遍且主要的货币价值注销方式。日常消费的各种产品和服务都是注销货币价值的方式。投资注销货币价值和消费类似,只注销货币价值,不注销货币数量。投资也是一种消费,只不过是消费投资品罢了。消费方式只注销货币价值,而不注销货币数量。货币数量注销需要中央银行和商业银行这种货币发行供应机构注销。

生成注销货币价值和生成注销货币数量之间的区别其实很好理解。货币数量由银行决定,通常在交易中转移,只要银行不注销货币数量。货币数量不会因为盈利增加,也不会因为消费亏损减少。银行主要在消债时注销货币数量,所以归还贷款会降低货币供应总量。另外,本币流向国外也会导致本币供应数量缩减。货币价值主要通过经济活动增加或减少。例如,买入苹果付出货币,支付的是自己的劳动价值,而吃掉苹果是自己劳动价值的注销。货币数量在这个过程中并不发生变化,而是转移给卖出苹果的人继续用以度量劳动价值的产生和注销。

法定信用货币价值的构成

货币价值由劳动价值构成,是劳动价值中扣除成本剩余的能够储藏在货币中的价值。用公式表示为:

货币价值 = 剩余劳动价值累积 = 劳动价值 – 劳动成本

货币总价值＝社会剩余劳动价值总值＝单位货币价值×货币供应总量

具体到法定信用货币的货币价值，从法定信用货币的发行供应来看，银行可以通过举债方式供应货币，货币价值中包含信用和债务，因此，法定信用货币的货币价值由劳动价值和债务构成，劳动价值作为价值货币，债务作为债务货币。用公式表示为：

货币总价值＝价值货币总价值＋债务货币总价值

货币总价值＝单位货币价值×（价值货币供应总量＋债务货币供应总量）

以上公式是法定信用货币价值构成的基本公式。

另外，从国际层面来看，任何国家的货币总价值都由本币总价值、黄金、外汇和外债构成，国家的货币总价值构成用公式表示为：

国家货币总价值＝本币总价值＋外汇储备价值＋黄金储备价值－外债

尽管外汇流入、流出会影响本币供应量，但在采用借贷关系记账的货币供应中，外汇相当于持有的外币债权，在本币借贷关系中自然需要记入本币价值，由此增发的货币供应并不算重复记账。

由公式可知，从国际角度来看，人民币的总价值是中国持有的黄金储备加外汇储备再加人民币本币总价值，减去外债后的总值，外汇占款无须单独扣除。

法定信用货币的单位货币价值

法定信用货币的单位货币价值由剩余劳动价值构成。用公式表示为：

单位货币价值＝劳动价值－劳动成本＝剩余劳动价值

单位货币价值是货币价值的平均价值，每个单位货币含有的货币价值是相等的,单位货币价值不仅是劳动价值的度量基本单位,也是各种经济价值的度量基本单位。

单位货币价值也是货币总价值和货币供应总量的比值,用公式表示为:

单位货币价值 = 货币总价值/货币供应总量

单位货币价值 = 货币总价值/(价值货币供应总量 + 债务货币供应总量)

公式说明在法定信用货币制度中,经济现象具备金融属性。货币总价值和货币供应总量都是变量,因此,单位货币价值也是随物价变化的购买力。法定信用货币的单位货币价值受举债规模的直接影响。

由此可知,影响单位货币价值的因素包括货币总价值、货币供应总量、社会剩余劳动价值总值、价值货币供应总量、债务货币供应总量、利率和汇率。

从国际层面来看,各个国家的劳动定价不同,因此,各个国家的货币价值中所含有的劳动价值量是不同的,也就是说各个国家有自己的单位货币价值。货币各有各的汇率,这是由单位货币价值中含有的劳动价值量差异所致。如果将国际劳动价值基准作为劳动价值的基本单位,每种货币的单位货币价值可以表示为:

单位货币价值 = N × 国际劳动价值基准

法定信用货币单位价值保障

在法定信用货币制度中,确保货币价值是指确保货币购买力,也就是确保实际单位货币价值。法定信用货币单位价值保障的具体方法可以归纳为货币发行和经营监管、货币供应管理、货币发行准备三个方面。管理好这三个主要的方面就能管理、保障好单位货币价值。

从货币价值公式可知:

货币总价值＝单位货币价值×（价值货币供应总量＋债务货币供应总量）

中央银行负责宏观货币发行供应管理工作，单位货币价值保障在中央银行层面表现为对债务货币供应总量的监控和管理，也就是将信用、贷款、举债的总量控制在一定水平上，通常不超过价值货币总量的水平。

中央银行负责宏观货币政策制定与实施和经济环境建构工作。利率是宏观调控和经济环境建构最主要的工具。在相对和谐均衡的经济环境中，货币流通顺畅，传导深入广泛，单位货币价值才不至于因为扭曲阻滞而受到影响。

中央银行负责商业银行的监管、治理、救助工作。当商业银行出现经营支付困难时，中央银行应果断采取对策，维护银行间拆借利率和资金供应的合理运行，防止不良影响扩散，阻止危机的发生。中央银行通常采用贷款、买卖票据及直接买卖资产的方式供应资金，来缓解危机。

商业银行负责信用、贷款、债务的发放。商业银行供应债务货币的总量必须限制在资本金、收益累积和储蓄的总量范围内，必须满足存款准备金率的要求。过度举债可以定义为超越资本和储蓄总量的举债、贷款和信用应用，所以信用卡、永续债、信贷额度等计算在举债范围内，都是债务货币供应的一部分，都需要控制在举债规模之内。中央银行和商业银行共同将货币发行供应总量保持在价值货币总量的范围内，才能确保信用价值不沦落为债务价值，才能维护法定信用货币的基本原则，才能坚守法定信用货币的价值底线。

采用实物价值的货币因为具备内在实际价值，因此不涉及价值保障问题。信用价值是虚拟价值，没有内在实际价值，完全依靠信用，因此，内在价值空洞不确定的特点是信用价值最大的风险。这就需要时时刻刻将货币价值保障作为法定信用货币的核心任务加以对待。货币政策、经济政策、货币制度、货币经营管理等各个环节都要体现出对货币价值的保障,兑现货币价值保障的各项安排。

在法定信用货币制度中,货币价值概念已经淡化,主要通过货币价格和货币购买力反映单位货币价值。货币价格也不是源于自身内在价值定价,而是基于相对比较的方式确定价格,因此,法定信用货币的价值保障只能从货币供应角度实施,从管理好货币供应总量入手,从信用、债务、贷款层面实现严格管理,从而保障法定信用货币的单位价值。

货币价值保障不要寄希望于武力和政治,在经济困境面前,靠军事和政治力都是主观的一厢情愿。人类历史上没有靠武力维持繁荣的先例,只有诚实劳动才能拥有美好的未来。

法定信用货币的总价值

法定信用货币的总价值并不常用,但在理解货币供应总量和单位货币价值时不可或缺。货币统计和经济统计主要使用货币供应总量作为货币总价值使用,因此,在现实应用中需要注意货币总价值和货币供应总量的区别。

货币总价值等于社会剩余劳动价值累积的总价值和债务货币供应总价值之和。使用债务货币供应总价值和债务货币供应总量等概念的原因在于区别债务。有些债务是纯粹的债务,不产生货币供应,不影响货币的供应总量,因为不是债务货币,所以就不在讨论的范围之内。

货币总价值与社会剩余劳动价值总值及债务货币供应总价值之间的关系可以用公式表示为:

货币总价值 = 社会剩余劳动价值总值 + 债务货币供应总价值

货币总价值 = 单位货币价值 × (价值货币供应总量 + 债务货币供应总量)

社会剩余劳动价值总值＝单位货币价值×价值货币供应总量

债务货币供应总价值＝单位货币价值×债务货币供应总量

货币总价值代表社会总购买力，社会需求无论多大，都通过货币供应总量的周转次数释放，也就是通过货币总价值周转。

货币总价值在单位货币价值和货币供应总量中分配储藏。在货币供应总量不变的情况下，产生的劳动价值主要分配在单位货币价值中储藏。这也是实物货币制度的典型价值储藏方式。当单位货币价值不变时，剩余劳动价值主要储藏在货币供应数量中，货币总价值增长通过货币数量增加而有所表现。

货币总价值增长可能是劳动价值创造累积大于消费的结果，也可能是举债增发债务货币导致的结果。究竟是哪种因素造成的，都可从物价和收入的关系中找到答案。货币总价值增加会推动经济发展，但长期的经济发展只能靠价值创造累积大于消费，盈利大于亏损的价值货币总值的增长。

从公式可知，在价值货币供应数量保持不变的情况下，人为增加债务货币供应数量会增加货币总价值，也会摊薄单位货币价值。这就是为什么举债创造货币供应能够推动经济发展，但又会导致通货膨胀、降低货币购买力。

经济发展可以定义为单位货币价值和价值货币供应数量的同时增长。经济发展就是不断地累积价值货币，提高货币购买力水平。经济发展需要管理好债务货币供应。债务货币供应总量的最大值，也就是举债的最大能力，举债能力不应超过价值货币供应总量，也就是不应超过剩余劳动价值总价值。这是中央银行信贷债务管理的基本原则。

第二节　法定信用货币的价值、价格和定价

法定信用货币的名义价值、实际价值和价格

法定信用货币的名义价值、实际价值和价格是三个不同的概念,需要辨别清楚。名义价值是法定的货币价值,人民币 1 元就是法定价值,也是名义价值。实际价值是由社会剩余劳动价值总值和价值货币供应总量确立的价值。法定信用货币的价格是相对于物价指数的购买力。这三个概念用公式表示为:

名义价值 = 法定价值

实际价值 = 社会剩余劳动价值总值/价值货币供应总量

货币价格 = 购买力 = 货币总价值/(价值货币供应总量 + 债务货币供应总量)

在之前的论述中,笔者出于方便理解的目的并没有对单位货币价值做区分,现在我们发现单位货币价值实际上可以有三种不同的状态,分别是名义价值、实际价值和价格。而单位货币价值 = 货币总价值/(价值货币供应总量 + 债务货币供应总量),这个公式中的单位货币价值竟然是货币价格。导致单位货币价值变成货币价格的原因是债务货币供应总量。只要动用信贷创造债务货币,单位货币价值就会变成货币价格。但是,为了保持描述的一贯性,笔者仍然使用单位货币价值替代货币价格。以后所有的公式也都用货币总价值 = 单位货币价值×(价值货币供应总量 + 债务货币供应总量)表示。

法定信用货币的单位价值之所以出现名义值和实际值,是因为法律规定了名义值,所以实际计度量价值时就有了实际值。又因为债务货币供应,在实际值的基础上产生货币价格,所以法定信用货币的货币价值就出现三种形式,即名义价值、实际价值和货币价格。名义价值是法定的货币价值。实际价值是在

没有债务的情况下,由社会剩余劳动价值累积在价值货币发行供应总量下产生的单位货币价值。当出现债务货币供应时,此时的单位货币价值就是货币价格。实际值和价格之间的差异由债务货币供应决定。

货币价格可以看作有债务货币供应时的物价指数的倒数,实际价值可以看作没有债务货币供应时物价指数的倒数。货币价格和货币的实际价值都与物价指数相对应,由是否产生债务货币供应决定。因此,货币实际价值和货币价格又可以表示为:

实际价值 = 1/物价指数(无债务货币供应时的价格指数)

货币价格 = 1/物价指数(有债务货币供应时的价格指数)

法定信用货币的名义价值、实际价值和货币价格之分,是在货币价值采用信用形式后才产生的。货币在实物价值时期价值和价格一致,名义价值和实际价值相等,不存在价值和价格之分,也没有货币的名义价值和实际价值之分。在法定信用货币制度中之所以出现货币价格的概念,是因为法定信用货币的信用价值空泛,缺乏实际内容,又没有实物价值做支撑。货币价值的参照在国内是物价,表现为购买力。又因为债务货币供应出现价值和价格之分,所以货币价格随货币实际价值波动的本质是债务货币供应总量的波动。如果债务货币供应总量为零,货币实际价值就与货币价格相等。

法定信用货币的实际价值和货币价格在国内都采用物价指数进行度量,在国际上采用相互比较的方式确立价格,也就是货币的汇率。由于汇率和物价经常波动,货币价值的实际购买力随物价和汇率的变化而变化,都以价格方式呈现。我们很少能用到货币价值,通常都将货币价格作为价值使用。

法定信用货币的国内价格 = 货币购买力 = 1/加权平均物价指数

法定信用货币在国外的价格 = 汇率 = 货币价格 1/货币价格 2

法定信用货币的价值和价格都是相对的比较值,不是绝对值;是随经济发展的波动值,不是固定值;是相对于物价指数的外在比较值,不是像黄金那样的内在价值。

从经济的角度来看,市场化的定价体系将各种商品、资产、劳务价格联系在一起形成整体,所有商品、资产、劳务的价格在市场中是联通的,都以货币价值为参照,都是相对于货币定价。货币体系和经济体系各自独立,又紧密联系在一起。货币价值和经济价格指数是同一体的两面,商品价格和货币购买力相对应。物价指数作为实际购买力的表示,可以作为货币价值和价格的确立因素。

法定信用货币的定价方式

法定信用货币的价格是指法定信用货币的单位价格,是单位货币价值在市场交易中产生的价格。由于法定信用货币的价格源自货币价值,因此货币价格也由劳动价值构成。虽然货币价格经常随市场交易波动,但货币价值是货币价格的价值中枢,货币价格是在货币价值的范围内波动。

法定信用货币的价格可以通过和物价比较产生,也可以通过和资源资产价格、劳动力价格或者其他货币比较产生。货币价值的本质源于等价交换,经济价值与货币价值交易时的价格就是货币价格的反映。

1.加权商品物价指数定价方式

加权商品物价指数 = N × 单位货币价格

商品的加权物价指数不仅可以衡量物价的涨跌,也可以衡量货币的价格和单位价值。国际上流行的采用各国汉堡价格比较货币购买力的做法就是应用的这种方式。我们既可以用相同商品构成的加权商品物价指数比较不同国家货币的单位价格,也可以采用加权商品物价指数的倒数进行比较,两种方式是一样的。

2.劳动服务价格指数定价

由于货币价值由劳动价值构成,劳动服务价格也可以作为单位货币价格的衡量标准。通常将加权平均工资薪酬指数作为单位货币价格用以衡量单位货币价值的变化。这一关系可以表示为:

加权平均工资薪酬 = N × 单位货币价格

3.资产资源加权价格指数定价

对于国民经济以资源资产为主的经济体而言,可以建立相应的加权价格指数,用以衡量单位货币的价格。这一关系可以表示为:

加权资源资产价格 = N × 单位货币价格

从这里可以看出货币价格的确立与国家的资源禀赋密切相关。国家的经济竞争力体现在哪里,哪里就是货币价格的基础。

4.行业商品价格指数和国民经济价格指数定价

基于各个行业商品价格可以建立价格指数,用以表示单位货币的价格,所以可以表示为:

加权行业商品价格指数 = N × 单位货币价格

国民经济前十位的行业价格指数经过加权可以作为国民经济价格指数,用以衡量货币价格。这一关系表示为:

加权国民经济价格指数 = N × 单位货币价格

5.汇率形成机制

不同货币之间的单位货币价格相互比较产生双边比较结果的汇率。货币价格和一篮子货币多边比较结果产生基于货币篮子的汇率。也就是说:

货币价格1/货币价格2 = 汇率

由以上公式可知:

(1)法定信用货币的价格是相对值,选取什么价格作为比较标准,就会得到怎样的价格结果。各种价格产生方式各有特点、各有偏好,都只能反映部分单位货币的价格水平。

(2)可供选择作为货币价格标准的对象很多,劳动服务类的工资薪酬价格、商品价格、资源价格、资产价格、金融产品价格、知识产权专利价格等都可以作为衡量单位货币价格的对象。每种商品的价格都是衡量单位货币价格的对象。选取什么对象建构单位货币价格数值取决于研究的对象和要实现的目标。不同对象表现出的购买力不同,这恰恰说明货币价格是相对于交易对象衡量产生的价格,是动态围绕价值波动的,是经济体系不同层面、不同领域的反映。而货币价值是静态的,基于货币供应产生的,是内生基于劳动价值产生的,一定要求两者完全相等是没有道理的。不同国家货币价格之间的比较,恰恰反映出各国经济竞争力和资源禀赋之间的差异。当我们使用商品物价指数进行比较时就可以发现其中的差异性。

(3)货币价格是由单位货币和不同种类的经济价格比较结果确定的。消费品、工业品、资源、地产、债券、股票等不同对象呈现的相对单位货币价格的差异很大,如果细化到每种商品,其差异就更大。但将这些价格综合加权后就能基本反映出单位货币价值的具体数值,甚至反映出货币供应总量和经济规模的平衡情况。不同商品价格经过倒数处理后,既是货币价格的分布,也是货币价格的修正,因此,综合加权值可以作为单位货币价格使用。而采用汉堡价格衡量各国货币购买力的方式简单粗暴,可比性很低。黄金作为单位货币购买力的评价标准远比汉堡准确。

(4)不同经济体、不同国家、不同时期的物价指数和权重各不相同。各国编制价格指数时采取的原则相同,但具体内容有很大差异。各国根据国家经济结构、经济特点、资源禀赋、竞争力特点、货币供应总量和举债规模,有针对性且实事求是地编制适合本国国情的物价指数,以此衡量本国货币供应数量和单位价值以及物价间的实际关系,同时建立各级物价指数和综合物价指数。这也是中央银行观察货币价格和数量运行情况的有效指标,是制定货币政策的依据。

(5)货币是价值度量工具。单位货币价格是单位货币的即时价值,也是单位货币的购买力。持有何种货币就是持有这个货币具有的购买力。保持货币购买力就是保持物价稳定,减少货币价格波动。实物货币价格和价值是一体的,没有价值保障问题。法定信用货币涉及货币价值和价格之间的差异,因此,确保单位货币价值的坚实可靠和单位货币购买力的持久稳定,才能防止货币价格大起大落从而影响经济活动正常开展。持续贬值的货币购买力会动摇货币的信用和价值基础。持久稳定的货币购买力才能为经济发展创造良好的环境。

(6)统一单位货币价格度量方式,是货币学最重要的课题。单位货币价格是相对于国内价格和国际价格的购买力而言的。要在国内和国际两个层面统一单位货币购买力,首先需要实现全球化的资源和商品的一体化配置。

第三节　法定信用货币的价值数量关系

货币价值和数量之间的基本关系

货币价值和数量之间的关系是货币理论中最重要的内容,由货币总价值和货币供应总数量之间的关系、单位货币价值和货币供应总数量之间的关系、货币总价值和单位货币价值之间的关系三种关系模型构成。这三种关系模型是统一的整体,用公式表示为：

货币价值＝单位货币价值×货币数量

货币总价值＝单位货币价值×货币供应总量

任何货币制度，无论是实物货币制度还是金本位货币制度，又或是法定信用货币制度，以及未来的货币制度，都涉及货币数量、单位货币价值和货币总价值之间的关系问题，都符合公式表示的基本关系，只是具体表现形式略有差异。三种关系既可以结合成一个有机整体，又是两两之间相互作用的对象，具体如何表现，取决于货币制度如何安排。

从公式可知：

（1）单位货币价值和货币供应总量的乘积等于货币总价值。货币供应总量和单位货币价值总是成反比，货币供应越多，单位货币的购买力越少。

（2）货币价值数量关系公式是适用于各种货币制度的基本公式。不同货币制度各自有自身的特点，货币价值数量关系公式也因此有符合货币制度特点的具体形式，以及和货币制度相匹配的经济运行方式。所以，经济学是相对于货币制度的相对的经济学，不是普适的绝对的经济学。

（3）货币总价值代表社会总需求，是确保当前经济运行的基础，也是创造新需求的基础。货币总价值作为社会总购买力，由单位货币价值、货币数量和周转次数共同决定。货币总价值的增长要从总需求中创造得来。需求是创造货币财富的动力。

（4）货币供应总量和单位货币价格的变化都会导致经济的波动。反过来看，供需的变化也会导致货币总价值的波动，进而影响货币供应总量和单位货币价格的变化。货币总价值、单位货币价值和货币供应总量，三者借助经济因素相互作用形成一个动态的有机体。货币总价值、单位货币价值和货币供应总量之间构成的关系模式，从长期看是整体均衡匹配的，各个因素都围绕均衡位置波动。任何一项因素发生变化,都会造成其他因素的调整。单位货币价值和货币供应总量总会达到和货币总价值均衡匹配的位置。这个均衡位置总是动态的,可以采用博弈论的模型来计算货币总价值、单位货币价值和货币供应总量关系的相互作用和运行。这种关系通过经济活动实现调整,达成匹配平衡状态,这既是经济运行的基本方式,其相互之间的落差也是经济运行的动力。金融危机触底反弹和自我修复都是在这种机制下实现的。

(5)法定信用货币运用信贷后货币供应总量由价值货币供应总量和债务货币供应总量构成,原本的三种关系模式变为六种关系模式,但其性质不变,只是变得更加复杂,是原有关系的延伸。

货币价值数量关系的应用分析

货币价值数量关系最典型的应用就是通货膨胀和通货紧缩。实物货币的价值数量关系表现为通货紧缩模式,法定信用货币的价值数量关系表现为通货膨胀模式。因此,我们也可以得出结论:经济学是相对于货币制度的相对的经济学,是建立在货币制度基础上的经济学。我们现在有些经济学相关书籍将实物货币制度和法定信用货币制度的经济现象放在一起讨论,这是不对的。

从货币价值数量关系公式来看:

货币总价值 = 单位货币价值 × 货币供应总量

通货紧缩模型表现为:当货币供应总量不变时,货币总价值增长只能通过单位货币价值增加体现。经济在这种货币制度中运行时,经济增长产生的劳动价值和货币总价值增长都储存在单位货币价值中,因此,导致货币购买力升值和物价下跌,经济发展的结果是通货紧缩,经济体以通货紧缩模式运行。在实物货币制度中,货币供应总量增加缓慢相当于货币供应总量不变,货币价值数量关系主要表现为货币总价值和单位价值之间的关系。劳动产生的剩余劳动价值主要储存累积在单位货币价值中,经济增长的结果是单位货币价值提高,经济以通货紧缩模式运行。例如,秦始皇修长城、隋炀帝开凿大运河这类大型基础建设工程常常会拉动经济大幅增长,在货币紧缺的情况下导致单位货币价值大幅提高,物价处于紧缩状态,再加上繁重的徭役,容易引发农民起义。资本主义在发展初期采用金本位货币制度时,也经常发生经济危机。除了大规模生产导致的产品过剩,也与经济增长和货币供应不匹配导致的通货紧缩有关。

通货膨胀模型表现为:当单位货币价值不变时,货币总价值增长只能通过货币数量增加体现。经济在这种货币制度中运行时,经济增长产生的劳动价值和货币总价值增长都储存在货币数量中,因此,导致货币供应总量随经济发展不断增加,货币购买力下降和物价上涨,经济发展的结果是通货膨胀,经济体以通货膨胀模式运行。

在法定信用货币制度中,单位货币价值和货币供应总量都是变量,劳动产生的剩余劳动价值既可以储存在单位货币价值中,也可以储存在货币供应总量中。法定信用货币的价值数量关系主要表现为货币总价值、单位货币价值和货币数量之间的相互作用。法定信用货币实际购买力的变化,是货币供应总量和货币总价值相互作用的结果,劳动产生的剩余劳动价值主要储存累积在货币供应总量中还是在单位货币价值中,是可以自由选择的。经济增长的结果主要表现为货币供应总量的持续增加和物价上涨,经济以通货膨胀模式运行。

在采用法定信用货币制度之前,历史上的经济运行模式都是通货紧缩模式,主要表现为物价下跌的经济危机。在放弃金本位采用法定信用货币制度后,通货紧缩就再没有出现,即使生产过剩更加严重,也不再有通货紧缩现象,反而代之以通货膨胀和金融危机。这些现象都是货币制度决定的货币总价值、货币供应数量和单位货币价值三者之间的关系造成的。一般而言，货币制度决定货币总价值的分配储藏方式，货币总价值的分配储藏方式决定经济运行模式，具体来说，就是货币总价值在货币数量和单位货币价值之间的储藏方式决定经济以通货膨胀还是通货紧缩模式运行。

法定信用货币价值数量关系的基本模式

从货币价值和数量之间关系的基本公式可以得出法定信用货币价值数量关系的基本模式。由于法定信用货币的货币数量由价值货币和债务货币两部分构成，法定信用货币价值数量关系的基本模式具体表现为：

货币总价值 = 货币单位价值 × (价值货币供应总量 + 债务货币供应总量)

货币总价值 = 价值货币总价值 + 债务货币总价值

也可以表示为：

价值货币总价值 + 债务货币总价值 = 货币单位价值 × (价值货币总量 + 债务货币总量)

从公式可知：

(1)法定信用货币的货币供应总量由价值货币供应总量和债务货币供应总量共同构成。货币总价值在单位货币价值、价值货币供应总量、债务货币供应总量三方面进行分配。由于债务货币供应总量能够人为增减，价值货币供应总量可以通过债务货币转换增减，因此，四者之间是相互影响的关系。

(2)法定信用货币的单位货币价值在各国国内是法定不变的，该值作为单位货币价值的名义值，通过物价波动表示单位货币价值的实际值。除非需要计算名义值和实际值，否则都采用名义值作为单位货币价值，而将实际值视为物价波动。法定信用货币的单位货币价值在国际范畴中不再是法定值，而是由市场定价决定的变量。单位货币价值的国际定价会对国内价值数量产生影响。

（3）在法定信用货币制度中,劳动经营产生的剩余劳动价值无差别地在价值货币和债务货币中储藏,因此,人为扩大举债增加货币供应数量会摊薄单位货币价值的实际值,也就是降低货币购买力。当需要提高货币币值时,应减少相应的货币供应数量。当政权更迭或者要废除旧币采用新币,又或者实施货币币值改革时,处理原有货币和新货币之间的关系也可以采用该公式。

（4）在法定信用货币制度中,货币总价值是社会总需求,也是社会总购买力。当货币总价值不变时,如果出现债务货币供应增长,也就是增加债务,说明债务货币供应增长没有导致货币总价值出现同步增长。举债增加的货币价值要么用于消费,要么出现投资亏损。货币供应总量的增加反而导致单位货币价值降低。如果债务货币供应增长导致货币总价值出现同步增长,说明举债推动经济增长并创造收益,债务货币转换为价值货币,货币供应总量出现实质增长,举债发展产生积极效果。当然,长此以往会导致通货膨胀。印钱撒钱增加货币供应的方式,因为不是劳动创造价值,所以不会增加实际的剩余劳动价值。虽然货币数量通过印钱的方式增加,但在剩余劳动价值总值不变的情况下,最终会反映为单位货币价值降低,摊薄单位货币价值购买力。由于法定信用货币的名义价值是法定不变的,货币实际价值降低通过物价上涨反映,宏观表现为通货膨胀。法定信用货币价值数量关系的基本模式也是反映通货膨胀的基本模型。

（5）在法定信用货币制度中,货币供应总量是可以通过举债和信贷人为增减的变量,不仅经济活动能够创造货币价值,银行也能创造货币数量。由于货币总量决定开展经济活动的规模,相当于总需求,而且货币数量涉及每个人分到的货币量,涉及能够运用的货币数量,因此调控货币供应总量能够人为影响经济运行。增减货币供应数量和单位货币价值能够增减社会总需求和总购买力。这是法定信用货币可以采用货币供应方式推动经济增长的理论基础。考虑到扩张债务货币对经济的推动作用和对货币购买力的降低作用,任何经济体都存在一个适合于自身特点的位置。在这个位置上,债务货币供应能够最大限度地兼顾购买力和经济发展。这个位置也是货币政策的核心指标。

(6)在没有产生任何债务货币供应时,价值货币和物价之间的关系为实际价值和名义价值相等的关系。当有债务货币供应时,债务货币会摊薄单位货币的价值。只有产生收益将债务货币转化为价值货币的过程一直持续下去才是经济增长。不产生货币供应的举债是货币的转移,不是货币价值数量的关系。在法定信用货币制度下,在国内经济中,货币以扩张为基本模式,经济增长表现为以通货膨胀为特征的货币数量持续增加。货币收缩只能通过消债或亏损注销货币。人为调控的货币收缩主要是信贷债务收缩,这种方式对价值货币的供应总量影响不大。

(7)通过信贷能够增加货币供应。通过汇率、利率能够提升单位货币价值和购买力。货币财富总价值既可以通过增加价值货币供应总量的方式实现增加,也可以通过增加债务货币供应量的方式实现增加,还可以通过增加单位货币价值购买力的方式实现增加。这三种方式是货币政策的基本工具,也是促进经济发展的基本模式。例如,美国采用强势美元政策就是通过增加单位货币价值购买力的方式推动美国经济增长。美国采用大幅举债的方式就是通过增加债务货币供应量的方式推动美国经济增长。

法定信用货币价值数量关系模式的扩展分析

法定信用货币价值数量关系模式涉及几个基本的现实应用问题。

(1)货币总价值如何在单位货币价值和货币数量中分配?

(2)单位货币价值和货币供应总量如何相互作用?

(3)货币供应总量怎样影响货币总价值?

(4)怎样运用货币供应总量促进经济发展?

(5)怎样运用单位货币价值促进经济发展?

以上问题都可以从法定信用货币价值数量关系的基本模型中推导出结论。由于不同国家的经济结构不同,货币制度略有机制上的差异,风俗习惯和经济偏好也有很大的不同。以上问题的具体答案各有差异,这也就是俗话所讲的国情不同,经济表现也就不同,要具体情况具体分析。

1.货币总价值如何在单位货币价值和货币数量中分配

在法定信用货币制度中,货币总价值包括剩余劳动价值累积和债务货币供应创造两部分,因此,货币总价值在单位货币价值和货币数量中的分配本质是价值货币和债务货币与经济发展的关系,具体来说就是劳动、消费、投资三者的关系。银行是唯一能够掌握宏观价值货币和债务货币供应情况的机构。宏观经济政策的制定实施本质上可以看作协调劳动、消费、投资三者关系在单位货币价值、价值货币供应总量和债务货币供应总量中的合理分配和相互转化。

2.单位货币价值和货币供应总量如何相互作用

单位货币价值和货币供应总量之间的相互作用在国内和国际的表现是不同的,应区别看待。单位货币价值在国内通过物价表现为购买力,价值货币供应总量是物价的基础,债务货币供应总量是增量。单位货币价值和货币供应总量之间的相互作用,就是建立在价值货币供应总量和债务货币供应总量确立的浮动范围内的波动,主要通过货币在商品价格、品种、数量层面中的流量表现。对于民众而言,主要是对价格的切身感受,但在经济分析中实际是商品价格、品种、数量三方面货币分布导致的影响。在国际层面的表现就更为复杂,不能单纯地说货币供应增加就会导致汇率贬值。中国经济持续发展伴随货币供应持续大幅增长的同时汇率也在不断升值。国际形势动荡、美元的大幅波动,都可能直接影响汇率,进而冲击货币供应。因此,单位货币价值和货币供应总量相互作用的结果应该要根据公式涉及的因素针对具体对象具体分析。

3. 货币供应总量怎样影响货币总价值

货币供应总量如何影响货币总价值应该是和如何影响单位货币价值一起研究的问题。在法定信用货币制度中,该问题的答案就是货币政策的操作目标。货币供应作为政策工具就是要研究货币供应总量怎样影响货币总价值和单位货币价值,即货币供应作为政策工具使用时会产生哪些积极结果,带来哪些负面作用? 货币供应作为政策工具使用时,在不同的资源禀赋、不同的经济结构、不同的竞争力水平的国家经济中呈现怎样的差异表现? 怎样运用货币供应总量促进经济发展? 这些都是研究的对象。

4. 怎样运用货币供应总量促进经济发展

运用货币供应总量促进经济发展主要是通过增加信用、贷款、债务等能扩大货币供应的方式实现的。不产生货币供应的信用、贷款、债务只是货币的转移,不会增加经济动力。运用货币供应总量促进经济发展的方式适合具备潜在发展空间,社会潜在需求巨大的发展中国家使用。对于发达国家而言,潜在需求增长空间不大,经济甚至处于透支的状态。如果进一步举债只会使事情变得更糟,并不适合这种发展方式。

5.怎样运用单位货币价值促进经济发展

运用单位货币价值促进经济发展主要通过提高货币在国际市场的购买力,实现用少量货币得到更多产品和资源的方式发展经济,具体说就是利用强势本币在国际市场的高估定价,通过扩大进口的方式发展经济。这是发达国家在潜在需求不足的情况下,采用降低成本方式发展经济。

第四节　价值货币和债务货币之间的关系和相互转换

价值货币和债务货币之间的关系

在储户的资产负债表中由于不涉及货币供应,只区分权益和债务,货币以流动性方式存在,因此,储户的资产负债表不能区分价值货币和债务货币。

从形式上来看,价值货币和债务货币是一样的,由于银行的资产负债表记录的是货币产生的方式、来源和数量,可以从银行的货币发行供应资产负债表对权益和债务的界定中区分出价值货币和债务货币的供应数量。

价值货币和债务货币之间的关系从货币总价值公式中可见。

货币总价值 = 单位货币价值 × (价值货币供应总量 + 债务货币供应总量)

货币供应总量 = 价值货币供应总量 + 债务货币供应总量

价值货币供应总量和债务货币供应总量共同构成货币供应总量,价值货币和债务货币之间是相互影响、相互转化的关系。从货币供应总量 = 价值货币供应总量 + 债务货币供应总量的公式可知,在没有任何信贷的情况下,债务货币供应总量为零,货币供应总量等于价值货币供应总量。货币供应全额反映社会剩余劳动价值总值。在债务货币供应不为零的情况下,通过信贷增加的货币供应不是剩余劳动价值而是信贷增发的货币,货币供应总量中含有债务价值。如果这些增发的债务货币在经营中产生亏损,会直接冲减价值货币供应总量。如果这些增发的债务货币通过经营产生收益,债务货币的收益部分就会转化为价值货币,增加价值货币的供应数量。

价值货币是真正的社会财富,创造价值货币的效率和能力代表真正的经济效率。社会购买力的实际提升需要通过不断创造价值货币才能实现。通过信用债务创造出的债务货币总归要归还消债,衡量经济实际效率取决于价值货币的创造能力。

价值货币主要通过亏损注销货币数量,通过消费、投资注销货币价值,或者通过中央银行回收货币予以注销。储户层面只表现为流动性的多少和货币的转移,不直接涉及货币的产生和注销。价值货币不具有可操作的供应弹性。债务货币因为举债属性具备货币供应弹性和可操作性,所以债务货币是货币供应的操作工具,也是央行的主要政策工具。债务货币通过经营产生的利润收益是价值货币,出现的亏损需要用价值货币弥补,因此会导致注销价值货币。债务货币扣除使用成本后如果产生收益,创造出价值货币,这就是有效率的举债。如果产生的收益不足以支付利息成本,甚至出现亏损,这就是无效率或负效率的举债。举债和运用信用增发货币的经济发展方式就是要保持举债的有效性。

从使用方式来看,价值货币主要用于消费、投资和储蓄。用于储蓄的价值货币通过银行以债务货币供应的方式重回经济体。因此,债务货币和用于储蓄的价值货币数量有直接关系。考虑到直接融资是价值货币的权利属性转移,并不产生新增的货币供应,而商业贷款能创造货币,因此,传统商业银行模式比直接融资方式更有助于发展实体经济。

价值货币供应数量的增长是从债务货币数量中转化而来

的。债务货币消债后产生的利润收益作为价值货币被保留下来。经济发展表现为借助债务创造价值货币，通过价值货币的累积和增长实现就业增长和薪酬工资增长。通过增加债务货币供应创造的利润收益生产价值货币是利用信贷发展的标准模式。这里使用生产价值货币的说法来描述这种关系，可见这种机制的独特性。这一模式健康运转的关键是管理好债务风险。举债和信用创造货币供应少产生亏损，少产生坏账，债务能够顺利归还注销，从而多产生利润，这种模式才是成功的。

价值货币在经济层面对应的是薪酬工资和投资收益，因此是经济运行的基础动力。债务货币在经济层面对应的是债务投资或消费，因此是经济运行的助力。在以价值货币为基础的货币体系中，债务货币承担辅助增量作用。债务货币通过信用运用和贷款举债方式进行适度供应，经济发展始终保持在价值货币主导的运行趋势中。

在以债务货币为基础的货币体系中，货币相当于借据，发行供应货币是储户和银行之间的相互借贷。政府、企业、公司、家庭、个人都是储户，储户和银行之间基于博弈关系交往。储户越是增加储蓄，银行的经营压力就越大。银行诱导储户花明天的钱，采用透支未来的方式为银行打工。这种做法会导致债务主导经济的趋势，这本质上是偿债或逃债。所以，对于以债务货币为基础的货币体系而言，由于其未来早就被透支，当无法继续举债时，其结局一定是逃债。

在以价值货币为基础的货币体系中，信用运用和贷款举债产生债务货币的目的是创造价值货币，在财会方面表现为将举债经营效率和效益作为评估举债的重要标准。这是以确保债务货币持续转换为价值货币为前提的举债供应货币。

在以债务货币为基础的货币体系中，银行凭借其对货币供应的垄断地位，运用信用，加大举债，扩张货币供应，从中牟利，基于银行和储户之间的博弈关系建立起由银行资本主导的经济。以价值货币为基础的货币体系和以债务货币为基础的货币体系,这两种货币经营方式导致的结果有天壤之别。

法定信用货币制度下的经济运行方式,由于包含大量信用和举债产生的货币供应,市场始终处于货币供应充足的状态。债务货币在经营获利后转为价值货币,货币供应总量长期处于增长状态,很少出现货币供应不足的情况,经济大部分时间也处于增长状态,准确地说是处于货币供应总量增长推动的膨胀状态。由于债务货币超发会摊薄单位货币价值,为确保货币购买力,适当增加债务货币供应有助于生成价值货币。如果债务货币供应过量,将导致单位货币价值相对下降和通货膨胀,所以在法定信用货币制度下,经济停滞或倒退表现为滞胀,很难见到通货紧缩。恶性通货膨胀是债务货币供应长期失控导致单位货币价值大部分受损。

价值货币和债务货币之间的转换

货币发行供应体系和经济经营体系是独立的两个体系。两个体系因为都使用货币作为基本单位而共同构成一个完整的经济体系。货币发行供应体系负责发行供应货币数量,经济经营体系负责创造货币价值。价值货币和债务货币之间的转换是在经济经营体系的经营过程中实现的。

从公式来看:

货币供应总量 = 价值货币供应总量 + 债务货币供应总量

(1)在没有供应债务货币的情况下,货币供应总量 = 价值货币供应总量,所有的借贷都是价值货币的转移,不产生货币创造,劳动产生的劳动价值完全储存在价值货币中。实物货币制度的经济表现就是如此。

(2)在产生债务货币供应的情况下,货币供应总量由价值货币和债务货币的供应总量共同构成,债务货币投放后无论是用于消费还是投资,都会转换成其他人的价值货币。例如,某人贷款 100 万元购买土地、设备、原材料,雇佣工人生产服装,这 100 万元支出成为各个支出对象劳动者的劳动报酬。贷款通过支出转换为价值货币,贷款者持有土地、设备、原材料并雇佣工人。当他通过经营获利,赚到 100 多万元利润归还贷款后,增发的债务货币被注销。他的支出产生 100 万元的价值货币供应,相当于他赚到的 100 万元利润归还贷款,他的资产增加 100 万元,可以继续经营获利创造价值。价值货币供应总量因债务货币转换为价值货币而增加。新增的价值货币进一步在经济体中传导,通过产业链分工合作和劳务服务分布到经济体的经济单位手中,可能导致工资薪酬上涨、物价上涨、消费数量增加、新增就业岗位、新增投资等经济现象。

(3)在贷款 100 万元的例子中,贷款者购买土地、设备、原材料,雇佣工人及还款含利息 105 万元的过程中同时创造了 100 万元的需求,赚到了多于 105 万元的收益。每个实体经济的经营者都是在先消费投资再赚钱的需求牵引模式中竞争获利的。不断增长的膨胀体系为参与者的获利提供保障,进而吸引源源不断的新增债务货币供应市场。价值货币和货币供应总量也在持续增加,经济表现得欣欣向荣。

(4)贷款者通过销售产品累积收益注销债务,同样的道理,银行用投放信贷赚取的收益支付存款利息。储户和银行分属借贷双方,当储户存款时,银行相当于贷款方;当储户贷款时,银行相当于存款方。储户通过实体经济经营获利和银行通过信贷经营获利本质上是一样的,在法定信用货币制度中都是通过创造债务货币供应,将债务货币转换为价值货币,增加价值货币供应总量的膨胀方式实现经济发展。由此,我们就可以理解在实物货币制度中,如果黄金的供应总量不能与人口增长和经济增长保持同步,经济就会反复出现通货紧缩。

(5)价值货币和债务货币之间的转换是法定信用货币制度下经济发展膨胀体系的核心。这个膨胀体系在实体经济层面表现为经营品种不断增加,消费数量不断提高,商品价格持续上涨,经营单位的经营规模持续扩大,工资薪酬逐步增长,就业岗位增加到充分就业,由此产生的需求会推动投资和消费的持续增长。这个过程在银行层面则表现为通过信贷创造债务货币供应市场,债务货币持续转换为价值货币,价值货币供应总量持续增长。增长的价值货币供应总量用于支持物价上涨、消费投资品种增加、消费投资数量增长、工资薪酬增长、就业岗位增加,以及总需求持续增长。信贷举债供应的债务货币持续转化为价值货币,持续传导并分散到经济体中。原本没有工作的人找到工作有了固定收入,原本没有存款的人通过累积有了积蓄,这些都是投资消费和债务货币扩张并持续转换为价值货币导致的结果。

(6)公司、企业、个人、家庭、政府等社会单位组织都是这个膨胀系统的膨胀单位。有的国家债务主要在企业中累积,有的国家债务主要在家庭中累积,有的国家债务主要在政府中累积,有的国家债务在各种组织形式中都得到累积。当商品生产供应能力过剩,价格上涨到达抑制需求的程度后,需求潜力被充分挖掘,未来被严重预支、透支,举债和信用扩张难以持续,债务货币供应减少,膨胀体系就会走到阶段顶部区域,市场经营则难以获利,消债出现困难。当商品价格特别是资产价格开始下降,就会出现债务收缩引导的经济紧缩,直到债务不再成为问题,才会开启以价值货币为基础的新需求引领的膨胀周期。

(7)单纯从债务货币供应总量的角度来看,只要债务货币供应总量能够持续增长,即使是旧债被新增债务抵消,经济也表现为增长。当债务货币供应总量持续减少时,说明还债大于新增,债务货币收缩供应导致货币供应总量减少,经济发展必然减速。如果减债伴随资产价格下跌和去库存导致的亏损，会导致价值货币和债务货币供应总量同时减少。这种情况就是金融危机的典型表现。

从以上价值货币和债务货币的转换方式可以得出以下结论：

①经济发展是货币和经济膨胀的结果。

②债务货币在膨胀过程中发挥助力增量作用。

③价值货币和债务货币之间的转换造就了市场性的自然膨胀，人为干预、建构同样能够推动膨胀体系成长。

④实体经济越发达，抗金融风险的能力越强。

价值货币和债务货币之间转换的本质是通过市场方式产生价值货币供应。这种方式比中央银行发行价值货币的方式更市场化、更现实。转换模式的本质是资产负债表关系，是通过债务运用和资产负债表管理来运作的。

第十章　中央银行货币政策和货币操作

第一节　中央银行货币政策原理概述

中央银行货币政策的性质、特点和应遵循的原则

货币制度是货币政策的基础和来源，理解货币政策要从认识货币制度开始。采用中央垄断发行供应模式的法定信用货币，其货币政策也是货币发行供应的一部分，它既是货币发行供应的主要方式，也是货币治理的主要手段，因此，要将货币政策和货币发行供应结合在一起看待。实物货币无须货币政策，实物本身的性质特点是提供货币的流通运行机制，实物货币制度和金本位制度下经济的周期性运动、经济危机的发生，都是实物货币供需失衡的结果。在法定信用货币制度中，货币政策能够决定经济周期、建构经济金融环境、影响经济发展方向和发展速度、解决经济和金融之间的失衡问题，从而降低危机发生的概率和造成的伤害。当然，正是因为货币政策具有如此强大的功能，货币政策才可以成为搅动世界风云的工具。实际上美元的货币政策就发挥出这样的功能。

实施货币政策最首要的目的是维护和保障货币制度的运行机制，其次是建构稳定、和谐、顺畅的经济环境，最后才是在确保上述两点的基础上促进经济发展，解决货币金融和实体经济之间出现的问题。但在实践操作中，往往将最后一点作为货币政策的主要目的，而忽略维护保障货币制度运行机制的重要性。例如，美元为维持美国的经济发展过度举债、超发美元，造成美国实体经济和货币金融之间的失衡，国内市场对国际市场的依赖，这些都是过度举债和强势美元政策导致的结果。

　　货币是经济的血液，为经济运行提供能量。货币政策的本质是通过货币价值和数量之间的关系模式对经济活动施加影响。使用货币数量作为货币政策工具是从能量角度实施的作用，使用货币价值作为货币政策工具是从环境角度实施的作用。货币范畴与数量价值之间的相互作用和相互转化通过经济范畴的实际运行得以实现。

　　货币政策既是宏观经济政策，也是国家经济政策的顶层设计。经济政策应以货币政策为基础进行设计，在货币政策的基础上制定实施，经济政策是货币政策的辅助和具体化措施，这些原则都是理解和制定货币政策和经济政策的基本原则。也只有这样制定的货币政策效果才最显著，这样的经济政策才能顺应经济周期的运行趋势，达到事半功倍的效果。

　　货币政策首先是针对货币金融范畴的政策，是以解决货币金融问题为首要目标的政策，其次才是解决经济问题的政策。为解决经济问题制定的货币政策很容易造成扭曲。货币政策不是包治百病的灵药，更不是有求必应的仙丹，只有严格遵守货币金融纪律，实事求是解决具体问题，才是理解和制定货币政策的基本方式。货币政策很容易导致偏好，要么有利于贷方，要么有利于借方。最好的货币政策是中性的，对于贷方和借方都能产生预期影响。中性的货币政策使货币供需双方都能够根据自己的意愿和实际情况做出自由选择，而不是不顾现实采用"一刀切"的统一规定。长期实施偏好性政策的结果是供需分配的扭曲，借方、贷方的扭曲，这是很容易从现实中观察到的问题。

　　货币政策是把双刃剑，既能解决问题，也能制造问题。货币政策在解决问题的同时也在制造问题，这是理解和制定货币政策需要考虑的主要问题。货币政策能够决定经济周期、主导货币供应、建构经济环境、推动经济实现发展，也能扭曲市场价格、误导资源配置、掩盖问题、造成危机。制定实施货币政策就像中医号脉问诊开药,品行第一,道法还在其次。货币政策的制定实施要依据科学性和制度性开展,防止人为主观造成不利影响。

中央银行的货币操作不能以赢利为目的,货币操作产生的收益应用于充实货币价值。中央银行经营和操作货币本身也是在实施货币政策。中央银行货币经营和操作的基本原则是借方、贷方关系的平衡、安全、有序和效率。中央银行货币政策的目标、对象、实施程度、实施结果都来自中央银行的货币发行供应资产负债表。中央银行的货币发行供应资产负债表作为货币数据的来源,同时也是制定货币政策科学性的来源。

货币政策的制定实施总是建立在确保中央银行独立性的基础上。政府是中央银行独立性的主要干扰源。政府为实现自身目标常常寻求货币政策倾斜支持。如果中央银行屈从政府要求,货币政策服从经济政策,就会导致本末倒置,丧失货币政策作为顶层设计主导经济长期宏观趋势的优势。这样建构出的经济周期和货币金融环境往往是失衡和错配交织的。保持货币政策独立性不受政治影响是维护货币金融安全、确保货币价值的关键。保持货币政策独立性是理解和制定货币政策的基本原则。操纵货币工具为特定目标牟利的做法,最终的后果由货币持有者承担。

货币政策的科学性来源于货币金融数据和经济统计数据的真实性和全面性;来源于政策制定者和实施者对货币经济理论的深刻认识和灵活运用;来源于中央银行独立自主的数据统计分析和决策。降低政府对货币政策的干预,增强政府和中央银行之间的协同工作,更有助于货币政策和经济政策的科学统一。

货币政策基于货币和经济特点制定实施,每个国家的货币政策特点不同,经济结构和经济竞争力各有差异,货币在经济体中的传导路径因此各不相同,要根据实际情况制定相应的货币政策。经济和货币统计数据是制定货币政策的依据,不应采取固化的方式制定硬性指标，应根据本国特点设计与选择适合的指标。发达国家和发展中国家的经济水平和经济结构是不同的，采用的货币政策也有本质的差异。不同经济体的通货膨胀承受力不同，经济目标也不同，不必采取相同的标准作为货币政策目标。建立适合本国自身的标准和指标有助于更好地制定和实施政策。

　　货币政策是货币金融监管治理的主要手段，货币金融监管治理也是货币政策的主要目标。货币金融监管治理就是在维护和保障货币的运行机制，就是在建构和保障稳定、和谐、顺畅的经济环境。货币政策的其他目标首先应满足货币金融监管治理的要求。由于货币政策是多目标的，也是推动经济发展的工具，因此，在货币政策制定实施中，很容易导致各种目标的位置倒置。政府对中央银行的干预主要表现为政府将经济发展或者政府目的作为第一目标，后置其他目标。这种状况最考验中央银行的独立性和协调能力。中央银行如果放松监管治理就会面临严重的后果。

　　货币政策应本着公开、公平、公正、独立、科学的原则，应以确保稳定性、连贯性、前瞻性为目标进行制定和实施。中央银行频繁进行市场操作通常是缺乏前瞻性的表现。中央银行货币政策如果出现自相矛盾的操作，货币政策的连贯性和稳定性必然无法保障。中央银行货币政策工具如果长期使用单一工具，通常是目标单一导致的，这种情况说明中央银行的独立性差，不能根据实际情况运用多种货币工具。从中央银行货币政策的取舍中可以看出中央银行对当前经济的看法和对未来的判断。

中央银行货币操作的合法性

　　在实物货币制度中，没有货币政策和货币操作这种概念。在法定信用货币制度中，中央银行实施货币政策对市场进行干预操作已经成为常态，是经济运行中不可缺少的部分。中央银行实施货币政策对市场进行干预操作,是由法定信用货币的特性和制度安排决定的。法定信用货币制度中的货币创造和货币经营是货币制度赋予金融机构的权利,也是金融发展的主要方式。中央银行通过货币供应对经济施加影响,利用货币工具进行货币操作,是法定信用货币制度授予中央银行的权利,也是中央银行进行货币金融治理和监管的主要手段。

法定信用货币的垄断性,决定了银行作为货币发行供应方承担货币价值保障和货币数量供应的双重职责。货币政策是实施货币价值和货币数量供应保障的合法履职工具。

法定信用货币采用凭证货币,将信用价值作为货币价值,这样的制度安排结合货币供应垄断,为债务替换价值创造了条件。在金融创新发展的过程中,货币供应资产负债表恶化是必然的趋势。中央银行实施货币政策对市场进行干预操作是必需的治理行为,是对过度举债进行纠正的正当操作,是确保货币金融安全和维护市场秩序的有效手段。

中央银行作为货币的垄断发行者,是唯一具备无限创造货币能力的机构,在危机时期具备救助商业银行和储户的能力。中央银行作为最终贷款人,需要在特殊时期承担起经济和金融的救助职责。

综合以上原因,中央银行操作货币具有制度合法性。但是中央银行如果利用货币政策操作的合法性,无视法定信用货币的监管制度要求,盲目增发货币,放任债务扩张,无视货币价值保障,那么这种做法就是典型的失职渎职行为,应受到国家法律的严惩。

中央银行货币政策原理和模型

在法定信用货币制度中,货币由中央银行垄断发行,储户、商业银行和中央银行各成体系,都使用中央银行发行供应的货币独立经营。中央银行具备在自己发行的货币体系中操作货币的条件和能力。中央银行货币政策的基本原理因此可以定义为在法定信用货币制度中,中央银行通过货币操作影响单位货币价值和货币供应总量,实现对实体经济和金融业的治理,实现对经济环境和经济运行趋势的建构,实现对经济行为的影响。货币政策的实施对象是单位货币价值和货币供应总量。货币政策的治理对象是实体经济和金融业。在法定信用货币制度中,单位货币价值和货币供应总量出现变化时,都会对实体经济和金融业的定价和需求产生重要影响。这是货币政策得以通过单位货币价值和货币供应总量实施治理的理论依据。

货币总价值 = 单位货币价值 × (价值货币供应总量 + 债务货币供应总量)

从公式可以看出,以利率和汇率为代表的单位货币价值变化和以信贷方式为代表的债务货币供应增减,以及价值货币供应总量代表的社会财富都可以直接影响货币总价值和经济总需求,进而影响物价和经济行为。公式是运用货币政策调控经济的标准模型。此模型主要用于中央银行和商业银行之间的治理,以及中央银行对宏观经济的治理。至于微观层面具体的经济政策,则需要结合货币和经济关系的模型,根据具体对象设计制定具体的政策。

将公式结合实体经济考虑货币周转次数后可知,在货币层面,一定时期货币周转产生的交易总金额等于该时期商品品种在价格下交易的总数量。这个关系就是货币和实体经济之间的关系模型,用模型表示为:

货币供应总量 × 周转次数 = 品种 N × 数量 N × 价格 N

任何行业的货币流量都可以看作该行业的品种、数量和价格受流动货币量和周转次数的直接影响。行业治理也适用此模型。

任何货币政策或经济政策都可以选择具体对象作为政策目

标,基于模型给出的关系模式制定相应的政策,达成特定目标。

例如,从模型来看,发展中国家可以适当放松价格,以控制货币供应数量和信用总量为手段,通过信贷支持特定产业发展,将该产业作为经济的支柱产生和传导中心,通过传导中心带动产业链,促进经济整体的发展。

在现实的案例中,以单位价值为操作对象的代表是美元。美国通过强势美元政策高估美元汇率定价,以扩大进口的方式侵占出口国利益,在债务规模持续膨胀的情况下确保国内民众生活福利不降低。在中国,以货币供应量为操作对象的代表是人民币。中国作为发展中国家,潜在需求巨大,经济发展方式是在潜在需求变现的基础上,通过发展实体经济,扩大债务货币供应的方式实现经济长期发展。中国经济的发展模式也是发展中国家可以效仿的科学模式。

第二节 货币政策工具

货币政策工具主要分为三类:针对单位货币价值的利率和汇率工具、针对货币供应总量的信贷工具和存款准备金率等货币供应工具、各种资产交易工具。

中央银行的货币工具很多,且都是在实践应用中创造发明出来的。应货币经营治理的现实性需求,可以开发新的货币政策工具。举例来说,对商业银行利率浮动空间分档设限,利率浮动空间就成为中央银行的利率工具。本节主要对利率工具、汇率工具、信贷工具和交易工具进行简单的解说。

利率工具

利率既是货币持有的收益,也是货币使用的成本,利率影响涉及货币的所有持有者和使用者,是决定单位货币价值的主要因素。

　　利率工具通过收益和成本的方式对货币持有使用行为施加作用,因而能直接对金融和实体经济产生影响。利率产生的作用力是具有两面性的,使用利率工具需要兼顾货币持有方和使用方。利率一方面影响货币的持有消费,能够调控通货膨胀;另一方面影响投资举债,能够调控生产经营和投资。利率能够利用不同行业对利率敏感程度的差异,在经济体中分配资金,实现调控经济运行的目的。利率工具如果过于偏重一方利益,很容易对经济运行造成伤害。运用利率工具的关键是寻找货币持有方和使用方利率承受的平衡点,在此位置上设定的利率数值才能兼顾各方。

　　根据利率的主要作用对象,可以确立利率在经济体中传导的主要途径。在金融领域,利率通过债券传导,通过资产价格和交易量传导。在实体经济中,利率通过贷款举债传导,通过储蓄和消费传导。从利率传导途径的统计数据中,可以观察利率工具的实施效果。

　　利率是投资举债获利的底线,如果经济活动产生的收益不如利息收益高,投资举债扩大产出的活动就不划算,利率升降因此对投资和举债活动产生直接影响。

　　利率是借贷、消费和储蓄行为的调控杠杆。提高利率会增加储蓄收益、提高借贷成本、减少消费、降低社会资金供应量。降低利率会减少储蓄收益、提振消费、促进借贷、引导市场资金供应增加。因此,利率能够调节借贷、消费和储蓄资金的分配,实现对经济增长的调控。

　　利率是中长期的货币政策工具。基准利率确立后,在该利率实施的时间范围内,货币资金的成本收益都以该利率为参照标准确立。对利率进行调整后,经济活动采用新的成本收益参照,经济运行向利率引导的状态靠拢,这是利率周期能够建构经济周期的原因。中央银行通过制定基准利率,影响商业银行的贷款利率和债券的实际收益,达到影响生产决策、消费决策、投资决策的目的。市场中的流动性以利率作为前瞻指标配置资金流动,特别是金融产品和资产价格受利率影响明显。中央银行对金融市场的影响主要通过利率和货币供应方式施加。利率是影响资本成本和资产价格的主要工具。

中央银行以物价指数为确立利率的参照。为确保央行基准利率的科学性,央行制定基准利率需要根据基准利率模型制定相应的基准利率值。基准利率模型的核心是货币价值,具体表现是物价指数。零利率对应基准货币价值和物价指数。负利率对应货币价值降低,正利率对应货币价值提升。利率走势的未来趋势预示货币价值的变动趋势,同时预示物价指数的变动趋势。由于不同国家的劳动力定价不同,劳动效率和竞争力不同,因此不同国家货币区的基准利率对应的货币价值基础是不同的,或者说对应的物价指数特点、构成内容、权重和结构是不同的,这也导致不同的中央银行有各自的基准利率模型。目前,制定利率决策,对于我国而言主要依据实体经济数据,对于美国而言主要依据资产和金融层面的因素。我国今后是否应采用双利率政策对实体经济和金融领域分而治之是很值得研究的课题。

汇率工具

汇率作为工具使用时分为低估汇率和高估汇率两种操作方式。

发展中国家一般采取低估汇率的方式,通过压低汇率低估本国货币在国际市场的价格,降低出口产品报价,增加出口竞争力,实现扩大出口的目的,弥补国内需求不足的问题。

发达国家一般采取高估汇率的方式,通过提高汇率高估本国货币在国际市场的价格,降低他国出口产品报价,降低本国进口商品成本,提高进口收益。高估汇率方式通常适用有大量国际贸易逆差的国家。

存款准备金率工具

存款准备金率工具是中央银行针对商业银行的货币政策工具。

商业银行获取的储蓄资金，向中央银行缴付存款准备金后才能用于发放贷款。存款准备金率决定商业银行能够用于贷款的储蓄资金比率，会极大地影响商业银行的贷款发放、经营收益和资金运用。提高存款准备金率会增加商业银行缴付的资金量，抽取商业银行现有流动性，压缩业务规模，迫使流动性不足的商业银行变现资产或者回收贷款，减少信贷投放。降低存款准备金率会释放商业银行缴付的资金，增加商业银行流动性，鼓励商业银行扩大业务规模。存款准备金率的调整，通过影响商业银行的经营行为，影响储户的经济活动，从而实现货币政策制定的目标。

信贷工具

中央银行向商业银行提供信贷是商业银行资金的来源，也是中央银行货币供应的主要方式。中央银行将向商业银行发放信贷或回收信贷作为货币政策工具使用，能够调节商业银行流动性和资产负债表的结构。

信贷工具是中央银行的货币供应类工具，是数量层面的调控工具。通常作为货币政策的补充工具，配合实现货币政策目标。当货币政策采取紧缩基调时，信贷工具也严格趋紧进行收缩。当货币政策采取宽松基调时，信贷工具根据货币政策基调决定总量宽松程度，从货币供应层面配合实现政策目标。

信贷是针对特定商业银行发放的特定款项，针对性很强，是微观治理的主要手段，也是救助商业银行时可以使用的有效工具。对于个别不符合中央银行要求的商业银行，可以通过信贷工具进行特定治理；对符合中央银行要求的商业银行，可以通过信贷工具进行奖励,这些都是常用的操作方式。

交易工具

通过买卖票据、债券等金融资产调节货币供应是中央银行主要的货币调节手段。中央银行可以在公开市场中交易买卖,也可以定向与特定机构进行交易。

中央银行的交易工具属于针对流动性和资产的调节工具,主要分为调节性操作和影响性操作。调节性操作主要维持市场流动性水平,不谋求改变商业银行的经营行为和资产负债表。影响性操作以改变商业银行行为或资产负债表为目的。

中央银行卖出资产是回收流动性的操作,能减少操作对象持有的流动性,增加操作对象的资产,迫使操作对象进行资产负债调整。中央银行买入资产是释放流动性的操作,能增加操作对象持有的流动性,减少操作对象的资产,最终促进操作对象积极经营。

第三节 货币政策目标

货币政策目标按照单一目的可以分为环境建构、防范风险、危机救助、维护单位货币价值和购买力、促进经济合理增长等。在实际应用中,往往将几个目标综合在一起应用。本节单独讨论货币政策目标的原因是要为货币政策的制定实施确立边界。是要建立这样一个原则,即在目标不明确、不清晰的情况下,不能实施货币政策。货币政策的制定和实施必须按照目标执行,除此之外的经济活动应交由市场解决,不能由货币政策代劳。

以环境建构为目标

以环境建构为目标首先要依据基本经济数据确立货币金融和实体经济运行的范围,确立运行边界及其条件,然后才是根据边界范围的具体要求制定适合的政策以达到数据要求的金融经济环境。例如,通货膨胀率控制在 3% 以内,央行基准利率控制在 2% 以内,存款准备金率控制在 10% 以内,货币供应总量年均增长控制在 7% 以内……这些都是通过确立基本数据实现环境建构。

环境建构就像确立经济活动的四季,又像确立经济发展的温度,各种经济单位都在统一的环境中开展经济活动。经济发展的预期管理、经济的周期运行都是环境建构的结果。

环境建构采用的工具主要包括中央银行基准利率、存款准备金率、贴现率、汇率、货币供应总量等工具。对应的经济表现是通货膨胀程度、金融资产价格区间、国际收支均衡程度、汇率波动范围等。

以风险防范为目标

通过环境建构设定的宏观指标确立了经济运行的范围。在宏观指标的基础上可以进一步制定更为细致的政策目标和指标浮动范围。这样的目标和指标浮动范围就构成监管和治理范围。超出指标的数据成为风险来源和治理对象,风险防控因此可以量化到具体对象。

防范货币金融和经济风险的内容非常丰富,防止恶性竞争、防止价格暴涨暴跌、防止操纵市场、防止垄断、杜绝内幕交易等都属于风险防范的内容。风险防范主要采用信贷工具和交易工具。存款准备金率也是风险防范常用的工具。由于货币金融和经济领域的风险防控内容太多,应根据具体对象结合货币理论的基本要求实事求是地制定具体对策。

以危机救助为目标

中央银行作为最后贷款人,在发生系统性危机或商业银行等金融机构出现危机时,在商业并购重组难以实施的情况下是唯一具备实施救助能力的机构。这是由法定信用货币的发行供应方式决定的。中央银行依法承担对金融机构出现危机后的救助职能,这是防止金融风险扩散、维护金融安全秩序的制度要求。

危机救助时可以采用的工具很多,可以发放贷款、提供信用额度,也可以直接购买资产,改变被救助对象的资产负债表。中央银行的大部分微观政策工具都可以用于危机救助。由于危机救助涉及道德风险,因此必须在货币制度和监管规章的规定范围内实施。

作为最后贷款人,通过信用或举债方式凭空创造货币投放市场,对冲流动性不足,再收回投放的货币,注销信用和债务,是中央银行最常用的危机救助方式。中央银行具备无限的货币供应能力,能够救助绝大部分危机。中央银行的这种操作对资不抵债的商业银行常常具有起死回生的效力。这也是央行作为最后贷款人应扮演的角色,只在特殊情况下经过授权才能使用。这种做法的关键是中央银行的举债必须适度,且只能用于危机救助时期,救助完成经济稳定后必须回收,否则超发的货币供应会对经济体产生严重危害。

以维护单位货币价值和货币购买力为目标

货币政策以维护单位货币价值和货币购买力为目标,主要是以物价指数为参照对象,通过对抗通货膨胀实现的。维护单位货币价值和货币购买力的目标也是通货膨胀治理的目标。

维护单位货币价值和货币购买力采用的工具是货币供应工具和利率工具,具体实施方式包括资产负债表管理、货币供应数量管理、债务管理、利率测算和制定等方式。维护单位货币价值和货币购买力目标对应的经济表现是价格指数稳定。曾经,德国中央银行将稳定物价作为最主要的货币政策目标。德国马克是维护单位货币价值和货币购买力方面的典范。

货币总价值代表社会总购买力,债务货币供应过度必然摊薄单位货币价值,导致货币购买力降低。管控债务货币供应总量是维护单位货币价值和货币购买力的重要举措。

以维护单位货币价值为目标时,将单位货币价值代表的货币购买力和物价指数进行比较,在持续性的通货膨胀中保持单位货币的相对购买力。货币购买力是相对值不是绝对值,是随通货膨胀不断提升的,以维护单位货币价值为目标时,要特别注意区分由价值货币供应总量增长导致的物价上涨和由债务货币供应总量过度增加导致的物价上涨之间的区别。前者是良性的,无须治理;后者需要观察是否需进行治理。

以促进经济合理增长为目标

货币政策目标设定为促进经济合理增长,采用的政策工具是货币供应类工具,对应的经济表现是就业增加、薪酬增长、GDP 增长、价值货币供应总量持续增长。

将经济增长作为货币政策的目标时,货币供应总量是主要的推动因素,利率环境是主要的维护因素,因此,应保持利率在促进增长又适度约束通货膨胀的位置,给予货币供应宽松的增加幅度,维护好金融安全和秩序,给收益转化为工作岗位和薪酬上涨留出足够的时间。

将促进经济合理增长作为货币政策目标时,主要适用于潜在需求变现潜力大的发展中国家。各个国家的具体情况不同,在制定政策时应根据实际情况配置货币政策工具,设定符合本国经济特点的治理监督区间。在经济发展过程中始终严密监控经济运行,修正经济模型,随时解决发展过程中出现的问题。

第四节　货币政策的主要操作对象

货币政策的操作对象分为两类:一类是中央银行以货币发行供应资产负债表为对象时,以单位货币价值和货币供应总量为操作对象;另一类是以储户和商业银行金融机构等经营单位为货币政策的操作对象。

以货币发行供应资产负债表为操作对象时,主要是通过货币发行供应资产负债表确立总量,建构宏观经济环境,制定边界,确立经济运行的重要指标。以储户和商业银行金融机构为操作对象时,主要是影响具体经济行为和经济单位,建构经济环境秩序,实现经济增长目标。

以单位货币价值为操作对象

以单位货币价值为操作对象的货币政策主要是利率政策和汇率政策。

以利率为政策工具时,需要兼顾货币持有和使用双方的承受能力,或者说兼顾货币资金在储蓄和贷款之间的分配,特别需要注意利率作为举债成本对经济活动产生的影响。利率就像刹车能够调控经济运行的速度;又像油门和挡位能够分配经济发展的动力。找到适合本国国情的利率范围,利率工具对于建构经济环境秩序和经济增长的作用很大。

以汇率为政策操作工具时,需要避免出现国内、国际政策方向互相抵触的情况。汇率工具应作为国内经济发展的辅助工具使用,且只在国内、国际能够形成合力的情况下使用。

发展中国家偏好低利率和弱势汇率政策。发展中国家在国内施行低利率政策,有助于降低货币金融成本,推动举债投资,促进经济发展;在国际市场通过汇率低估增加出口竞争力,弥补内需不足的短板,形成内需和出口双动力发展,快速实现经济起飞。

发达国家偏好强势汇率和谨慎利率政策,在控制通货膨胀的基础上再谋求增长。发达国家的需求增长空间不大,低通货膨胀为资源配置创造良好环境,保障工资稳定,工作岗位不流失,再加上强势货币降低进口成本的拉动作用,为经济保持现有状态并谋求发展创造条件。

以货币供应总量为操作对象

以货币供应总量为操作对象的货币政策主要采用信贷工具和交易工具实现政策目标。信贷工具通过增加债务货币供应的方式影响货币的供应总量,进而影响市场供需。交易工具通过资产买卖的方式投放货币,影响资产负债表,改变原有资产负债和流动性结构,稳定当前预期,整固经营状态。

信贷工具是货币供应总量增减的主要方式。货币供应总量保持适度增长时需要建立总量控制目标和增速控制目标。中央银行缺乏货币供应总量控制,商业银行未设定信贷总额目标,会导致商业银行过度放贷。中央银行和商业银行严格限制信贷投放时,经济会受到过度约束。设定信贷工具总量监管和分量监管是确保货币供应稳定增长的关键。

在设定总量控制目标严格监管商业银行信贷工具的基础上,中央银行的交易工具才可以成为调控货币供应总量的有效工具。商业银行经营总额范围内的存量货币,只能在中央银行划定的总量目标范围之内开展业务。这样中央银行的交易工具和信贷工具才可以成为扩大或缩小商业银行总额范围的工具,才能实现中央银行对货币供应总量的管控。商业银行没有信贷总量监管要求时,中央银行的货币政策操作很容易被商业银行的内部操作抵消。

以货币供应总量为操作对象的实质是以债务货币供应为对象。信用、贷款、凭证、支付工具等产生的货币都属于债务货币的范畴。发展中国家和发达国家的货币需求差异很大,因此需要根据各国国情制定不同的货币供应总量监管要求。像美国这样的成熟经济体,举债主要来自个人家庭和政府,消费类债务占比高,应该根据这种情况相应设计制定各种工具的总量监管。像中国这样的发展中的经济体,举债主要来自企业和政府,投资类债务占比大,对各种融资工具需求强烈,总量控制和分量监管的幅度和程度与发达国家不同。

无论是针对货币供应总量的货币政策,还是针对资产负债表的资产、流动性和债务的货币政策,都需要分门别类地进行统计核算和监管治理,这是货币政策制定实施的重要原则。每种货币工具都有自身的特定作用对象、特定的作用范围和时效,货币政策传导后的效果往往不确定,因此,设计有针对性的工具,针对特定对象、特定范围制定科学的政策,才能起到好的效果。

以储户为操作对象

中央银行货币政策最终影响的对象是储户,只是中央银行能够直接对储户施加影响的工具不多,主要通过对商业银行施加影响将政策意图传达给储户。

目前,中央银行能够通过利率政策定义货币价格,对储户直接施加影响进行宏观调控。中央银行还能够通过在资本市场直接买卖资产,影响市场流动性和资产负债表,直接影响市场资金供求,调节储户的资产负债表。中央银行在资本市场直接买卖资产的方式主要在出现危机时使用,通常情况下中央银行通过商业银行间接调控储户行为。

以商业银行为操作对象

以商业银行为操作对象是中央银行传统的货币政策实施路径,可采用几乎全部的货币政策工具。中央银行通过存款准备金率调节商业银行的贷款,通过利率政策调节举债和储蓄行为,通过公开市场债券交易调节市场的流动性,通过收购商业银行资产实施救助等都是主要的操作方式。

中央银行通过买卖票据债券等商业银行资产进行的货币供应操作分为调节性操作和影响性操作。调节性操作同样主要针对流动性,不改变商业银行的经营行为和资产负债表。影响性操作是以改变商业银行行为或资产负债表为目的的操作。

中央银行对商业银行的流动性操作是主要的货币政策操作。中央银行的流动性操作不能直接影响经济体,只能通过商业银行的行为间接对经济活动产生影响。银行的流动性程度是经济流动性的基础。如果银行的流动性不足,经济就会"缺血缺氧"。

中央银行持有的货币可能来自央行的自有资本金,也可能来自商业银行缴存的存款准备金,还可能是央行凭借自身信用增发的货币。中央银行在操作货币流动性时,使用中央银行资本金、存款准备金,或者是信用增发的贷款,虽然对于商业银行来说并无区别,但是对于中央银行来说具有不同的货币政策性质。如果使用自有本金,说明中央银行的资产负债表结构健康,此时应注意是不是社会债务和国债比例过高导致中央银行利息收入过高。如果使用商业银行存款准备金作为工具降低存款准备金率,说明中央银行原先的政策是紧缩的,现在更趋于宽松。如果使用信用增发的贷款,说明中央银行也处于流动性不足,缺乏现金的状态。

中央银行在流动性操作中,卖出的如果是自有资产,相当于采取流动性紧缩措施。卖出的如果是原先持有的商业银行资产,这样的货币操作相当于恢复到原有的状态,放松原先对商业银行的紧缩措施。如果中央银行要创设发行新资产回收市场流动性,相当于采取超常规紧缩措施。流动性回收的对象即使仅限于商业银行,最终也会传导至经济体,从而影响市场的流动性。

第五节 货币政策的制定和实施

货币政策的制定

制定货币政策的基本原则是:根据实体经济和金融业的差异;传导路径和传导方式的差异、政策作用对象和目标的差异,有针对性地选择工具、设定目标,确定适度的政策力度,科学地制定货币政策。经济政策通常目标清晰单一,货币政策是经济政策的顶层设计,除了致力于推动经济发展,还要兼顾经济环境的建构,维护货币购买力,防范金融风险和经济危机,因此不适合实现单一目标。货币政策结合经济政策使用能产生更好的政策效果。

货币政策的制定应建立在货币统计数据的基础上。货币统计数据是现实的真实记录和反映。货币政策实施对象是从货币数据反映的现状中选出来的。例如,通货膨胀数据过高需要给经济降温,选择通货膨胀作为政策目标是对货币统计数据解读的结果。另外,货币政策目标是在统计数据的基础上设定的目标。例如,将通货膨胀率控制在3%以内,这个标准是由货币统计数据决定的。货币政策实施的力度是由政策目标的理论测算结果和当前数据共同决定的。例如,当前通货膨胀值3.5%,目标通货膨胀值2.5%,政策实施空间为下降1%。在各种物价指数中筛选出过热指数,选取通货膨胀治理对象,将治理目标的1%指标根据治理对象分摊到具体领域,根据治理对象的具体情况和领域特点选择合适的治理工具,最终完成治理。

货币政策目标首先要确立长期目标,在长期目标的基础上,再分解出中短期目标。对于中央银行来说,长期政策目标是由数个中短期政策目标构成的。每个中长期政策都可以分解为短期和中期区段进行观察校对。货币政策既有核心目标、优先目标还有次要目标。有的政策目标是单一性的,有的政策目标是综合性的。综合性目标常常利弊兼有,因此,在综合性目标中确立各个目标的主次关系是制定货币政策目标的关键。货币工具的应用顺序通常由货币政策目标的优先次序决定。一般而言,对于发展中国家来说,长期目标是发展,中期目标是就业和薪酬增长,短期目标是通货膨胀治理。

中央银行货币工具的作用范围各不相同,每种货币工具都有自身的特定作用对象、特定的作用范围和时效。不同货币工具的传导方式和传导路径也各不相同。利率工具会影响所有的货币持有者和使用者。存款准备金工具会直接影响商业银行的贷款规模和市场流动性。资产交易工具主要影响商业银行和大型金融机构的流动性。应根据货币政策的要求,选择有针对性的政策工具,设计针对特定对象、特定范围的货币政策,这样的货币政策才能起到好的实施效果。

中央银行在进行交易性操作时,需要明确货币操作的具体对象,需要明确解决的问题,需要明确应达成的结果,需要明确货币操作的程度和力度……这些内容也是货币政策计划的主要内容。不论是针对货币供应总量的货币政策,还是针对资产负债表,或者是针对流动性的货币政策,货币政策目标和政策实施力度都需要分门别类地根据统计数据进行预演,以便为正式实施提供确定性保障。货币操作达到预期效果的操作才是成功的货币操作。应避免频繁往复、自相矛盾的交易操作。交易性操作是校对、修正、弥补货币政策效力最有效的方式。

货币政策属于宏观顶层政策,政策涉及所有货币的持有者。由于货币持有者各自的情况不同,目标差异很大,甚至可能相反。偏好性的货币政策会扭曲配置,加重结构性矛盾。因此,货币政策应以货币价值、货币使用效率、货币运用环境为目标,不能为单一目标服务。创建良好的金融经济环境,促使经济均衡发展、高效发展、普惠发展才是货币政策的主要目标。

货币政策应在明确货币政策作用对象、货币政策传导路径后实施。在实施前应确立货币政策的理论结果,在实施后应将理论结果和现实结果进行比较。货币政策的理论推导结果和现实表现等文件应作为中央银行的重要工作记录建档备查。货币政策的实施效果应处于实时监控、记录、评估中。对货币政策的制定、实施、监督、校验和效果评估进行全过程的建档制度化管理的好处是很明显的,除了能够在实践中完善发展货币理论,也能对货币金融掌舵机构的能力进行评估。进行工作记录还能减少政府干预,有助于按照货币金融的规章制度开展工作。任何中央银行的货币操作和货币政策都可能成为利益输送工具。中央银行的货币操作必须依据法律法规在设定的边界范围内有限度地采用被动方式施行。货币政策的价值购买力目标和货币供应总量目标均可以量化为货币操作的具体边界。不同国家根据自身国情和经济目标制定相应的货币价值购买力和货币供应总量的浮动边界,可作为中央银行货币操作的指引。

货币政策实施的效果表现在货币数据和经济行为两个方面。两方面的表现要相互印证,单纯的货币数据有时不代表现实,不能仅以数据为依据做出判断选择。特别是流动性操作和交易性操作,虽然可以直接改变货币统计数据,但未必会对经济行为产生影响。中央银行和商业银行之间开展的交易性操作会直接改变统计数据和图表,但很多操作并不能改变商业银行的行为,也难以传达给经济体,只是通过中央银行操作的货币量修正了数据图表。商业银行通过调整自身的资产负债表就可以在内部受到中央银行的操作影响,但并不会影响商业银行的经营方式,甚至不会影响商业银行的经营量。如果中央银行仅根据数据图表做政策决策,就会被自己的货币操作误导。中央银行看到的数据本身就是中央银行自己建构的。这样的货币操作就像打电子游戏,停止游戏问题也就随之消失了。

从货币理论来看,货币政策有实施就应有退出。实施货币政策无论是治理、建构还是救助,都是强化措施,在实现政策目标后应该退出,让经济体进行自我调节资产负债表,自我适应新环境,自我完善竞争力。不退出的货币政策促使社会将政策环境视为常态经济环境进行自我调节,经过一段时间调节后,货币政策的效果就会丧失,建构出的政策环境会成为下一个货币政策的起点。长此以往,建立在由此货币政策主导下的经济增长将不可避免地对政策刺激产生依赖,会导致经济体的扭曲程度不断加重,最终形成政策依赖型经济。有的国家单位货币购买力很低,几十万货币单位才能买个面包,这就是长期实施货币推动政策不退出反而逐步累积的结果。恶性通货膨胀和滞胀也是这样造成的。但是对于发展中人口大国而言,在潜在需求变现能力巨大的条件下,连续性地实施不退出的货币政策反而可以推动经济增长。但这种不退出的货币政策也是有限度的。即使像我国这样增长潜力巨大的经济体在连续实施货币政策后,还是会造成资源配置的扭曲,特别是到达经济增长的瓶颈期后更需要进行休养生息,而不是以更强的政策刺激经济增长。至于发达国家,因为其潜在需求变现能力差,货币政策实施后就应适时退出以避免货币政策作用出现反效果。

货币政策的科学性

货币政策的科学性体现在货币金融数据和现实的相互印证和结合,表现为货币政策的确定性。

货币金融数据本身具备现实性,能够客观反映现实情况,因此具备科学性。但在中央银行实施货币政策后,货币金融数据包含中央银行实施干预部分。此时的货币金融数据被货币政策扭曲,不能真实反映经济活动的现状,因此,数据的现实性和准确性降低,需要结合现实情况对数据进行认证校验。

货币金融数据本身虽然具备现实性，但对货币金融数据的解读和使用是有倾向性和偏好性的，这就导致对同一货币金融数据的不同看法。去除货币金融数据解读和使用过程中的倾向性、偏好性、目的性、主观性，是保障货币政策科学性的关键因素。

货币政策的核心是确定性，这也是货币政策科学性的体现。货币政策选择具备现实性的确定目标，选择能够起到确定作用效果的工具，才能实现政策结果的确定性。货币政策目标是否能够实现增加就业或者抑制通货膨胀、促进经济增长、稳定经济环境等作用，在政策推出前都需要逐一论证，直到具备确定性后再实施。货币政策的效果和结果如果预演后都不能确定，那是政策方案缺乏科学性的表现，不适合对社会和公众实施。美联储的货币政策由联储委员会的成员通过投票做出决定。这种模式依赖个人专业知识和市场判断，整个社会的财富也因此维系在这些人的专业素养和道德品质上。这种做法的货币政策科学性就明显不足。科学的货币政策应该建立在确定性的基础上，而不是个体投票，特别是关乎民生、国家、社会的政策更应坚持以科学性为基础。投票表决仅仅是各抒己见的决策方式，并不能因此替代其科学性。

货币政策的科学性还表现在实事求是解决现实问题上。现实是评价货币政策效果最主要的标准，也是货币政策实施的对象，货币政策立足于现实性才能表现为科学性。每个经济体都有基于自身货币和经济特点建立的特有经济模式，发展中国家和发达国家制定货币政策所关注的重点和跟踪的指标也是不同的，货币政策应根据本国实际情况，实事求是地解决现实问题。

货币政策的被动响应实施方式

被动响应货币政策实施方式是根据事先设定的条件或者经济数据目标，当经济运行的现实数据达到设定数据条件后自动启动政策实施,根据设定条件被动做出响应的货币政策实施方式。

被动响应方式是以数据为基础的制度管理方式。被动响应方式仅根据预先设定条件被动响应实施。预先设定的条件可以是数据,也可以是各类风险事件,只要满足条件就自动启动政策,无须再进行研讨分析决策。实施条件和数据作为政策实施的前提,是对货币政策对象、政策工具、政策作用效果等认识都达到一定水平后的产物,是货币政策具备科学性、确定性的反映。中央银行在货币政策的制定执行和研究过程中,应不断提高被动响应货币政策的比重。被动响应货币政策实施方式的应用过程是不断实践研究和检验的过程,也是逐步在货币政策领域实现科学性的过程。

被动响应方式应以货币制度规章为基础,采用公开、公平、公正的方式,以监管治理维护市场自由交易为目标,通过确定具体操作对象,设立操作对象的数据波动范围,根据实际数据走势监控政策目标的运行,到达政策设定边界时触发政策启动被动响应进行治理。被动响应货币政策的制定实施方式能够消除人为干预,确保市场自由交易。被动响应货币政策以公开、公平、公正为基础,对所有市场成员一视同仁,能够确保市场参与各方的权益。公开政策目标和实施条件,更容易稳定市场预期,促进市场繁荣发展。

被动响应方式不仅适用对货币金融的管理,也适用于货币金融的经营,可以作为货币金融领域经营管理的主要方式。被动响应方式以历史数据和货币金融理论为基础,通过数据分析确定局势,根据自身条件设立目标,制定触发响应的边界条件,向市场公布政策目标和边界条件,市场"看不见的手"就可以实现自治。

被动响应方式的核心是确定性和科学性。确定性来源于货币金融理论,科学性来源于经济数据。制定被动响应政策有严格的科学性要求,政策内容不仅要符合货币和经济理论的要求,还必须有现实数据的支持。被动响应政策方式对货币和经济治理的科学性提出更高的要求,有助于在经济实践中发展完善经济和货币理论,促进货币金融学和经济学的发展。将具备科学性和确定性治理效果的问题交由制度被动管理,避免人为决策,能更好地确保货币制度的各项要求得到认真执行。建立被动响应的货币金融管理制度,将制度硬性安排和人为决策结合在一起,能消除完全由人为主观决策造成的误判和风险。

被动响应模式是采用设定目标、划定边界、确立禁止内容、向社会公布政策目标、实时监控政策实施动向、对于到达边界或者目标的指标采取被动响应方式应对、对于边界范围内的经济活动不予干预、允许市场自由运行的经营治理方式。被动响应方式的适用对象是自由交易市场机制。非市场范畴和公共领域采用这种方式时,更像是制定了强制范围、画地为牢,很难出现政策制定者和使用者的博弈,因此效果并不一定好。

被动响应模式也是触发式政策启动实施方式。这种方式的优点是能对超边界行为即时做出反应和应对,能够自然而然地建构出市场对未来的预期。政策实施制度化、施行公开化、启动机械化,不需要特别的预期管理,不干扰市场自身的自由运行,价格和供需被扭曲的程度低,有助于市场自由发挥配置功能。被动响应政策经过科学论证,政策效果有保障。

被动响应方式的缺点是这种方式适合日常监管治理使用,不适合特殊时期和危机救助。适合具体对象目标明确的操作,不适合需要灵活处置、对宽松度要求高的事件。因此,被动响应方式需要和主动建构方式结合使用,弥补被动响应方式的缺点和不足。

自由市场不是没有治理的市场,而是治理和自由完美结合的市场。被动响应治理方式是在尽可能不影响市场自由运行的基础上实现对市场的治理。这种治理方式要求货币金融管理部门建立自己的行为边界和行为原则,建立完善的数据统计和数据预警机制,采用公开、公平、公正的独立中性原则进行市场的监管治理,杜绝拍脑袋临时起意的突击治理,减少主动管理和指令政策,以被动响应监管和制度完善作为货币金融管理的主要方式。

被动响应方式虽然缺乏实施的灵活性,但对于需要严格限制的目标对象而言,缺乏灵活性恰恰成为优点。实际上,正是这种机械式管理才能避免人为主动管理方式对货币金融基础的干扰,毕竟治大国若烹小鲜,对于某些宏观顶层政策来说,被动响应方式的严格性更容易实现治理效果。被动响应货币政策实施方式能够避免情绪影响,消除主观影响,结合主动建构实施方式一起应用会产生很好的效果。

采用被动响应方式对中央银行的业务能力和理论能力提出了更高要求。被动响应方式是针对所有市场参与者的公开平等的方式。这就要求中央银行的货币政策不能有偏好,不能有特定的功能目的性,要始终确保政策的中性和中央银行的独立性。货币政策是为市场服务的政策,政府目标应该通过经济政策实现。

实现了中性、科学性、确定性,达到公平、公正、公开的被动响应政策方式,有助于抑制谣言,向市场提供确定性预期,减少因为宏观政策不确定、不透明,对市场产生负面影响。货币政策公开透明,不仅是对现实数据有信心的表现,也是展现管理机构的专业性和对管理能力的要求。宏观政策,特别是顶层政策不透明,不仅会引发市场各种猜测增加经营成本,还为投机炒作,制造各种流言蜚语,以及内部人员通过内幕消息获利与扭曲市场资源配置提供了条件。运用被动响应政策方式的关键不是政策本身而是政策模式,研究出适合本国国情的被动响应政策模式,对提升社会和经济管理的效率帮助很大。

被动响应方式不仅可以作为国家宏观经济政策的顶层设计实施方式,也可以按照国家的行政区划在各个地区分别施行适合本地区的经济政策。不仅宏观经济的管理适合采用被动响应方式,省市地区和行业、企业单位也可以建立适合自身经营治理要求的被动响应政策。特别是对于资产负债表的管理,可以采用被动响应模式。被动响应治理方式是以数据为基础的制度管理方式,只要以数据为基础设定目标和条件都可以采用。

货币政策的主动建构实施方式

主动建构实施方式是通过设定具体目标,根据目标配置实现目标的资源和工具,创造实现目标的条件和环境,配套辅助政策,以目标为导向,通过主动行动达成目标的政策实施方式。经济发展采取的主动建构性政策主要通过产业政策和财政政策实施。货币政策的主动建构主要用于抑制通货膨胀、推动经济增长、创建经济周期、治理货币金融环境,解决经济危机和金融危机造成的问题。

在主动建构实施方式中,目标的正确性和适用性很关键。如果选错目标,不仅造成资源在实现目标过程中的严重浪费,还会导致时机延误、资源错配,问题不仅得不到解决,还会更加严重。

在主动建构实施方式中,政策的执行力是很关键的因素。即使目标制定正确,如果缺乏强大的执行力去实现目标,再好的计划都是空想。如果执行力太强,又可能因为不顾后果,不计成本收益的实施方式将目标极端化,这也是不可取的。主动建构实施方式执行力的关键是解决问题,又不造成其他伤害。

主动建构实施方式也可以被看作被动响应实施方式的前身,是对政策确定性的实践研究。当主动建构方式找到这种政策的确定性所在时,就可以转主动建构实施方式为被动响应实施方式。被动响应实施方式通常只做被动响应,并不主动干涉市场的自由运行,但当出现市场失灵、危机或经济运行阻力,经济水平需要进一步提升时,单凭市场自我配置可能达不到效果,此时就可以采用主动建构方式人为推动目标实现。原本的被动目标也可以转为主动建构予以实现。主动建构和被动响应只是政策的实施方式,对政策和目标本身不会产生影响,但采用哪种方式对政策作用对象有很大的影响差异。一般而言,采用被动响应方式,是维护市场自由运行机制不受主动干涉,使市场参与者不依赖政策刺激形成自主运行、自主修复的生存发展竞争淘汰机制。所以维护经营环境,监管治理经济运行多采用被动响应方式。采用主动建构方式是有针对性地解决市场问题,达成政策目标。所以提升产业水平,调整产业结构,促进经济增长多采用主动建构方式。

交易由市场决定,政府管理部门通常不参与市场定价,不干预市场运行,因此主动建构方式通常不建构价格和交易,只建构环境和秩序。采用主动建构方式的货币政策或经济政策,政策实施需要经过论证,实施效果应和论证结果进行对比评估,以提高今后应用建构政策的水平。采用主动建构方式时,应提高建构的确定性和正确程度,避免频繁重复使用政策,避免市场对政策产生依赖,避免使用政策解决原本应由市场自己解决的问题。政策有实施也要有退出,依赖政策扶持的经济体容易成为温室的花朵,应对市场风险能力往往不足。

主动建构方式很容易造成主观性和强制,容易滋生腐败,也容易降低经济体的自我修复能力,扭曲资源配置,带来大量债务,经营者很容易对政策形成依赖。但是瑕不掩瑜,对于发展中国家而言,主动建构方式在促进经济发展方面有特效,主动建构方式更适合市场经济不发达的国家采用。当经济发展到一定程

度时,也就是市场能够高效配置资源自我发展时,应逐步减少主
动建构方式的应用,增加被动响应方式对建构的替换,强化制度
管理,让经济自由运行。

政策常常具有两面性,能够对问题的当事方产生好的结果,
也可能造成新的问题。主动建构政策的针对性强,作用对象明
确,对作用对象产生积极效果时,就可能对作用对象的竞争对手
产生负面影响,这是应用主动建构方式时经常出现的问题。政
策如何在经济体中传导是不确定的,市场也会利用中央银行政
策中的漏洞进行投机操作。这些情况都会导致政策效果降低,
甚至走向预期的反面。这也是应减少采用主动建构方式的原
因。当年索罗斯通过衍生品市场对赌英国央行的决定,击垮英
镑就是市场和中央银行博弈的典型案例。中央银行过多使用主
动建构政策会给市场提供兴风作浪的机会。货币政策要多采用
被动响应方式,确保其科学性才能减少这种情况的发生。

主动建构方式在中国改革开放 40 多年的发展过程中发挥
了关键作用,为中国经济发展的实践提供了无数成功的案例。
中国经济改革开放由计划方式向市场化转变的过程中,自始至
终采用以市场化为导向,建构政策辅助的方式,有目标、有侧重
地解决经济发展中遇到的问题。主动建构方式在积极解决经济
问题和社会问题,促进经济发展方面有显著的效果,不仅适用于
中国,也特别适合发展中国家的高效发展需求。被动响应方式
是在确保市场自由运行前提下的治理方式,也是发达国家常用
的方式,两者都是市场治理的工具,并不存在矛盾冲突,需要根
据各国的实际情况选择应用。

从国内的货币政策实践来看,采用指令和建构方式实施政
策的效率更高,效果更好,对金融风险的管控也更有效。在中国
改革开放的经济发展过程中,中央银行和政府对市场参与程度
很高,主动建构政策一直是主要的政策方式,被广泛用于货币政

策和经济政策的顶层设计。我国制定的五年、十年发展规划就是典型的主动建构政策，为我国经济的持续稳定发展做出了重要贡献。但我国对主动建构方式的应用效率是在资本项下人民币管制的前提下实现的。从这个角度来看，人民币如果放开资本项下的自由兑换，未来的货币政策就需要更多地采用被动响应方式。

未来，在人民币逐步国际化的过程中，货币政策应逐步转为被动响应方式。即使继续采用主动建构方式，也要提高建构方式的科学性和确定性。人民币要成为国际交易储备货币，其交易流通和储备都依赖使用者对人民币的信心。保持货币政策的独立和中性对于人民币国际化非常重要。人民币只有首先在国内实现了市场化、制度化、公开化，才能为其在国际市场的货币竞争中提供稳定性和抵挡风险的能力。

需要强调的是，被动响应方式和主动建构方式都是对经济的建构方式，只是两者在建构时采取的方式不同。中央银行货币政策的本质也是在建构金融和经济，并不存在所谓的绝对自由市场经济。各国经济自由度之间的差别是方式和程度上的差别，有的国家干预多，有的国家干预少。美联储入市购买国债、制定利率、实施量化宽松政策都是对金融和经济的建构。

需要强调的是，投机资金的金融攻击行为不是通常意义上的自由市场经济行为，不属于供需自由交易的范围。金融攻击行为是一种有目标、有计划、有组织的，危害市场正常交易安全和供需配置秩序的行为。对于这样的行为，不适用自由市场交易制度，应视为危害市场秩序、危害自由交易、危害经济安全和秩序的行为。这样的定性，为采用主动建构方式惩治金融恶意攻击行为提供了法理依据。

将人为决策的主动建构方式和制度决策的被动响应方式结合在一起取长补短共同使用，才能在保障监管治理的基础上实现稳健均衡的发展。采用被动响应方式的原因在于，市场经济制度的核心基础是自由交易,实现自由交易的条件来自货币秉持的中性独立原则。如果货币金融有目的偏好,采取非中性立场,在此基础上形成的市场交易必然产生基于货币金融偏好的取舍筛选,必然出现歧视、排挤和垄断。采用被动响应方式能够维护市场的自由交易,平等对待交易双方,确保监管治理的独立性和中性原则,保障自由市场经济制度的基础。采用主动建构方式的原因在于,市场会失灵也不总是有效,还会发生危机,需要救治。主动建构方式既能有针对性地解决市场遇到的各种问题,还能提升产业水平,调整产业结构,促进经济增长,是人为决策的好工具。主动建构方式和被动响应方式的应用原则是"不管黑猫白猫,能抓老鼠就是好猫",应根据现实情况选择,这也是货币政策应遵循的原则。

主动建构和被动响应的货币政策实施方式不仅可以在货币政策层面使用,也能应用于经济政策和企业的经营管理中。主动建构和被动响应作为实施方式,是各种治理范畴通用的治理方式,其本质是科学性和主观性相结合的运用方式,也是未来人工智能应用于监管治理的主要模式。

第六节　货币传导

货币传导模型

货币传导的影响力来自货币的购买力,货币的单位价值和数量通过购买力释放就是货币的基本传导方式。

货币购买力通过商品消费和投资的品种、数量、价格三方面进行传导,是货币传导的主要方式。用公式表示为:

单位货币价值 × 货币供应总量 × 周转次数 = 品种 1 × 数量 1 × 价格 1 + 品种 2 × 数量 2 × 价格 2 + … + 品种 n × 数量 n × 价格 n

品种 N × 数量 N × 价格 N = 品种 1 × 数量 1 × 价格 1 + 品种 2 × 数量 2 × 价格 2 + ⋯ + 品种 n × 数量 n × 价格 n

我们可以把这个公式简化表示为:

单位货币价值 × 货币供应总量 × 周转次数 = 品种 N × 数量 N × 价格 N

从公式可以得到如下结论:

(1)货币传导通过货币购买力在消费和投资的品种、数量和价格层面进行传导。

(2)货币传导在价格高、数量多的品种中传导的金额大,因此价格高,数量多的品种在传导中所占比例相对更大。

(3)货币传导表现为货币购买力的事实说明,货币传导在品种、数量、价格三方面的传导也是在各种品种、数量、价格上的总额分布。因此,可以看作国民经济的分布和比例,以及各行各业在国民经济中的结构和权重。

货币购买力通过个人、家庭、企业、公司、事业单位、政府等社会组织形式进行传导也是看待货币传导的主要方式,用公式表示为:

单位货币价值 × 货币供应总量 × 周转次数 = 个人 N + 家庭 N + 企业 N + 公司 N + 事业单位 N + 政府

从公式可以得到如下结论:

(1)货币传导通过货币购买力以个人、家庭、企业、公司、事业单位、政府等社会组织形式为基本单位进行传导。

(2)社会组织形式的收入和支出就是货币传导。

(3)社会组织形式的收入和支出结合消费和投资的品种,数量和价格就是立体的货币传导分布。

当将经济体分为实体经济和金融两个部分时,货币传导可以表示为:

单位货币价值×货币供应总量×周转次数＝实体经济＋金融

当将经济体按照行业进行划分时,货币传导可以表示为:

单位货币价值×货币供应总量×周转次数＝行业 1 ＋行业 2 ＋…＋行业 n ＝行业 N

通过这种方式可以建立其基于各种经济因素的传导路径。

在解决了经济的传导路径后,根据实际的货币流通量和流通位置,就可以建立起经济运行的脉络结构图。

货币传导方式简述

从商品消费和投资的角度看待货币传导只是货币传导的一种方式,实际上各种经济因素都是货币传导的节点和路径。

货币传导是通过交易支付货币进行的和各种社会单位组织开展的。生产、供应、消费、投资、借贷等经济活动都是货币传导的表现形式,也是货币传导的对象和目标。各种形式、目标、价值、感受、意愿等因素都会对货币传导产生直接影响,所以货币传导本身不具备确定性,这是货币传导的主要特点。

货币政策设计的目标和结果也不一定符合预期。货币政策产生的确定性是群体共识的确定性。如果社会成员普遍反对政策,这项政策大概率不会成功。

货币传导时产生的影响是两面性的。货币的贷方和借方,市场的买方和卖方,雇员和老板,消费和投资,针对同一货币政策受到的影响可能不同,产生的反应和应对方式也可能不同。

货币政策传导后的效果是多元的,可能和政策设计的初衷方向一致,也可能相反。货币政策的科学性体现在将传导后的确定性部分总结出来作为科学货币政策的一部分。

货币传导产生的影响是递减和变异的。特别是中央银行通过商业银行间接对储户施加影响的政策工具,需要考虑传导时的影响力损耗和变异。通过商业银行间接传导的货币政策,货币政策的作用力度要能够改变商业银行的行为或资产负债表,否则,影响力不能传导至储户,就不能将货币政策的意图传导给储户。如果中央银行货币政策仅停留在商业银行范畴内,市场就不会感受到货币政策和货币操作的影响力,这样的货币政策或货币操作将是失败的。

货币传导时产生的影响是扩散的,每个货币政策都要研究政策作用对象的特点,明确货币政策的作用方式、传导方式和传导路径,评估各个作用位置产生的影响力程度,这是制定实施货币政策最重要的原则。

货币传导在价格方面表现为通货膨胀和通货紧缩。通货膨胀也是货币传导的主要力量,正是因为通货膨胀产生的物价上涨才为偏远地区创造了经济机会,货币需求才能延伸传导到这些地方。

货币传导路径在数量方面表现为需求增长、扩大生产规模和增加就业岗位。需求以货币形式投向哪里就会带动哪里的经济活跃度。需求增长很容易拉动投资,扩大生产,增加就业。一般而言,需求分布得越分散,货币传导越广泛深入;需求分布越集中,货币传导越差。战争产生的需求,政府支出和基础建设需求,都可能因为需求对象过于集中,需求传导不佳,导致局部通货膨胀和分配不均。

货币传导在品种方面表现为经营品种增加、分工合作深入、产业链深化、行业和产品多元等。发达国家在消费品种和生产品种上远多于发展中国家。发达国家丰富多样的消费品种和生产品种不仅能创造更多就业,增加收入,也能带来更多财富创造机会,这是发达国家经济之所以发达的原因之一。每种商品都有自身的经营流量、流速和周转期。该商品的需求和供应都会吸纳相应的货币流量用以确保该商品的正常流通和需求满足。每个行业门类都有该行业门类的货币流量和吸纳保有量。品种数量和价格都是容纳货币流动性的主要对象。不发达国家的经济规模小，是由不发达国家的经营品种少、数量少、价格低造成的。

货币传导在交易对象方面表现为通过劳动分工合作和交易流通进行传导。经营规模扩大、经营品种增加、经营范围扩展等都会增加交易、强化分工合作、推动经济发展。劳动者通过薪酬和消费进行传导，经营者通过生产销售进行传导。任何行业增加的需求，都必然带动产业链相关产品需求的增加和相应产业的增长。经营单位和交易活跃度下降对于经济的伤害程度都很大。

货币资金积压在商品库存中会阻碍经济流通。经济流通减速，甚至停滞不但会增加社会成本，降低经济运行的效率，还会极大影响社会财富的分配。社会分配问题、经济效率问题、经济结构问题都可以从货币的流通传导角度来分析看待。货币供应增加会导致需求增长，持续的流动性扩张会推动资产、房产和资源价格上涨。货币供应持续增加的结果是货币从实体经济传导至金融领域和资产环节的结果。在货币供应数量一定的条件下，某些行业太兴旺，货币财富就会向这些行业集中，从而分流其他行业的货币流入，降低其需求。因此，监控货币流通传导是调控经济非常重要的环节。

第七节　重要的货币经济模型

寻租模型

从价格构成或者供给公式来看：

价格 = 成本 + 利润 + 税金

社会总供给 = 商品总成本 + 利润总收益 + 社会总税收

原本应由生产供应者承担的成本被生产供应者忽视，这部分成本不会消失而是保留在社会中,造成社会问题,最终通过公共支出治理的方式解决。原本应由生产供应者承担的成本最终由税金承担,这种现象就是寻租。

从理论上来讲,民主法制的自治型社会的社会问题应由造成问题者承担。政府在社会治理中的支出种类就有寻租种类,也就是应当由制造者独立承担的成本。这部分成本理论上不应由税收支付,也不应作为合法的征缴税项存在。寻租成本通过社会治理归于制造者,税率就可以不断降低,这是政府的主要工作,也是社会发展和治理的基本方式。

将成本划分为经济成本和社会成本。经济成本计入供应成本被包含在价格中,社会成本是外溢的经济成本,没被计入生产成本,被转嫁给社会由公共承担。如污染就是这样一种外溢给社会的成本。从理论上来讲,对外溢成本进行征税是最常见的社会治理办法。总之,外溢的经济成本成为社会成本后,要么采取自治的方式计入经济成本自己解决,要么采取公共治理的方式计入社会成本统一解决。根据解决方式和解决成本效率的比较,选择自治方式还是统一解决方式,这是经济学和社会学以及政府需要研究的课题,也是体现政府社会治理能力、治理效率和科学性的课题。

流动性陷阱模式

货币总价值 = 单位货币价值 ×(价值货币供应总量 + 债务货币供应总量)

从公式可知:

在货币总价值没有任何信用债务的情况下,价值货币和物价之间的关系是实际价值和名义价值相等的关系。此时的市场利率是自然利率,反映市场对货币的自然信贷需求程度和货币供需的实际情况。

当有信用举债时,债务货币供应数量会摊薄单位货币价值,降低市场利率。此时的市场利率因为债务货币供应被扭曲。当这种情况严重到一定程度，就会出现短期货币供应充足、通货膨胀率等于利率的情况，实际市场利率此时被通货膨胀率抵消为零。如果通货膨胀率更高，实际利率为负，这种情况是流动性严重过剩导致的，因此也叫流动性陷阱。在大幅举债的国家，市场利率通常较低就是债务货币供应过多，通货膨胀过高，压低实际利率的结果。

流动性陷阱初期的表现主要是短期利率为零，中长期利率通常不会为零。如果继续推行增加货币供应的负利率政策，债务货币增加又难以转化为实际经济增长，长此以往可能会导致短期利率为负，中期利率为零的情况。

对短期流动性收费的做法相当于提高资金成本，导致货币收益下降，也会造成零利率甚至负利率。如果实际利率为零或者为负的情况持续很久没有解决，就可能发展到名义利率也为零，甚至为负值的程度。对储蓄不计利息，甚至收费就是名义利率为零，甚至为负值的情况。这种情况也是最严重的流动性陷阱。

流动性陷阱反映的是货币流动性过剩和经济发展停滞共同作用下经济的表现。经济发展停滞导致品种、数量和价格都无法吸纳流动性，甚至因品种数量缩减，价格下降。资产套现不断挤出流动性，导致市场流动性泛滥，缺乏投资机会，持续压低利率。这些过剩的流动性没有转化为实体需求，因为没有利息，不产生持有收益和经济成本，也不创造利润收益，货币也没有持有压力。此时货币如果流出本国货币体系，对本国货币没有影响。日本的货币金融就处于这种状态。

免费午餐模型（战争融资模型）

法定信用货币是封闭体系，经济活动通过垄断封闭的货币体系储藏和消费劳动价值。任何虚增货币和创造货币价值的做法都是债务行为，天下没有免费的午餐，不劳动者不得食。

社会剩余劳动价值总价值＝货币总价值

货币总价值＝单位货币价值×货币总数量

如果将货币供应总量人为增加 N 倍，在社会剩余劳动价值总价值不变的情况下，也就是不增加新剩余劳动价值的情况下，单方面增加货币数量的结果是单位货币价值成倍缩减。用公式表示为：

货币总价值＝单位货币价值/N1×（价值货币数量＋债务货币数量×N2）

扩张供应的债务货币进入经济体后，在品种、数量和价格层面会有体现。由于品种和数量增加的程度不大，债务货币供应增加将主要作用在物价层面，也就是单位货币价值降低。当然，如果经济体的潜在需求很大，债务货币供应增加将作用在品种、数量和价格层面，那就会产生很大的刺激作用，推动经济增长。但是，债务货币无论扩张多少，都不是劳动生成的价值货币，迟早要还债。一旦还债，货币供应总量会减少，经济体的价格将回落到和货币供应总量对应的水平上。如果举债不还，持续续债，经济体将在包括债务货币的水平上形成物价水平，通货膨胀就不可避免。劳动实际产生的劳动价值有多少，就进行多少消费，超发的货币虽然是购买力，但不是剩余劳动价值，从长期看不能发挥价值货币的功能。在现实中，这种超发行为总是定向的，肥了私人的腰包，实现个别人的目的，由此产生的结果却由全体货币持有者均摊。

货币总价值由单位货币价值和货币总数量共同决定，和经济体中的商品价格、资产价格相对应。在静态条件下，单方面扩张货币数量，或者单方面增加单位货币价值的做法，都不会改变货币总价值的实际值，也就是不改变货币的实际购买力。所以，使用武力方式夺取政权的新政府如果宣布新货币和旧货币按照某个比例兑换,这种兑换只能改变货币数量,不会改变货币的实际购买力,也是这个道理。旧币用 10000 元买 1 个面包,新币只用 1 元,只是货币数量的变化。只要货币整体价值重估,物价和收入同时更替,就不会出现问题。

政府为战争在国内融资的做法,是最典型的单方面扩张货币的做法。政府对外开展军事活动是巨额消费行为,战争更会在短期消耗大量价值货币的劳动成果。政府发行债券征集社会资金,或者直接印制现金发行货币采购军需物资,由此产生的债务货币都由该货币的持有人承担。所以靠军事立国的国家不可避免地面临通货膨胀问题。经常发动战争的国家,货币极其不可靠。

美国每年产生的价值货币数量庞大,但美国的国债规模更大,这与美国经常发动战争消耗大量财富有关。超发的美元原本会导致通货膨胀,但美国使用超发美元大量进口,将超发美元输出国外,由此降低国内物价,才没有造成通货膨胀。所有外国投资者作为美元的持有者,是美元超发问题的均摊者,也是最终的美元问题承担人。偏好战争的国家其货币从来都非常危险。

经济滞胀原理

从货币和经济关系的模型中可知:

单位货币价值 × (价值货币供应总量 + 债务货币供应总量) × 周转次数 = 品种 N × 数量 N × 价格 N

当货币和经济关系模型中的品种、数量、价格经过长期发展都达到高峰难以再增长时,由债务货币供应提供的需求出现萎缩,造成消费和投资数量减少。数量的减少会导致经营成本上升,库存增加,可能进一步导致价格下降。

从价格和数量的关系可知:

销售额 = 价格 × 数量 = 成本 + 利润 + 税金

成本＝原材料成本＋生产成本＋经营成本＋管理成本＋财务成本

其中，生产成本、经营成本、管理成本、财务成本和销售量息息相关。销售量越大，这些成本在商品成本中分摊得越少。反之，销量下降将导致单位商品分摊成本上涨，由此导致在销量下降的情况下售价反而上涨或者维持在高位不下跌。

当经济出现普遍性的疲软时，在市场竞争不激烈的经济体中出现的普遍维持高价不降，甚至涨价现象，是对冲成本上升的做法。这种现象就表现为滞胀。滞胀是货币超发状态下，需求不足，货币供应难以刺激需求增长，经济单位自我调整经营的结果。

这种因销量不变或者下降导致的价格上涨现象，是一种典型的价格模式，很多现实情况都有实例。农贸市场大婶每天平均卖200斤菜，如果她的生活成本上涨，在销量难以增长的情况下，大婶只能提高每斤菜的售价。如果销量下降，为维持收入，大婶也要提高每斤菜的售价才能确保每天的收入不降低。另一个典型的例子是出租车行业。出租车在每天的总营业时长难以提升的条件下，要提高每天的平均收入只能通过涨价实现。如果交通拥堵导致载客量下降，也只能通过提高单价的方式确保每天的收入，其原理和滞胀原理是类似的。

第十一章 货币和经济的关系

第一节 货币和经济关系的综述

　　经济由金融和实体两部分构成,货币和经济之间的关系由货币和实体经济以及货币和金融之间的关系构成。货币体系和经济体系是两种不同的体系,货币体系遵从货币制度的机制运行,经济体系遵从经济制度的机制运行。实体经济和金融之间的关系是经济的内部关系,货币和实体经济以及金融之间的关系是经济的外部关系。金融体系是在货币体系的基础上发展起来的,尽管金融体系在经营方式上采用经济机制的经营方式,也是经济体系的一部分,但金融体系和货币体系的渊源更深厚,联系更紧密。

　　货币体系是经济体系的基础,是金融和实体经济流通的中介载体,承担着经济的运转、分配、流通职责。货币作为经济活动的交易媒介、价值度量标准、价值储藏载体和统计核算工具,是金融和实体经济运行的硬件设施,金融和实体经济都在货币体系提供的交易、结算、支付、流通平台上运行。经济活动主要围绕货币价值、货币数量、货币购买力、货币功能、货币性质、货币制度、货币风险以及货币经营方式等内容开展。货币体系将金融和实体经济紧密地联系在一起,构成能够自我调节的封闭运行整体。

　　货币通过自由交易方式,以利润收益引导供需、配置资源、淘汰落后、奖励创新。货币价值的市场定价是货币和金融以及实体经济三个范畴价值相互比较的结果。货币供应数量的增减,是货币和金融以及实体经济三者之间相互作用的结果。货币和经济之间的关系可以细分为货币和各种经济元素之间的关系。例如,货币供应和物价,货币供应和就业,单位货币价值和购买力水平,单位货币价值和收入水平,货币和劳动,货币价值和劳动价值等之间的关系。这些关系都是货币制度和经济制度结合的产物,都表现为人类生存生活对各种需求的满足。

从货币的角度来看,经济是个人、家庭、公司、企业、政府、国家等各级社会组织和经济单位,在资产负债表、现金流量表、损益表等财会报表格式中的数字表现。各种经济活动表现为货币发行供应资产负债表在经济单位层面的独立经营。每个社会成员及其所在的组织单位和组织形式,只要开展经济活动,都有自身的信用、货币、负债、资产等货币金融表现形式和货币金融状态,都有独立的资产负债表。用财会报表方式看待下至个人、上至国家的货币金融活动,是从货币角度看待经济的基本方式,也是从货币角度衡量、统计、分析经济活动的基本方式。

货币体系可以通过利息、汇率、信贷等方式,创造出新增的货币价值推动经济扩张,也可以通过缩减债务减少货币供应的方式,使整个经济体系收缩。美元制造金融危机时,收缩国际货币的供应总量,各国货币汇率因此承压贬值,各国的劳动价值在这个过程中转移给美元,就是这种运行方式的典型代表。因此,货币制度,特别是国际货币制度,关乎人类未来的走向。建立公开、公平、公正的国际货币制度刻不容缓。

金融是货币的延伸,是货币价值和商品资产结合的产物,是信用运用和金融创新发展的结果。最初的金融业是商业银行业务的一部分,主要以货币服务和投融资业务为主。正是因为货币及其信用和价值沿着产品化、工具化、社会化、经营化方向的不断发展,使金融业的经营范围得到极大拓展,分化出证券、信贷、基金、保险等金融性行业和债券、房地产等资产性行业。金融领域逐步发展成为由金融产品和资产投资构成的独立产业。当前的金融交易金额远超实体经济,这恰恰是货币创造和信用运用的结果。

金融在经济中主要承担投融资、对冲流动性、提供投资机会、创造就业岗位，增加投资收益来源的作用。货币供应扩张产生的过剩流动性分流到金融领域，既可以降低实体经济的通货膨胀压力，又可以推动金融资产领域的繁荣，为劳动价值储藏和保值、增值提供多元渠道。金融资产和金融产品在资产负债表中扮演货币伴侣的作用，既是投融资的主要对象，也是产生收益的主要渠道。金融资产和金融产品的经营不仅能够和商品经营并驾齐驱创造收益、增加就业岗位、吸纳流动性，还是国民经济的主要发展模式。美国以金融业作为发展经济的主要动力就是对金融发展模式的实践应用。

实体经济是现实生活在经济层面的表现形式。工作、出行、休闲、娱乐、饮食等日常生活，以及文化、科学、教育，卫生，甚至政治等社会活动，都采用经济方式提供运行动力，配置资源，满足需求。每个经济单位，包括国家、机构、企业、家庭、个人等经济单位的货币收支、盈利亏损、资产结构、信用债务、经营品种规模、流动性创造能力等，都是货币经营管理能力的体现。人类的各项活动也都是在经济力量的支持下完成的。人的一生主要表现为工作赚钱的获取型经济力量和消费投资的使用型经济力量。经济需求是仅次于生存需求的重要需求。社会中的各项事业都以经济基础和经济实力作为实现的根本。

从经济的角度来看，货币作为交易支付、债务清偿、价值储存、度量计价的工具，是经济运行的基础设施，经济活动是在货币体系支持下开展的社会活动。货币通过单位货币价值、货币供应数量、货币总价值三个方面对经济施加影响。利率政策、货币供应操作都基于这三条路径和方式对经济体实施影响。无论何种经济体，无论处于何种发展阶段，只要采用市场经济制度，货币对经济体的影响方式都是类似的。虽然货币对工业、农业、商业、金融业的影响力和传导路径因行业自身特点不同而表现各不相同，但也是通过单位货币价值、货币供应数量和货币总价值三个方面施加影响,并无路径和方式的差异。

反过来看,经济对货币的影响方式通过劳动价值创造、累积和储藏,直接影响单位货币价值和货币总价值,进而实现对货币供应数量的影响。生产经营创造的货币价值用于消费投资,归还借贷、注销举债,都可能增加货币总价值,提升单位货币价值,改变货币购买力,进而影响货币供应数量的增减。当然,经营亏损、举债消费也可能会摊薄货币总价值、降低单位货币价值、减少货币购买力,进而影响货币供应数量的增减。从这个角度来看,货币政策操作的货币供应数量增减幅度是可以测算出来的。实际操作量就是经济对货币操作的反馈数值。反馈数值还可以作为新货币政策的起点数值,用于谋划下一个货币政策操作。货币操作和货币政策可以看作经济运行的助动力。助动力与经济自身的内在动力相辅相成,有时推动增长,有时抑制增长;有时前进,有时后退;有时释放货币,有时回收货币。

金融和实体经济是现实生产生活供需分配机制的具体表现形式。实体经济主要负责商品的供需分配,金融主要负责资产资本和各种投资品及其衍生品的供需分配。金融和实体经济都是以经营管理产品获取收益为目标的经济体系。实体经济和金融之间的相互关系由货币流动性调节,两者是相互竞争又相互合作,共同创造利润收益的关系。从宏观来看,实体经济和金融各自保有一定的货币存量用于经营周转,热钱在两者之间流动,从中寻找投资机会。实体经济可以看作以商品为载体的劳动价值创造体系。金融可以看作以货币衍生品、金融产品和金融资产为载体的劳动价值创造体系。货币作为金融和实体经济的中介载体,既是金融和实体经济的经营目的,也是经营基础和争夺对象。实体经济和金融之间的"相爱相杀"关系,在货币体系的调节平衡作用下,就形成了货币和金融以及实体经济三者之间相辅相成的关系。

货币和金融实体经济之间相辅相成又相互制约的关系表现

在,每当实体经济或金融资产领域出现过热发展时,货币体系可以通过提高利率、缩减货币供应量等方式,为实体经济或金融资产领域降温。如果实体经济或金融资产领域的发展动力不足,货币体系可以通过降低利率,增大货币供应量等方式,为实体经济或金融资产领域的发展提供动力。金融和实体经济既是货币的需求方,也是货币价值和货币数量的创造方,肩负着保障货币价值、维护货币购买力的重任。经济首先是由货币供需的相互作用关系构成的,其次才是金融和实体经济自身范畴商品的供需关系。没有货币参与商品流通,经济只会停留在自用的基础上。经济理论的千言万语可以简单地归结为:无论是商品的供需关系,还是货币的供需关系,都是基于货币的价格或者价值,按照等价值交换原则通过货币流通满足供需的。

货币和实体经济以及金融之间,从来都是以实体经济为主,以货币金融为辅助的关系格局。人类经济活动的目的首先是满足生存生活的基本需求,其次才是获取财富、享受人生和实现人生价值。因此,金融业和各种资产交易的发展是建立在满足基本生活需求、现实富裕的基础上的。人为将金融业作为核心产业的做法只能建立在国际分工合作的基础上,由其他经济体提供各种产品满足人民的日常生活需求。单纯发展金融业和消费业、忽视生产的做法都难以长久。

第二节 货币和经济关系的基本公式

货币和经济关系的基本公式

在货币体系方面,经济情况通过单位货币价值、货币供应总量和货币总价值表现。利率、汇率、价值货币供应总量、债务货币供应总量都是单位货币价值和货币供应总量的不同表现形式。

在经济体系方面,经济表现通过品种、数量、价格三个方面表现交易,通过收入支出表现流动,通过损益债权债务表现得失。经济现象的千变万化不过是这三个方面的不同表现形式。

由此可以建立起货币和经济关系的基本公式:

单位货币价值×货币供应总量×周转次数＝品种 N×数量 N×价格 N

品种 N 代表各种商品资产品种;数量 N 代表特定商品资产品种的交易数量;价格 N 代表特定商品资产品种在特定交易数量下的交易价格。

品种 N×数量 N×价格 N 代表所有商品资产等的交易总额,可以表示为:

品种 N×数量 N×价格 N＝品种 1×数量 1×价格 1＋品种 2×数量 2×价格 2＋品种 3×数量 3×价格 3＋…＋品种 n×数量 n×价格 n

单位货币价值×货币供应总量即是货币总价值。货币总价值乘以货币周转次数即是一定时期的交易总额。一定时期的交易总额又是所有品种在特定数量、价格下的成交额之和,也就是品种 N×数量 N×价格 N。

这是基本的货币和经济关系公式,公式中不包括储蓄对货币总价值数值的影响,也没有加入信贷债务等因素。在具体应用中可以将货币供应总量替换为价值货币供应总量加债务货币供应总量,也可以引入相应经济因素将公式扩展至国民经济分析。或者引入行业、经济单位、就业岗位、工资薪酬、成本构成、供应流程、人口等经济指标,既可以构建经济体的分析模型,也可以构建行业分析模型,总之根据实际情况加入相应因素即可。

从公式可知,国民经济宏观表现为品种、数量和价格的经营总值。经济发展表现为消费和投资的品种增加、数量增长、价格提升。消费投资和生产供应是相辅相成、相互依赖的整体。消费投资使用的劳动价值从生产供应端产生,消费投资活动又是生产供应的动力和目标。因此,经济发展可以定义为消费投资和生产供应的交替发展,经济治理可以定性为消费投资和生产供应关系的和谐和平衡。

货币和经济关系的基本公式根据应用对象的差异可以导出如下几个典型的应用模型。

1. 从微观的角度来看

货币和经济关系的基本公式可以表示为:

货币价值 = 数量 × 价格 = 卖方收入 = 买方支出

公式也是等价交换公式,所有的交易都符合该公式的表示。

2. 从宏观的角度来看

扣除储蓄金额的货币和经济关系的基本公式可以表示为:

(货币总价值 − 储蓄) × 周转次数 = 品种 N × 数量 N × 价格 N

(货币供应总量 − 储蓄) × 周转次数 = 品种 N × 数量 N × 价格 N

在使用货币总价值的前提下,公式从价值的角度构建关系模式,公式中的储蓄是指储蓄价值,等式右侧也同样指商品价值。货币总价值也可以换为货币供应总量,此时储蓄是指储蓄金额,等式右侧也同样指商品金额。公式从货币金额的角度构建关系模式,两种方式是一样的,以下皆同。

货币是供需关系的联通器,不论实体经济还是金融领域,各种商品的供需关系都通过货币以价格进行调节,以货币流通促成交易和经济的运转。货币和经济之间的关系都表现为价值关系,都通过等价交换方式流通。经济范畴的品种、数量和价格端的增值,一定会反映在货币范畴的单位货币价值、货币总价值和货币供应总量层面。货币价值在生产劳动投资中被创造出来,在消费和投资中被使用消耗。经济活动中产生的利润和劳动价值不断充实货币价值,创造大于消费,货币价值增长;创造小于消费,货币价值缩减。所以持续工作、持续劳动、持续创造货币价值,才能取得收入,保障日常消费的支出。"不劳动,不得食"就是这个意思。天下没有免费的午餐,货币价值是货币体系和经济体系共同的能量,是需要通过持续劳动创造才能具备的能量。货币和经济之间的关系也是货币价值和劳动价值之间的关系。货币体系和经济体系各自按照自身的模式生产和使用货币价值的同时,也向对方输送和索取货币价值。

3. 从消费投资的角度来看

从消费投资的角度来看,货币和经济关系的基本公式可以表示为:

(货币总价值－储蓄价值)×周转次数＝消费总价值＋投资总价值

公式将经济活动按照投资消费进行划分,国家、企业、个人的各项支出都按照消费和投资划分。企业购进原材料、产品的运输和销售等活动都视为消费。从公式可以看到,消费和投资建立在剩余劳动价值储藏累积的基础上。货币总价值和储蓄价值都是剩余劳动价值总值的代表因素。储藏累积多少剩余劳动价值,才能有多少货币价值用于消费和投资。经济发展总是在创造价值和消费价值的过程中循环往复。只要资产价值保持稳定升值,就能带动货币总价值增长。实际上这正是中国经济快速增长的奥秘。

公式说明支出由消费和投资构成,投资是保障消费增长和升级的关键因素。投资和消费需要维持一定的比例关系才能满足消费的增长。产业投资构建供应能力、提供商品、满足消费、增加就业、提供税收、提供工资薪酬和经营收益,在国民经济中发挥重要作用。

4. 从社会总收入的角度来看

从社会总收入的角度来看,货币和经济关系的基本公式可以表示为:

（货币总价值 - 储蓄价值）× 周转次数 = 工资薪酬 + 投资收益 + 税收

公式说明流通中的货币总价值在收入端通过工资薪酬、投资收益、税收三种方式进行分配。劳动就业机会和收益创造机会是发展经济的关键因素。工资薪酬、投资收益和税收作为收入端，与支出端的品种、数量和价格相对应，任何国家政府、经济体、行业、家庭都可以建立基于收入和支出的统计。企业、家庭、事业单位等组织形式的统计合并就是国家统计数据。

从社会总支出的角度来看，货币和经济关系的基本公式可以表示为：

（货币总价值 - 储蓄价值）× 周转次数 = 消费 + 投资 + 新增储蓄

货币和经济关系的基本公式可以表示为：

工资薪酬 + 投资收益 + 税收 = （货币总价值 - 储蓄价值）× 周转次数 = 消费 + 投资 + 储蓄

公式是等价交换公式的宏观表现形式，收入的货币必然等于支出加结余。货币在这个过程中扮演流动性的角色。从宏观来看，任何国家的经济运行方式都是通过劳动创造货币价值的方式满足消费和投资需求。需求的重要性大于供给，供给和需求相互融合，供给过程创造需求，需求过程带动供给。

5. 从经济体的角度来看

经济体分为实体经济和货币金融两部分，货币和经济关系的基本公式可以表示为：

（货币总价值 - 储蓄价值）× 周转次数 = 金融产品交易总额 + 资产交易总额 + 商品交易总额

金融产品交易总额 = 金融产品品种 N × 金融产品数量 N × 金融产品价格 N = 经济单位 1 交易总额 + 经济单位 2 交易总额 + … + 经济单位 n 交易总额

资产交易总额＝资产品种 N ×资产产品数量 N ×资产产品价格 N ＝经济单位 1 交易总额＋经济单位 2 交易总额＋…＋经济单位 n 交易总额

商品交易总额＝商品品种 N ×商品数量 N ×商品价格 N ＝经济单位 1 交易总额＋经济单位 2 交易总额＋…＋经济单位 n 交易总额

由于金融产品主要通过交易价差获利,金融产品的交易频次和交易金额往往很大,这部分存量资金和交易金额需要单独统计,也不应计算为 GDP。

货币和金融之间的关系由货币范畴的货币供应量和单位货币价值,分别和金融范畴的金融产品和金融资产的价格、数量、品种之间的关系构成。很多金融产品和金融资产的价值本身就源于货币价值,所以单位货币价值的变化会直接影响金融产品和金融市场的定价。在这种关系模式中,流动性是决定定价的主要因素。流动性也就是该领域的货币供应量。所以,热钱流入时,资产价格上涨明显,金融产品销量大增,一旦热钱流出,资产和金融产品都表现为价格回落。流动性对金融资产和金融产品的定价和需求量有重要的影响力恰恰反映了金融源于货币的特性。

实体经济和金融之间是相互竞争流动性的关系。利率是协调流动性在两者之间分配的工具。利率提升导致储蓄利率上涨,储蓄收益增加,会吸引货币从金融市场流出,金融产品和金融资产的价格下降,收益减少,金融产品和金融资产收益率和利率紧密相关,呈现反向关联关系。同样的道理,长期采取低利率政策会助长资金聚集金融领域,导致金融产品需求旺盛,资产价格呈泡沫化状态,经济则呈现蓬勃发展状态。

6. 从经济单位的角度来看

从经济单位的角度来看货币和经济关系的基本公式可以表示为:

（货币总价值－储蓄价值）×周转次数＝经济单位1＋经济单位2＋…＋经济单位n＝个人家庭＋企业单位＋事业单位＋政府＝行业1＋行业2＋…＋行业n

由公式可知,国家的经济规模、经济水平、经济能力是由该国经济单位的经营管理水平和能力决定的。人口越多,经济总规模越大。国民素质高,受教育程度高,经济的竞争力强,创造货币价值的能力就高。发展经济在这方面表现为社会成员和组织单位的普遍性发展进步。

公式说明国民经济是以经济单位为基础的加总。每个经济单位和他们的财会报表都是国民经济的基础。每个经济单位对金融产品、投资品、消费品进行的消费投资的总和再加上储蓄,就是货币供应总量和周转次数的乘积。

经济单位包括个人、家庭、企业、公司、事业单位、政府等组织形式。参与经济活动的单位数量越多,经济越活跃。经济单位的专业性越强,调动组织内部运用资源的能力越强,其竞争力越强。经济单位的经营规模越大,需要的货币保有量和经营流通量越大,吸纳的就业越多,创造的利润越大,经济越发达强劲。

7. 从生产供应的角度来看

从生产供应的角度来看,供应销售等于需求购买,所以有公式:

成本＋收益＋税金＝数量×价格

将库存视为递延需求的情况下,从生产供应的角度来看,货币和经济关系的基本公式可以表示为:

（货币总价值－储蓄价值）×周转次数＝（成本1＋收益1＋税金1）＋（成本2＋收益2＋税金2）＋…＋（成本n＋收益n＋税金n）

由于:

成本N＋收益N＋税金N＝（成本1＋收益1＋税金1）＋（成本2＋收益2＋税金2）＋…＋（成本n＋收益n＋税金n）

所以该公式又可以表示为:

(货币总价值 – 储蓄价值) × 周转次数 = 成本 N + 收益 N + 税金 N

由于成本和税金都是成本,成本 n + 收益 n + 税金 n = 劳动成本 n + 劳动收益 n,因此该公式还可以表示为:

(货币总价值 – 储蓄价值) × 周转次数 = 劳动成本 N + 劳动收益 N

从公式可以得出如下结论:

税金是社会大众的劳动成本,政府提供公共服务和社会服务取得的税金是由社会大众分担的。政府支出要在社会负担的认识基础上研究怎样增效。政府工作的效率越高,整个社会的公共成本越低,对于经济的发展越有利。以上公式也说明政府投资的方向应着重于公共领域。政府进行营利性投资时需要明确投资性质。

社会劳动成本是经济活动的基本需求,也是经济活动的主要动力。因为生活有成本,所以每个社会成员必须参加社会劳动,必须在劳动中创造货币价值才能满足自己的各项需求。因此才有劳动收益和剩余劳动价值累积。劳动收益和剩余劳动价值累积是推动社会持续发展的主要动力。

货币按照经济单位和劳动者分配,劳动者是最基本的经济单位。每个经济单位都有自己的生产劳动对象,都有劳动量和经营量。消费投资的支出量是与劳动创造量相对应的,社会的运转是靠劳动推动的。

货币和实体经济关系公式反映出实体经济以劳动价值为核心的制度安排,反映出货币价值源自劳动价值。货币价值是剩余劳动价值的累积和储藏。各项生产成本和税金都可以溯源到劳动成本。经济活动就是劳动的成本和收益活动。劳动产生多少剩余劳动价值,就有多少剩余劳动价值储藏累积在货币总价值中,也就有多少劳动价值能用于未来的消费和投资。

总结

从本节内容可以看出,法定信用货币制度下经济体由货币体系、金融体系、实体经济三部分构成。经济活动通过货币交易实现流通,各种商品之间通过产业链和分工合作相互联系,商品价格通过货币分配进行传导,因此,货币数据可以反映经济的运行情况。无论多么复杂的经济活动,均遵从支出 – 收入的基本模式,采用等价交换交易方式进行流通,经济活动情况都能通过经济单位的财会报表给予反映。货币体系、金融体系和实体经济之间的关系是相互作用的关系。货币体系、金融体系和实体经济之间无论哪个因素发展,产生的影响力都只会作用给其他两个因素,同时也受其他两个因素的反作用。三者之间围绕平衡位置波动,任何一方运行过快都会受到其他因素的制约,运行过慢又会受到其他因素的助推。平衡位置是该关系模型的关键,三个因素都以平衡位置为中枢上下波动。

从本节公式来看,货币需求得不到满足,社会需求就被抑制。货币供需不平衡会影响经济活动的正常开展。货币释放过度,社会需求被大量预支透支,供需不平衡会伤害货币供应。实物货币制度不能满足货币需求的不断增长,因而制约经济发展和社会进步。法定信用货币制度解决了货币供需问题,因而极大地促进了经济发展。货币总是遵循供需价格关系的基本经济规律运行而不管是什么货币制度,所以,实物货币制度下经济的运行模式是通货紧缩,法定信用货币制度下的经济运行模式是通货膨胀。我们可以说这是不同的货币制度建构出不同的经济运行方向和运行方式,也可以说是由经济制度决定的经济运行模式在不同货币制度下产生不同的表现形式。

劳动、生产、交易、消费、投资,储蓄等经济行为都是劳动价值的生产消费行为,都以货币作为媒介载体进行表达。经济发展和运行的过程是不断追求平衡又打破平衡的过程。进退既是为了实现平衡,也是为了打破平衡。动态是本质,静态是暂时的。经济周期、利率周期、政策周期是经济起伏波动的结果,也是原因。所以从长期来看,货币数量和经济运行总是在追求匹配的道路上,货币需求和货币供应两者的供需匹配在均衡、紧缩、宽松之间波动,由此产生经济的周期性波动。

第三节　货币和经济关系基本公式的推论模型

国民生产总值模型

从货币和经济关系的基本公式可知:国民生产总值有四种不同的定义方式,分别对应四种不同的模型。

国民生产总值 = 投资 + 消费

国民生产总值 = (货币供应总量 − 储蓄) × 周转次数

国民生产总值 = 品种 n × 数量 n × 价格 n

国民生产总值 = 经济单位1 + 经济单位2 + … + 经济单位 n

国民生产总值的衡量角度很多,可以相互印证,既可以从生产端和商品品种端衡量,也可以从货币供应端和使用端衡量。

如果要定义工业品生产总值、消费品需求总值、资本品供应总值、金融交易总值等分项内容,都可以根据国民生产总值的建模方式推导出来。

经济发展模型

从货币和经济关系的基本公式可知:

货币总价值 = 单位货币价值 × 货币供应总量

货币供应总量 = 价值货币供应总量 + 债务货币供应总量

(货币供应总量 − 储蓄) × 周转次数 = 品种 N × 数量 N × 价格 N = 经济单位1 + 经济单位2 + … + 经济单位 n = 成本 N + 收益 N + 税金 N

从公式的货币端来看:

当人为提高货币供应总量或单位货币价值时,货币总价值增加,也就是货币总购买力增加,等同于增加总需求,因此能够人为促进经济增长。

提高货币供应总量通常采取扩大信贷增加债务货币供应总量的方式。提高单位货币价值通常采取提高货币购买力的强势汇率政策方式。由于在货币总价值不变的前提下,单位货币价值和货币供应总量成反比关系。所以人为提高单位货币价值可能造成货币供应总量缩减,人为提高货币供应总量可能导致单位货币价值降低和货币购买力减弱,这是值得我们注意的问题。

从公式的经济端来看:

增加经营品种、增加消费投资数量、提高物价水平、扩大经营规模、增加经营单位的数量、扩大收益、将税金投资于基础设施等方式都可以促进经济发展。

经济发展的一般过程是货币价值从商品端不断被创造累积同时不断被用于消费投资的过程,货币在这个过程中起到流动性的作用。在法定信用货币制度中,货币供应能够随货币需求增长,不断通过债务信贷方式增加,因此,法定信用货币制度下的经济发展表现为货币供应总量的持续增长,也就是分配到商品端和经济单位的货币数量持续增加。货币供应总量的持续增长推动总需求不断增加,潜在需求得到充分释放,从而进一步推动经济持续增长。货币供应增加和单位货币价值增长双重推动经济持续增长的方式,是法定信用货币制度建构的经济发展基本模式,具体表现为人均持有和经营货币量增长、就业岗位增加、商品数量价格品种扩张、企业数量增长、消费投资增长等经济现象。

货币流通分配传导模型

货币流通分配传导模型是货币在经济体中流通、分配、分布、传导的模型。

货币按照经济单位分配时可以得到以下公式:

（价值货币供应总量＋债务货币供应总量）×单位货币价值＝经济单位1＋经济单位2＋…＋经济单位n

货币以商品为单位分配时可以得到公式：

（价值货币供应总量＋债务货币供应总量－储蓄）×单位货币价值×周转次数＝（品种1×数量1×价格1）＋（品种2×数量2×价格2）＋…＋（品种n×数量n×价格n）

货币的流通、分配和传导是一体的,货币怎样分配,也就怎样传导,即沿着该路径流通。货币的流通、分配和传导对象要么是各种商品和投资品,要么是以人为基本单位组成的各种经济单位。每个经济单位同时也是经营单位,货币在经济单位的经营管理下不仅实现保值增值,还通过经济单位的收入支出发挥货币中转站的作用,推动货币进一步在经济体中流通、分配、传导。

货币的流通、分配和传导主要以价格为媒介,通过交易流通传导。需求和利润率决定货币的流向和流量。货币传导是货币供应总量的流通、分配和传导。货币供应总量通过金融和实体经济的经济单位和产品品种进行分配,并在金融和实体经济之间流动转换,用公式表示为：

（货币供应总量－储蓄）×周转次数＝商品生产供应＋资产和金融产品投资＝实体经济×实体周转次数＋金融资产×金融资产周转次数

从公式来看,货币供应总量在实体经济和金融资产间分配时,需求和收益获利程度驱动流动性资金在商品生产和金融资产投资间转换。经营地产、股票、债券等金融产品的利润越高,获利越容易,对商品生产的资金挤出作用越大。金融投资领域积累的资金越多,金融业越发达,商品生产空洞化越严重。实现金融服务于实体经济的关键是稳定金融资产价格,可以采用分类税率,而不是市场统一税率的方式分别治理实体经济和金融,管理好宏观货币供应的分配。

实体经济沉淀的资金量具有刚性特点,金融投资领域沉淀的资金具有流动性特点,两者的货币容纳能力和传导性也不同。金融领域的传导流动性明显更快、更频繁。实体经济的货币容纳力随商品品种、数量、价格的变化而变化,随经济单位经营规模的变化而变化。

金融产品金融资产的转手获利和对手盘特点决定了金融资产投资领域的货币容纳能力主要受定价影响。定价高时吸纳货币多,定价低时吸纳货币少;高价购得亏损可能性大,低价购进盈利可能性大。货币在金融产品和金融资产领域的传导是通过对手盘承接传导的,市场价格波动会对所有货币持有者都产生直接影响。

第四节　货币供应和经济的关系

货币供应和经济之间的关系是货币和经济关系公式中的一部分。货币供应和经济之间的关系由货币供应总量、债务货币供应总量、价值货币供应总量三者和经济元素之间的关系构成。

货币供应总量的定义定性

通俗地说,货币供应总量指银行向储户发行供应货币的总量,是储户持有货币的总量。商业银行资本金和利润累积也是货币供应,当商业银行资本金和利润累积被用于消费投资,或通过贷款投放到经济体中时,就成为货币供应总量的一部分。当商业银行不使用这笔资金时,就相当于货币供应的保证金可以不算作货币供应总量。这部分资金规模不大时可以忽略不计。根据以上原则可以得到货币供应总量的如下定义。

定义1:在法定信用货币制度中,中央银行和商业银行等货币发行供应单位向储户发行供应的货币才是货币供应总量。

定义1说明在货币发行供应资产负债表中,在中央银行和商业银行作为借方供应的货币，以及中央银行和商业银行作为贷方发行的货币中，只有向储户发行供应的货币才是货币供应总量，中央银行和商业银行之间相互利用信用和资产发行供应的货币不能算是货币供应总量，也不对实体经济和金融产生影响。

这样的货币供应总量定义是储户货币权益和负债的加总，用公式表示为：

货币供应总量＝商业银行债务货币供应总量＋中央银行价值货币供应总量

货币供应总量＝储户1＋储户2＋⋯＋储户n

中央银行价值货币供应总量是储户的现金加储蓄，也是中央银行和商业银行的负债。

商业银行债务货币供应总量是商业银行吸收储户存款后向储户发放的信贷，债务货币是商业银行的权益，是储户的负债。

储户n代表储户持有的现金、储蓄和信贷，是储户端的资产负债表中关于货币的权益和债务。

定义1遵循了以储户持有货币为度量货币供应总量对象的原则，忽略中央银行和商业银行资本金和利润的累积。由于中央银行无论以信用、贷款还是票据方式向商业银行供应的货币，商业银行最终都以贷款或信用方式发放给储户。在商业银行之间流转的部分只是对原有资产的替换调节，不改变货币转移给储户的本质。因此，储户持有的货币供应总量等于商业银行向储户供应的债务货币总量和中央银行价值货币供应总量，也因此，累计加总所有储户持有的现金、储蓄和信贷就是货币供应总量。

定义1定性方式之所以放弃从中央银行和商业银行层面定性货币供应总量，是因为中央银行和商业银行之间含有大量资产票据信用交易和转换。这些方式产生的部分货币供应可能始终留滞在银行体系中，作为中央银行和商业银行的资产用于货币转换或信用保障，从来不会进入经济体流通，所以采用储户端对货币供应总量的定义定性与经济体流通的货币量相符，这样的定义方式比银行端定义更准确。

定义2:在法定信用货币制度中,货币供应由价值货币和债务货币两部分构成,按照货币类别定义的货币供应总量为:

货币供应总量＝价值货币供应总量＋债务货币供应总量

无论是中央银行、商业银行还是储户,都采用借方、贷方的记账方式,货币发行供应因此可以采用借方、贷方方式将货币性质划分为价值货币和债务货币。货币供应总量按照货币发行供应资产负债表可以分为价值货币供应总量和债务货币供应总量。价值货币供应总量和债务货币供应总量之和为货币供应总量。

在实物货币制度中,如果黄金供应总量不增长,将只能使用固定数量的黄金进行交易。法定信用货币制度等同于设置了由中央银行和商业银行负责的货币供应机制,货币供应总量通过银行操作能够实现增减。在货币供应总量中,如果不考虑信用和债务形式发放的货币,就不能解释货币供应总量的变动。所以,货币供应总量由价值货币供应总量和债务货币供应总量共同构成,债务货币供应总量是解释货币供应总量变动过程的关键。这种做法的好处是将各种信用创造和举债产生的货币供应都纳入货币供应统计,能够更好地管理货币供应,特别是商业银行的信用运用和债务创新。

定义3:在法定信用货币制度中,货币供应总量由货币总价值和单位货币价值决定,按照货币数量价值关系定义的货币供应总量为:

货币供应总量＝货币总价值/单位货币价值

货币供应总量＝(剩余劳动价值总价值＋债务货币总价值)/单位货币价值

债务货币总价值是债务货币的总购买力。举债产生购买力,消债注销购买力,其实采用债务货币总购买力比用债务货币总价值的描述方式更准确。

定义4:在法定信用货币制度中,货币要么用于流通,要么

被储蓄。储蓄又转化为贷款和债务货币,继续在经济体和银行中流动。这个过程用公式表示为:

货币供应总量 = 储蓄总量 + 流动性总量

流动性总量 = 现金 + 账户货币

货币供应总量 = 储蓄总量 + 现金 + 账户货币

各种方式创造出的货币都以现金、储蓄、账户余额方式存在,所以定义 4 是最具统计性的定义,能够轻易从商业银行报表中得到统计结果。但该定义没能体现债务货币供应总量,因此仅具统计意义。储蓄总量加流动性总量中包含了以货币形式存在的债务货币,没有包含以票据、信用、资产等形式存在的货币。例如,信用卡的购买力、授信额度的支付能力、商业银行可出售给中央银行的资产等。

经济学教科书中对 M0 的定义是流通中的现金,M1 狭义货币是 M0 加上企业事业单位活期存款再加个人持有的信用卡类存款。M2 广义货币是在 M1 的基础上加企业定期存款和信托类存款。这种定义方式的初衷是试图囊括各种形式的货币,从而实现对货币供应总量的统计。这种方式的缺陷是没有区分信用和贷款创造的货币供应与储户权益形式的货币之间的区别,没能涵盖信贷创造货币供应的种类。作为现金的 M0 可能是储户的权益货币,即价值货币,也可能是贷款或信用卡的预支透支债务货币。M1 虽然将信用卡类存款纳入货币供应,但这种定义方式没有将存款准备金制度创造的货币、银行授予的各种信用额度、永续债等创造的货币纳入其中。当然,这些方式创造出的货币都以现金、储蓄、账户余额方式存在,所以 M0、M1、M2 的划分方式是在现金、储蓄、账户余额方式的基础上再加入部分信用类货币,这样就难免造成划分不清晰。

货币供应总量和经济的关系

货币供应总量是国家货币财富的总量。在不考虑单位货币价值时,货币供应总量等同于货币总价值,因此,在不涉及价值问题时通常省略价值,将货币供应总量当作货币总价值使用。

货币供应总量反映货币流动性的总规模,代表社会总购买力的多少,是经济体实际总需求的反映。货币供应总量增加,代表社会总购买力提高,代表社会总需求能力增加,代表分配到经济单位的平均货币数量增加。货币以购买力的形式,通过各种各样的需求投放到经济体中,在经济体内通过社会分工合作和劳务方式分配。通过对货币供应总量的分析能够了解社会上货币财富的创造、分配和消费情况。

从支出端来看,货币供应总量的应用对象包括消费、投资和储蓄,用公式表示为:

货币供应总量 × 周转次数 = 消费 + 投资 + 储蓄

从收入端来看,货币供应总量的应用对象包括工资薪酬、投资收益和税收,用公式表示为:

货币供应总量 × 周转次数 = 工资薪酬 + 投资收益 + 税收

从公式来看,收入端的工资薪酬、投资收益、税收正好对应支出端的消费、投资、储蓄,货币因其流动性在收入和支出端发挥交易媒介、价值计量、价值储藏等作用。货币供应总量既是总需求,也是总供应,又是供需的调节器,是影响物价、通货膨胀、通货紧缩、推动就业、扩大经营规模的主要原因。

货币供应总量作为总需求时,其长期变化趋势导致经济呈现周期性变化。货币供应总量就像水池、商品品种、数量和价格所能达到的宏观水平都由货币供应总量及其周转次数决定。

货币供应总量和物价之间的关系是建立在商品数量和品种基础上的关系。在商品品种数量不变的基础上,货币供应总量的变化主要影响物价。因此,基于商品品种、数量不变的前提下,可以通过货币供应总量控制物价水平,也可以通过物价水平决定货币供应总量的调控程度。

现实中商品品种数量价格都是变量,当某种商品价格过高时,消费者可能转移品种或改变原有的消费数量,也就是出现替代效应。这种情况就是在货币供应总量不变的情况下,经济体进行自我调节。

　　商品品种、数量、价格的上涨都会带动消费和投资的增长,同时会带动融资需求增长和货币供应增加。经营单位数量增加,经营规模扩大也会增加融资需求,导致货币供应增加。商品品种、数量和价格就在新的货币供应总量的规模上重新配置。所以,经济发展表现为货币供应总量持续增加导致的就业岗位增加、工资薪酬增长、经营规模扩大等经济现象。

　　一般而言,货币供应总量的变化最先影响哪些经济因素是由经济体本身的特点决定的。对于小规模经济体而言,商品品种数量相对固定,货币供应总量的变化最先影响物价。对于发展中经济体而言,货币供应总量的变化最先导致品种数量增加,对物价的影响相对滞后。对于成熟发达的经济体而言,货币供应总量的变化最先影响投资,对消费的影响倒是其次。货币供应总量和经济之间的关系符合公式:

$$(货币供应总量 - 储蓄) \times 周转次数 = 品种 N \times 数量 N \times 价格 N = 经济单位1 + 经济单位2 + \cdots + 经济单位 n$$

　　从公式来看,储蓄、商品和资产的品种、数量、价格,以及经济单位等因素都是吸纳货币供应量的因素。经济单位可内化为工资薪酬、利润收益、税收、经营规模、成本等具体指标。这样就可以更清楚地看到货币供应总量增加,或者说货币流量增加导致就业岗位增加、工资薪酬上涨、经营品种增加、物价上涨、规模扩大,甚至人口增长等现象。这些变化都会产生新增的货币需求,也都会导致货币供应总量的增长。尽管不同国家的经济结构不同、产业规模不同、经营能力不同、税率和公共领域效率不同、物价水平差异大,但都可以用公式表示出来。

　　货币供应总量和社会需求直接相关。货币供应增减等同于社会总需求增减。特别是在法定信用货币制度中,货币很少被窖藏,大部分用于流通或者储蓄,货币供应增减等同需求增减的一致性更显著。控制货币供应总量实际上是对社会总需求的管理,这是制定货币政策必须理解的道理。总需求不足,经济疲软;总需求降低,经济表现为衰退;总需求适度增长,经济稳步前行;总需求过热,经济出现过热。对总需求的调控,主要通过货币供应调控实现。

货币供应总量和社会收入直接相关。从整体来看,货币供应总量增加才会导致工资上涨,也就是每个人平均分配到的货币数量增加。在货币供应总量不变的货币制度中,每个人分配到的货币数量理论上也不变,但实际上因为窖藏反而是不断减少的。法定信用货币制度中货币供应总量不断增长,才有工资收入不断增长;才有经济持续增长;才有经济增长不断向偏远地区传导;才有不断增加产业链和社会分工合作的深度和广度。从这个角度来看,法定信用货币制度尽管有很多缺陷,却仍是货币制度的重大进步。货币供应增长尽管可能带来通货膨胀,带来过度负债,带来分配失衡,但这些问题都是可控的。货币供应增长对社会发展的促进作用是无可置疑的。

货币供应主要通过信贷渠道增加,货币供应减少也通过收缩信贷降低货币供应实现。货币供应增减的影响因此局限在信贷应用的特定范围内,货币供应失控一定是长期政策不合适的结果,不是一朝一夕造成的。这就是为什么政策性的信贷紧缩很少造成危机,反而长期的信贷扩张会导致危机。

国民经济发展的过程也是货币供应总量持续增长的过程。中央银行最初的货币供应总量不多,商业银行的资本金和经营规模也不大,储户资金有限,经营规模小。随着经济的不断发展,储户通过劳动创造货币价值,经济单位持续发展膨胀,货币流量不断增长,债务越来越大,资产越来越多,货币供应总量随信贷不断增长,商业银行的经营规模也伴随企业的成长逐步增加,中央银行的货币发行供应资产负债表持续膨胀。中央银行、商业银行、储户之间相互作用,不断通过经营扩大规模。在这个过程中,以货币供应总量为代表的货币增长和经济增长同步,始终反映和代表着经济增长。

货币供应增长投放到哪里,哪里就是直接受益的领域,其他领域通过该领域向外传导间接受益。货币供应收缩作用到哪里,哪里就是直接收缩的领域,其他领域通过该领域向外传导间接被动收缩。货币供应流入或者流出的位置和流量沿着分工合作传导链流通,这是货币政策和货币操作的基本传导方式。货币供应扩张和收缩路径通过信贷发放对象及其传导链传导,商业银行能够对一些主要的长期信贷客户根据其经营数据建立传导路径分析模型。大型企业和主要企业的传导路径模型对于分析经济情况和制定货币政策有重要的帮助。

流动性过剩和热钱是货币供应推动经济增长的产物。以货币供应增长为目标,以债务为动力的经济增长方式,必然导致资产和金融投资的蓬勃发展,必然导致货币流动性在各种商业机会中转移,必然导致各种事业的商业化。古玩、艺术品、珠宝、版权等行业都在这个过程中兴旺发展,地产、股权、债权等产权交易成为机构必备的投资标的。过剩的流动性逐利活动不断推升物价,加剧产业资本向资产转移,造成资产和金融领域的空前繁荣以及对实体经济的排挤。这种情况不断强化的结果最终将因物价过度上涨,透支发展潜力导致经济增长回落,货币供应总量达到阶段峰值,经济进入整理阶段,酝酿下一次周期增长。

价值货币供应总量和经济的关系

价值货币供应总量是由中央银行发行的度量储户剩余劳动价值总量的法定货币,只要中央银行不注销价值货币,价值货币供应总量就不会减少,只会随债务货币转换为价值货币并不断增长。价值货币供应总量虽然也是变量,但不像债务货币供应总量那样可随信贷进行调节,只有当债务货币转换为价值货币时,价值货币供应总量才会增加。

价值货币供应总量是决定单位货币价值、物价水平和工资收入水平的重要指标。货币购买力主要由价值货币供应总量和物价之间的均衡程度决定,债务货币供应总量只是造成波动起伏的辅助因素。所以,价值货币供应总量决定商品的价值,债务货币供应总量决定商品的价格,这是商品价格围绕价格中枢波动的原因。由于价值货币是储户的权益,因此,价值货币在经济体中表现为储蓄、工资薪酬、经营管理利润、投资收益、税金等形式。用公式表示为:

价值货币供应总量 = 储蓄 + 工资薪酬 + 劳务服务 + 投资收益 + 经营利润 + 税收

(价值货币供应总量 + 债务货币供应总量 – 储蓄) × 周转次数 = 品种 N × 数量 N × 价格 N = 经济单位 1 + 经济单位 2 + … + 经济单位 n

从公式来看,任何国家的经济发展过程都是在增加储蓄、增加就业、提升工资水平、扩大投资、提升经营获利能力、提高投资收益、增加税收,也就是在增加价值货币供应总量。

从公式来看,价值货币主要包括储蓄、工资薪酬、利润收益和税收四类。很少有人举债贷款发工资,所有债务都是要归还的,所以价值货币供应总量是社会纯收益,是社会净收益,是剩余劳动价值总量。用公式表示为:

价值货币供应总量 = 社会剩余劳动价值总量

价值货币供应总量 × 单位货币价值 = 社会剩余劳动价值总值

从公式来看,在经济活动中扩大就业、增加工资薪酬、提高经营投资收益、增加税收都会提高社会价值货币总值。社会价值货币总值增加后,要么储存在单位货币价值中,要么储存在价值货币总量中,无论储存在哪里都表现为社会总购买力的增长。

从价值货币的性质来看,价值货币供应总量的增长来源于由债务货币转化的价值货币。价值货币供应总量增加说明举债和信贷增发的债务货币持续转化为价值货币。经济层面的各种经济活动都不会影响价值货币供应总量的变化,只有债务货币供应总量能转化为价值货币供应总量，或者中央银行注销价值货币才能改变价值货币供应总量。

价值货币供应总量按照人口、行业权重、地区、经济结构等因素分布在品种、数量和价格中。这种分布是由当地的竞争力水平决定的。所以，不同地区收入水平不同，物价、消费品种和消费数量也有很大差异。

债务货币供应总量和经济的关系

债务货币主要由商业银行通过信贷债务方式向储户供应，归还贷款，注销信用后债务货币也随之注销。债务货币供应总量因此具有随信贷增减的供应弹性，能够通过信贷债务发放量进行货币供应调节。

债务货币经由交易支付以需求和购买力的方式最终分布到经济活动的方方面面。债务归还注销后转化为价值货币的债务货币就永久留在经济体中。

债务货币是推动经济增长的增量因素，也是给经济踩下刹车的制动因素。增加信贷、扩大举债能够增加债务货币供应总量，进而扩大需求，推动经济增长。减少信贷、降低举债能够收缩货币供应总量，进而降低需求，促使经济增长减速。债务货币无论扩张多少，都不是价值货币，迟早要还债。债务货币在经济发展过程中通过获利产生收益的方式不断转化为价值货币。这是法定信用货币制度下价值货币供应增长的主要方式，也是债务货币能够推动经济增长的奥秘。

债务货币供应总量和经济的关系可以用公式表示为：

债务货币供应总量＝授信额度＋存款准备金创造＋贷款＋向央行举债＋信用创造

（价值货币供应总量＋债务货币供应总量－储蓄）×周转次数＝品种 N ×数量 N ×价格 N ＝经济单位 1＋经济单位 2＋…＋经济单位 n

由公式可知：

（1）如果在不产生任何信贷和举债的情况下，债务货币供应总量是零，此时经济就运行在价值货币供应总量的基础上。只要中央银行不注销价值货币供应总量，经济体中的价值货币供应总量就不变，经济发展表现为物价降低，也就是实物货币制度呈现的经济状态。

（2）在产生信贷和举债的情况下，债务货币被创造出来，债务货币供应总量增加导致货币供应总量增加，社会购买力增加，因此，债务货币供应总量增加能够推动经济增长。

（3）价格上涨创造的利润收益、工资薪酬和税收就是增加货币价值，与劳动创造的利润收益、工资薪酬和税收一样。这部分增加的货币价值除了归还债务，就是价值货币供应总量的来源，是从债务货币供应中转化过来的。

（4）债务货币供应总量的增减主要发挥短期和中期影响，对品种的影响相对较小，对数量和价格的影响较大。债务货币供应总量是最具弹性的货币供应方式，也是推动经济增长的主要手段，更是经济政策和货币政策的核心工具。

第五节　货币价值和经济的关系

货币价值和经济的关系

货币价值和经济之间的关系是货币和经济关系公式中的一部分。货币价值由货币总价值和单位货币价值构成，货币价值和经济之间的关系就是货币总价值及单位货币价值分别和经济之间的关系。

货币价值是创造出来的，无论是货币总价值，还是单位货币价值，都通过劳动经营创造产生，都通过累积储藏将剩余劳动价值转换为货币价值。经济体越发达,劳动生产经营的竞争力越强,创造的货币价值越多,货币总价值越大。在一定的货币供应总量下,每单位货币含有的单位货币价值越多,货币的购买力越强。

在控制货币数量增长的情况下,劳动创造的价值剩余只能累积储藏在单位货币价值中,无法储藏在货币供应数量中。所以此时货币的单位货币价值会不断上升,货币购买力不断增强,这就是实物货币制度的表现状况。德国马克曾经严控货币供应,也是这种情况。日本经济发达,创造和累积的货币价值很多,但日本的货币供应总量也在同时不断增加,所以日元的单位货币价值不高,这是货币供应总量同步扩张导致的结果。

货币价值通过消费投资和亏损注销。如果经济体中通过消费投资和亏损方式注销的货币价值比劳动经营创造的货币价值多,货币总价值将不断下降。在货币供应总量不变的情况下,单位货币价值会随总价值下降而降低,货币购买力因此降低。如果经济体中通过消费投资和亏损方式注销的货币价值比劳动经营创造的货币价值少,货币总价值将不断增长,增加的货币价值可以推动货币供应总量增长,也可以提高单位货币价值。总之都表现为增加总需求,因此需促进就业、工资薪酬上涨,推动商品品种、数量和价格的上涨,实现经济增长。

经济体中的货币总价值持续增加,说明创造累积大于消费亏损,社会总需求和总购买力增长,在经济体中表现为需求增长、就业增加、企业规模扩大、薪酬上涨、物价上升等经济发展的现象。当然,增加信贷和债务投放也会导致货币总价值增加,也会产生如上所述的结果。但债务毕竟是有限增长和需要归还的,所以,通过债务货币供应总量增长推动的经济增长是短暂的,只能起到刺激作用,不能实现长期增长。通过劳动产生的货币价值和通过消费投资亏损注销的货币价值在经济体中是决定物价、就业、薪酬、消费、投资的重要指标。价值货币供应总量增长是经济的实质性健康增长，单纯的货币数量增长可能出现虚高问题，要做好提高效率和竞争力的债务货币转化为价值货币的工作。

中央银行发行的价值货币是商业银行运用信用和资产的价值基础，确保货币价值能保障货币金融体系和经济体的稳定。通过预支、透支未来货币价值的方式开展的信贷活动只能增加货币数量和货币购买力，并不能增加货币的总价值，因此，货币数量的单方面增长会摊薄单位货币价值，造成购买力减少。信贷举债大规模增长的结果是货币超发和通货膨胀，也就是单位货币价值被摊薄。货币供应增长需要保持适度的目的就在于确保单位货币价值的购买力，也就是货币总价值和货币供应数量的关系和谐。通过货币供应量影响货币价值，或者人为操控货币价值虽然可以促进经济发展，但适可而止并不容易。这种操作长期持续的结果是扭曲货币和经济的关系，造成难以挽回的损失。

货币总价值和经济的关系

货币总价值代表社会总购买力和总需求。经济体中经济单位的经济活动和商品的品种数量价格，都是货币总价值在一定时期内通过周转方式表现的总需求。经济体的需求结构和供应结构均表现为货币价值的流量。社会货币价值的总流量就是货币总价值在一定时期内通过周转方式表现的总需求。从静态的角度来看，货币总价值和经济之间的关系可以表示为：

货币总价值 = 货币总购买力 = 社会总需求 = 静态商品总价值

静态公式无法确定商品数量，该公式只具有象征意义。

从公式来看，增加货币总价值能够增加货币总购买力，最终推动商品总价值增长。现实中，采用扩大信贷投放和增加债务货币供应总量的方式增加货币总价值,实现货币总购买力和总需求的增加,从而带动商品的供应和需求,实现经济增长。这也就是通过增加总需求带动总供给的促进方式推动经济发展。

公式也告诉我们,经济发展的动力源自货币供应。如果我们反其道而行,首先增加商品制造的总价值,货币端的货币总价值不变,即货币总购买力不变,增加的商品制造的总价值只能成为库存延后销售,不能对经济增长起到促进作用。如果我们不是借助于制造,而是借助于价格就会出现不一样的结果。这些现象在我国当前的经济发展中也有表现。比如,很多企业盲目上规模扩大产量;再如,很多企业利用规模优势打价格战,造成损人不利己的后果。

公式还可以表示为:

货币总价值 = 社会总需求 = 静态商品总价值 = 品种 N × 数量 N × 价格 N

上述增加商品制造总价值是通过增加商品数量,多生产商品实现的。采用推动价格上涨的方式也可以实现商品总价值的上涨,由此导致左侧货币总价值也实现增长。这种方式也是推动经济发展的主要方式。能够满足这种涨价条件的商品包括股票、房地产、资源类大宗商品、生活必需品等。所以,我们看到当石油和农产品涨价时,相应的从业者都会较以前增加收入。当股市繁荣、房地产繁荣时,都会促进经济增长。因为这种涨价能创造出大量利润收益,能够增加货币总价值,达到促进经济增长的目的。这种模式最出彩的应用来自法国。法国的奢侈品集团将普通的日常消费品结合设计和营销,发展为时尚品和奢侈品,卖出高昂的价格,这就是价格推动发展方式的应用。

将总需求分为实体经济和金融投资,公式可以表示为:

货币总价值 = 货币总购买力 = 社会总需求 = 实体经济 + 金融投资

当实体经济低迷时,如果股市表现很好,金融投资产生很多利润收益,一样可以实现经济增长。所以,美国的实体经济制造业虽然空洞,但美国大力发展金融投资业一样可以弥补制造业空洞造成的货币价值损失。

货币总价值和经济之间的关系通过商品品种、价格和数量表现时,用公式表示为:

$$(货币总价值 - 储蓄) \times 周转次数 = 品种 N \times 数量 N \times 价格 N$$

$$(价值货币总价值 + 债务货币总价值 - 储蓄总值) \times 周转次数 = 品种 N \times 数量 N \times 价格 N = 经济单位1 + 经济单位2 + \cdots + 经济单位 n$$

选取一定时期内的商品消费投资作为统计对象时,货币总价值就是该时期内周转后的总值。该时期内的商品消费投资量也比较容易进行统计。通常采用季度、半年度和全年为统计时期,在统计时期内的货币周转次数就是该时期内商品消费投资的总额。

公式说明在等价交易中需求等于供应,库存相当于递延的需求。需求和供应可以视为相等,都用货币价值表示。一定时期的商品总价值等于货币总价值乘货币周转次数。货币供需和商品供需均围绕双方共同构建的供需平衡位置进行配置。所以,当信贷大幅增加时,供应端的商品品种、数量如果保持不变,过多的货币需求将导致物价上涨。如果货币供应增加导致商品品种、数量增加,经济就表现为就业投资增长的经济健康增长。另外,当货币总价值不变时,总需求维持不变。如果商品供应大量增加,只会导致库存增加。增加的产出对应不变的货币总价值,要么降价,要么慢慢消化库存,直至重回平衡状态。经济体的物价水平在货币供应总量建构出的均衡水平上随债务货币供应数量的波动而波动。尽管商品数量、品种的变化,经营规模和工资薪酬变化都会对物价产生影响,但货币数量仍然是主要的影响因素。

单位货币价值和经济的关系

在法定信用货币制度中单位货币价值是法定的,是货币价值的基本单位,单位货币中含有的货币价值是相等的,所以习惯上会省略单位货币价值,直接采用货币数量表示货币价值。例如,1 斤苹果 5 元,买 3 斤苹果一共 15 元的表示方式应该为 1 元 $\times 15 = 5 \times 3$ 斤,15 是货币数量,1 元是单位货币价值,但习惯上会直接用货币数量表示货币价值。

单位货币价值和物价之间的关系理论上应该表示为:

单位货币价值 × 货币供应总量 × 周转次数 = 品种 N × 数量 N × 价格 N × 单位货币价值

实际上,由于单位货币价值是法定值,且所有货币单位含有的单位货币价值相等,因此公式通常省略单位货币价值,直接用货币数量或者货币价值表示:

货币供应总量 × 周转次数 = 品种 N × 数量 N × 价格 N

货币总价值 × 周转次数 = 品种 N × 数量 N × 价格 N

在公式中,采用货币供应总量表示的公式也是我们平时习惯性的数量表示方法。采用货币总价值的表示方法,等式右侧也是价值。无论哪种表示方式,单位货币价值都是 1,都是法定值,所以才可以省略单位货币价值。只有当需要考虑单位货币价值的实际值时才会在公式中加入单位货币价值。

单位货币价值中含有的货币价值代表货币的购买力,单位货币价值是度量各种经济价值的标准和基本单位,物价是以单位货币价值为基准对商品价值比较度量和表示的结果。因此,看待和理解单位货币价值主要是看货币的购买力,也就是单位货币价值和物价之间的关系。

单位货币价值和经济之间的关系主要表现在单位货币价值作为购买力和物价之间相互作用的关系。由于单位货币价值是度量各种经济价值的标准和基本单位,各种经济价值都表示为单位货币价值的倍数。因此,当单位货币价值发生变化时,采用单位货币价值计价的商品的价值也随之发生变化。当单位货币价值降低时,货币购买力减少,表现为物价上涨;当单位货币价值升高时,货币购买力增加,表现为物价下跌。单位货币价值的变化通过物价反映是单位货币价值被称为货币购买力的原因。从这个角度来看,单位货币价值就不再是法定值和固定的1元,而是随物价波动的实际值。当我们从单位货币价值的实际值角度去看待经济活动时,物价指数就是衡量单位货币价值变化的基本指标,单位货币价值的概念也就转变为单位货币价格。单位货币价格可以看作等于物价指数的基准单位。该关系可以从货币价值和商品价值的关系公式推导出来:

货币价值＝商品价格×商品数量＝单位货币价值×货币数量

单位货币价值＝商品价格×商品数量/货币数量

由于每个单位货币价值都含有相等的价值量,单位货币价值属于宏观指标,不能仅用个别物价计算得到,还必须采用货币供应总量进行平均,因此,可以通过上述公式得到基于物价指数的经过货币供应总量平均后的单位货币价格:

单位货币价格＝品种价格指数×商品数量/货币供应总量×周转次数

公式就是单位货币价格的计算公式。从该公式可以得到如下结论:

(1)单位货币价格数值应从实际统计数据中产生。商品价格和该价格对应的销量都必须统计在内。

(2)该单位货币价格数值是一定时期内的数值,在该统计时间范围内的商品及其价格和销售额都应统计在内,经与该统计时间范围内的货币周转进行平均,即可得出该统计时间范围内的单位货币价格。

(3)这种求得单位货币价格的方式完全是相对于经济体物

价的相对价格。不同国家,不同经济体都可以计算相对于自己经济体物价水平的单位货币购买力。通俗地说,国际上曾经采用各国汉堡的售价来衡量各国货币的购买力水平,现在将这种方式扩展到各国实体经济其他的商品都可以。毕竟有的国家产出粮食,有的国家需要进口粮食,只采用汉堡一种商品建立购买力比较模型并不准确。

(4)该单位货币价格数值是针对实体经济商品物价的统计结果,并不包括金融产品。

(5)从公式可知,单位货币价格和物价之间并不具有唯一的确定关系,单位货币价格还受货币供应总量、商品品种和数量等因素的影响。我们平时所说的单位货币价格和经济之间的关系是指特定货币供应总量和经济结构下的关系。如果货币供应总量、商品品种和数量等因素发生较大变化,这种改变本身就可以建构出新的物价水平和单位货币价格。

(6)从公式来看,当货币供应总量大幅增加时,如果这些增加的购买力没有带动品种增加、数量增长和物价出现相应的增长,而是导致投资亏损和产品积压,此时就会出现通货膨胀。只有当货币供应总量大幅增加,能够合理分摊到品种、数量和价格中时,物价水平才能够和货币购买力水平保持在合理位置。

(7)从公式来看,由于每个经济体的经济结构和资源禀赋都是独特的,也就是每个经济体都有自己消费投资商品和数量的特质。这种特质是带有刚性特点的,所以货币供应总量的变化主要作用于物价指数,当然发展中国家除外。每个经济体消费投资商品和数量的特质以及周转次数通常变化不大,发展中国家则是从一个阶段进入另一个阶段,这个特质是观察经济很重要的指标。

(8)单位货币价值可以通过劳动经营创造出来,也可以通过货币供应总量、利率、汇率等方式进行调节。货币供应总量的增减能够直接影响单位货币价值的变化。利率和汇率本身就是对单位货币价值的市场定价,因此,利率和汇率的变化能够直接影响货币购买力,进而影响商品品种、数量和价格。美国保持强势美元政策,高估美元购买力的做法从公式来看就是在本国物价不变、货币供应总量不变的情况下可以享受更多的产品品种和数量,也就是花同样的钱买到更多东西。所以,每次美元遇到问题,战争和金融危机都是驱赶流动性、提升单位货币价值、解决美元弱势的办法。全球避险资金流入美国,持有美元资产,改善美国的资产负债表,不仅冲减美国的经济压力,而且将美国的问题输出转嫁给其他国家。

(9)借助以上分析在此对通货膨胀和通货紧缩给出定性。通货膨胀和通货紧缩就是货币供应总量波动在商品和物价上的分配结果,也是在工资薪酬、税金、利润收益上的分配结果。

第十二章 货币制度经济学原理

第一节 货币制度经济学的基本原理和运行机制

货币制度经济学的基本原理

货币制度经济学是从货币制度的角度看待经济学而产生的。从货币制度经济学的角度来看,经济学是相对于货币制度的经济学,不是独立于货币制度之外的经济学。货币制度经济学的基本原理是货币制度建构出经济运行的各项机制和特点,经济运行的模式由货币制度的具体形式决定。货币制度确立的货币形式、货币价值、货币单位、货币发行供应方式、货币交易支付结算方式等制度安排,作为确定性的规则,通过单位货币价值、货币供应总量和货币总价值对经济层面的商品供需、资产资源买卖、收入支出、投资消费储蓄等经济活动产生直接影响,经济学因此成为相对于货币制度的经济学,经济的运行机制及特点也是由货币制度确立的。

实物货币制度下经济的运行机制及其特点

实物货币制度下货币使用金银和铸币,经济运行的模式用公式表示为:

(单位黄金价值 × 黄金数量 + 单位白银价值 × 白银数量 + 单位铸币价值 × 铸币数量) × 周转次数 = 商品品种 1 × 数量 1 × 价格 1 + 商品品种 2 × 数量 2 × 价格 2 + 商品品种 3 × 数量 3 × 价格 3 + … + 商品品种 n × 数量 n × 价格 n

公式是由如下公式推导出的:

货币总价值 = 单位货币价值 × 货币供应总量

货币总价值 × 周转次数 = 品种 × 数量 × 价格

公式就是货币和经济关系在实物货币制度中的具体表现。在实物货币制度中,货币使用金银和铸币时,货币总价值由黄金、白银和铸币的总价值共同构成,使用黄金、白银和铸币进行交易的周转次数等于对应商品的交易总额。所以,公式也可以分别表示黄金、白银和铸币的交易总额,用公式表示为:

单位黄金价值×黄金数量×黄金周转次数=商品品种1×数量1×价格1+商品品种2×数量2×价格2+商品品种3×数量3×价格3+…+商品品种n×数量n×价格n

单位白银价值×白银数量×白银周转次数=商品品种1×数量1×价格1+商品品种2×数量2×价格2+商品品种3×数量3×价格3+…+商品品种n×数量n×价格n

单位铸币价值×铸币数量×铸币周转次数=商品品种1×数量1×价格1+商品品种2×数量2×价格2+商品品种3×数量3×价格3+…+商品品种n×数量n×价格n

在实物货币制度中,由于黄金、白银和铸币相对于人口增长和经济发展程度,供应数量变化不大,始终处于相对紧缺的局面,在不考虑周转次数的前提下,经济发展导致货币总价值增加,表现为单位货币价值增长,或者说单位货币购买力增加。单位货币购买力增加以物价下降的方式呈现在经济中,实物货币制度下的经济增长的结果表现为通货紧缩,经济增长的结果是出现产品过剩和物价下跌的经济危机。这就是实物货币制度决定的经济运行机制。以金银和铸币作为实物货币的国家,金银和铸币的供应总量代表这个国家剩余劳动价值储备的总量。当社会剩余劳动价值增加,在金银和铸币供应总量保持不变的情况下,单位金银和铸币的价值增长,导致市场物价相对下跌,宏观层面表现为通货紧缩。经济发展导致通货紧缩引发经济危机是实物货币制度下经济运行的基本模式。这种局面由货币供应和社会财富的关系决定,不改变实物货币制度,经济运行模式始终制约经济发展。

　　实物货币制度将实物作为货币,交易时需要称量并检验货币的成色,实物货币的这种特点决定了交易只能采用面对面支付的方式。当货币脱离实物采用信用价值后,计价方式和交易方式也随之改变。货币的材质是精心选择的,需要满足获取不易、具备稀缺性、材质的物理化学性质稳定、不会腐烂变质、适合长期储存等条件。这些限制条件导致货币材质不易获取,货币供应总量难以大幅增加,经济活动无法通过增加货币供应的方式推动自身发展。在货币紧缺的现实情况下,窖藏黄金、白银蔚然成风,金融业在货币紧缺的时期只能局限于简单的放贷。社会没有大量的闲置资金供应给钱庄发展金融业,也难以建立储蓄吸引闲置资金用于放贷的货币回笼方式。这些特定的交易和经济活动的特点都是实物货币制度造成的,由此可见,货币制度深刻影响市场的交易方式和运行方式。

金本位制度下经济的运行机制及其特点

　　金本位货币制度是实物货币制度的一种创新形式,在金本位货币制度中,黄金作为代金券的发行准备,按照兑换率发行、兑换黄金。兑换率相当于放大黄金供应量,货币供应数量因此比完采用黄金实物有很大提高,但货币数量仍然受限于黄金供应,中央银行无法独立调整货币供应,货币供应仍旧缺乏弹性,并不改变实物货币发行供应的本质。金本位货币制度的经济运行机制用公式表示为:

　　货币总价值＝黄金准备总数量×黄金兑换率＝代金券总价值

　　代金券总价值×周转次数＝商品品种1×数量1×价格1＋商品品种2×数量2×价格2＋商品品种3×数量3×价格3＋…＋商品品种n×数量n×价格n

　　金本位货币制度将纸币作为货币,黄金退出流通仅作为货币供应的价值准备。纸币在使用时不像实物货币那样需要称量，防伪取代了成色鉴定，纸币易于携带、价值确定、金额可以随意组合，减少了很多实物货币使用的不便，极大地促进了交易的开展。这个时期正是西方国家进入工业化发展的时期，金融服务业基于银行账户的使用创新出汇款、代收款、支票、汇票等支付凭证形式的货币和金融业务。这些新形式的信贷、储蓄、支付及汇兑方式都是在货币价值信用化的机制建立后通过信用创新方式实现的。由此可见，改变货币制度对交易方式和支付方式的深刻影响。

黄金兑换率的使用暂时在国内经济中缓解了黄金不足造成的通货紧缩。但是金本位货币制度仍然采用黄金实物价值作为发行准备，货币供应总量仍然缺乏弹性，并受限于黄金供应总量。所以，金本位货币制度下经济的运行机制仍然表现为实物货币制度的通货紧缩性特点。黄金兑换率固定不变，黄金准备数量随国际收支结余不断变化。当国际收支出现逆差时，黄金流出，黄金准备总量减少，代金券总量收缩，货币供应减少，经济走弱；当国际收支出现顺差，黄金流入，黄金准备总量增加，代金券总量增加，货币供应增长，经济走强。国际贸易越频繁，国际收入金额越大，对国内经济的影响越大。即使不考虑国际收支的影响，国内经济发展到一定程度后，随着人口增加，货币发行供应还是会受到黄金供应和固定兑换率的约束。因此，金本位制度下经济的运行模式和实物货币制度类似，都是经济发展导致通货紧缩模式的运行机制，只是金本位制度开启信用应用发展，出现代金融业的雏形，其交易支付、储蓄、信贷方式与实物货币制度相比有了很大的改变。

法定信用货币制度下经济的运行机制及其特点

法定信用货币制度下货币采用信用价值和法定价值，货币由中央银行和商业银行供应，经济运行的模式用公式表示为：

货币总价值=单位货币价值×货币供应总量

货币总价值=单位货币价值×(价值货币供应总量+债务货币供应总量)

货币总价值×周转次数=商品品种1×数量1×价格1+商品品种2×数量2×价格2+商品品种3×数量3×价格3+…+商品品种n×数量n×价格n

　　法定信用货币制度采用由中央银行垄断发行供应的信用货币,货币价值采用法定价值形式,完全脱离实物价值,中央银行垄断货币供应权限,法定信用货币成为可操作货币供应和货币价值的制度型货币。法定信用货币较实物货币和金本位货币在货币价值、货币形式、货币供应等方面都有了很大改变,黄金、白银等实物货币需要经过开采、铸造才能作为货币使用。实物货币无须经中央银行,只需特定机构专门铸造货币,更无法人为创造货币。法定信用货币则由中央银行负责向市场发行供应货币,中央银行和商业银行都具备货币供应的能力。因此,法定信用货币是一种可操纵、可管理的制度货币。实物货币将实物自身价值作为等价物与商品进行等价交换,法定信用货币采用法定价值和信用价值。商品交易从此由物物交换转变为用信用交换物权,信用定价和物权定价之间的关系是可操纵的货币供应和经济之间的关系。这种改变直接导致经济运行方式由通货紧缩模式转变为通货膨胀模式。

　　从公式可以看出,法定信用货币的货币供应总量由价值货币供应总量和债务货币供应总量共同构成,法定信用货币的货币供应总量是可变的,可以通过信贷增减调节债务货币供应总量的方式,实现对货币供应总量的调节。这种方式彻底改变了实物货币和金本位货币的货币供应总量缺乏弹性、难以根据需要增减调节的弊病。在可调节的货币供应总量支持下,法定信用货币制度下的经济运行不仅不再缺乏货币供应,而是呈现出货币超发、超量供应的情况。经济运行的模式也因此转为通货膨胀的运行模式。经济发展的结果不再是通货紧缩型的经济危机，而是货币超发滞胀型的金融危机。实物货币制度不能满足货币需求的不断增长，因而制约经济发展。法定信用货币制度解决了货币供需问题，因而极大地促进了经济发展，由此可见货币制度对经济运行方式的影响程度的重要性。由于之前章节对法定信用货币的经济运行机制做过详细分析，这里就不再展开详述。

第二节　货币制度下的经济危机和金融危机原理

实物货币制度下的经济危机原理

实物货币制度下发生的危机主要是通货紧缩模式的经济危机。在实物货币制度下，由于货币始终处于紧缺状态，很少发生金融危机。钱庄倒闭引发的危机属于经营不善导致的危机，不是经济体系出现问题导致的危机。

实物货币制度下货币和经济之间的关系模型为：

单位实物货币价值 × 货币供应总量 × 周转次数 = 品种 1 × 数量 1 × 价格 1 + 品种 2 × 数量 2 × 价格 2 + 品种 3 × 数量 3 × 价格 3 + ⋯ + 品种 n × 数量 n × 价格 n

金本位货币制度下货币和经济之间的关系模型为：

货币总价值 = 黄金准备总数量 × 黄金兑换率 = 代金券总金额

黄金准备总数量 × 黄金兑换率 × 周转次数 = 品种 1 × 数量 1 × 价格 1 + 品种 2 × 数量 2 × 价格 2 + 品种 3 × 数量 3 × 价格 3 + ⋯ + 品种 n × 数量 n × 价格 n = 经济单位 1 + 经济单位 2 + 经济单位 3 + ⋯ + 经济单位 n

在实物货币制度中，经济发展导致社会剩余劳动价值累积增加时，由于实物货币的供应总量变化不大，剩余劳动价值主要储藏在单位货币价值中，所以在实物货币制度中，单位货币价值随经济增长不断升值，货币购买力随经济发展增加，经济表现为物价相对单位货币价值下跌。经济持续发展的结果是出现产品过剩和需求不足导致的经济危机。

通货紧缩是实物货币制度下经济发展的结果。经济发展促使货币购买力不断提升，物价持续下跌，当物价下降到生产过剩和无利可图时就会引发经济危机。所以，通货紧缩也是经济危机的主要表现形式。导致通货紧缩的主要原因是货币紧缺，货币供应总量增长缓慢限制社会总需求的增长，剩余劳动价值只能储存在单位货币价值中，无法通过货币供应总量的扩散发掘社会总需求。西方国家在工业化初期经常出现生产过剩型的经济危机。这种经济现象不仅是生产过剩所致，更是货币供应不足、潜在需求无法释放所致。

金本位货币制度下的金融危机原理

金本位货币制度同样受限于黄金供应，在黄金发行准备没有增长的情况下，金圆券和代金券的发行供应总量也是受限的。所以，金本位货币制度也会出现和实物货币制度类似的经济紧缩现象。

从公式来看，经济危机在货币端表现为货币供应总量不变前提下的单位货币价值随货币总价值的增长而增加。这种现象在公式的经济端表现为社会总需求只能通过单位货币价值增加释放，无法通过货币供应总量释放。具体表现为物价下跌，富者越富，穷者越穷。在这种情况下，经济单位持有的货币数量难以增加，货币的购买力显著增加。如果经济单位持有的货币数量显著增长，每个经济单位平均持有的货币数量就会减少，经济发展导致货币紧缺也会更加严重。这种情况在商品层面表现为经济增长导致消费品种和数量的增长,在货币供应总量基本不变的前提下造成物价下跌。因此,实物货币制度下的经济危机原理就是公式中的货币端在经济发展推动货币购买力持续增强的现实下,公式中的经济端在货币供应总量变化不大的前提下,经济发展推动商品品种数量增加,货币传导分布更广泛,人口增长的经济发展结果只能通过物价下跌表现,经济发展在实物货币制度下以通货紧缩的方式收场。实物货币制度下的经济周期就是实物货币供给不能随经济发展和人口增加保持同步增长导致的周期性扭曲和修复。

法定信用货币制度下的金融危机原理

法定信用货币制度下发生的危机主要是通货膨胀模式的金融危机。在法定信用货币制度下,由于货币始终处于超额供给状态,社会需求被持续挖掘,主要发生与货币超发、债务扩张相关的金融危机。

法定信用货币制度下货币和经济之间的关系公式为:

货币总价值＝单位货币价值×(价值货币供应总量＋债务货币供应总量)

(货币总价值－储蓄)×周转次数＝品种1×数量1×价格1＋品种2×数量2×价格2＋品种3×数量3×价格3＋…＋品种n×数量n×价格n＝经济单位1＋经济单位2＋经济单位3＋…＋经济单位n

在法定信用货币制度中,货币供应总量可以通过信贷债务方式增加,经济发展创造出来的货币总价值可以储藏在单位货币价值和货币供应总量中。由于单位货币价值的名义价值是法定的,新创造的货币价值主要储藏在货币供应总量中,经济发展的结果是货币供应总量大幅上涨。这种货币供应总量大幅上涨现象的本质是债务形式的货币供应大幅上涨,当举债创造的购买力不能继续给经济带来刺激性增长时,就可能因为普遍性的难以偿债、资不抵债、债务违约等问题引发金融危机。

　　经济发展导致货币供应总量大幅上涨在经济端推动消费、投资、品种、数量增加和价格上涨,法定信用货币制度下的经济增长因此表现为通货膨胀、需求膨胀、投资膨胀。经济发展的结果是货币超发、物价过度上涨、需求严重透支、举债过度造成的金融危机。由于法定信用货币制度下的货币供应极其宽裕,生产过剩不会对经济造成严重冲击,所以经济危机不构成威胁,法定信用货币制度下出现的危机主要是债务和投资导致的金融危机。

　　法定信用货币制度下经济运行采用通货膨胀模式,通货膨胀模式下的危机发生在实体领域就是实体经济危机,发生在金融领域就是金融危机。无论发生哪种危机,都是法定信用货币制度下货币金融和实体经济之间失衡的结果。实体经济危机是供需投资失衡导致的危机,金融危机是过度举债,金融产品、金融资产供需失衡导致的危机。这些危机都表现为价格过度上涨后的回归,是过度举债、货币超发和需求严重透支导致的危机。

　　从公式来看,经济发展创造的货币价值主要储藏在货币供应总量中。货币供应总量随着经济发展、举债增加而不断增长。货币供应总量增长的幅度越大,货币传导分散、分布得越广泛。每个经济单位获得的平均货币量越大,社会平均收入越高,社会总需求越大。由此导致经营的商品品种增加,消费的数量增长,物价上涨,营业额和经营规模扩大。这种膨胀也随着经济单位和个人举债的大幅增加、收入的预支透支、需求的过度放纵而变化。这种情况下发生的危机主要是过度举债导致的金融危机。因此,法定信用货币制度下的金融危机原理就是公式等式两端在货币供应总量扩张推动下的等价值膨胀后的收缩。法定信用货币制度下的经济周期,就是中央银行建构的以利率周期为核心的货币供应周期的表现形式。

第三节 法定信用货币制度下经济发展的理论原理

法定信用货币制度下经济发展的定义及定性

经济发展从法定信用货币制度的角度来看主要由法定信用货币的发行供应决定,法定信用货币制度下的经济发展可以定义为价值货币总价值的持续稳定增长和合理分配,即单位货币价值购买力的增长和价值货币供应总量的持续增长与合理分配。这个定义从经济的视角来看,表现为消费品和投资品在品种、数量、价格方面的稳定增长,就业岗位持续增加到充分就业后工资薪酬的稳定增长,以及经济单位经营规模的普遍性扩大。从社会的角度来看,法定信用货币制度下经济发展就是国家的富强和人民生活水平、福利待遇的持续增加。

法定信用货币制度下经济发展的性质和特点

法定信用货币制度下的经济发展是由经济机会和经济需求推动的经济发展。经济机会和经济需求又是由货币供应总量增加和单位货币价值提高创造出来的。货币供应总量和单位货币价值作为社会总需求在推动经济发展的过程中起着主要的作用。

在法定信用货币制度下,每个人、每个家庭、每个企业或公司都是独立的劳动生产和价值创造的经济单位,都是推动经济发展的主要力量。法定信用货币制度下的经济发展体现为每个经济单位经营规模的不断扩大,收入支出规模的不断增长,价值创造能力的不断提高。每个人、每个家庭、每个企业公司都肩负经济发展的责任,经济发展是由人民齐心协力创造出来的。中国从改革开放前的物资紧缺发展到今天的欣欣向荣,充分证明了这个发展道理。

在法定信用货币制度下,每个人、每个家庭、每个企业或公司创造的劳动价值和货币价值,不仅属于自己,也属于社会和国家,是整体劳动价值和货币价值的一部分。不仅能用于满足自身的发展所需,也能促进国家和社会的发展进步。法定信用货币制度下的剩余劳动价值都储藏在本币的单位货币价值和货币供应总量中。本币不仅可以很好地保护本国的剩余劳动价值,而且每个人创造的剩余劳动价值也是货币总价值的一部分,每个人、每个家庭、每个企业或公司创造的劳动价值和货币价值越多,国家和社会整体的劳动价值和货币价值越多,社会成员才能从本币货币价值增长中受益。经济发展从微观看是每个人、每个家庭、每个企业或公司的个体发展,从宏观看是国家货币供应总量和总价值的发展,是国家作为独立经济单位参与全球竞争的基础。

法定信用货币制度下的经济发展在国内层面表现为货币供应总量不断膨胀的发展过程,在国际层面表现为单位货币价值持续增长的发展过程。在这个发展过程中,国内的商品品种和投资品种越来越丰富,消费数量和投资数量不断增长、各种价格不断上升、就业岗位增加、工资薪酬上涨、经营规模扩张、国际竞争力不断增强,这些都是在货币供应总量合理增长的推动下实现的经济发展。

法定信用货币制度下的经济发展是建立在货币发行供应封闭体系下的经济发展,因此,法定信用货币制度下的经济发展主要是内循环式的经济发展,是以本币为基础的经济发展,对外交流是内循环经济发展方式的有利补充。当然,对于严重依赖外资的国家而言,对外交流和内循环发展方式是并驾齐驱的马车。即使如此,也要将本币和内需作为经济发展的重点来对待,完全依赖外部需求的发展方式并不可靠。

综上所述,经济发展在货币层面表现为通过经济活动创造货币价值和货币数量的能力,在经济层面表现为以物质资源和产权为对象,利用价差创造利润收益,满足社会需求的能力。这是经济和货币的本质,也是货币制度经济学的基本定理。

法定信用货币制度下的经济机会

经济机会是经济发展理论的核心概念和重要因素,经济机会从微观来看不仅是推动经济发展的动力,也是决定经济发展方向的主要因素。像智能手机和新能源电动车提供的经济发展机会,不仅影响行业的发展方向,还直接影响社会的发展方向。因此,如何创造经济机会,创造什么样的经济机会,都是经济发展研究的主要课题,也是设计制定经济政策的关键。

法定信用货币制度下的经济机会主要表现为货币膨胀扩张程度和容纳程度。法定信用货币制度下的经济机会可以带动投资、信贷,提供需求,提供就业岗位,是产业和金融业共同发展的机会。经济机会在微观层面主要通过消费和投资表现,具体来说通过品种、数量、价格三方面因素表现。资源禀赋、科技装备、文化传统、地理人口、经营管理等因素最终都从品种、数量、价格层面反映经济机会,都表现为货币借助商品和投资品膨胀扩张的程度和容纳货币的程度。

以前的计划经济禁止自由开展经济活动,社会中的经济机会被国家严格管制。放开管制允许自由经营后,经济机会迅速扩散到全社会,这是中国经济可以长期保持高速发展的主要动力。即使缺乏资金,缺少政策支持,缺少经验和渠道,但仅凭放开管制和经济机会社会化,就能实现经济发展。由此可见,制度能够限制经济机会,也能放开经济机会,政策能够推动经济机会,也能抑制经济机会。本着公开、公平、公正的原则制定制度、实施政策,才能更好地将经济机会社会化,防止经济机会成为少数人垄断牟利的工具。

从经济机会的角度来看待经济发展空间,经济发展的过程可以看作潜在需求转变为实际需求的过程,经济机会可以定义为潜在需求变现的程度。无论潜在需求通过举债或投资变现，还是通过收入增长变现，或者通过需求增加逐步变现，也无论潜在需求表现为消费投资还是政府支出，潜在需求变现都是衡量经济发展空间和经济机会的关键指标。商品和投资品的品种、数量和价格是经济发展空间的衡量指标。不同经济体之间经济发展空间的比较是各种品种、数量和价格之间的比较。发达国家消费品的品质、等级、层次和附加值更高，数量更多，价格承受能力更大，发展中国家达到类似水平就是发展中国家的经济发展空间。

差异性可以创造经济机会。品种差异、数量差异、价格差异都能产生引发经济活动的牵引力，创造出经济机会。经济体之间的不平衡和差异性越大，可以开展经济交流的层面越多，蕴含的经济机会越多，能够创造的价值越大。例如，美国与中国在经济上的互补性为双方创造了大量经济机会。

潜在需求变现模型

任何国家的经济发展都可以看作潜在需求变现推动下的经济发展，但在不同的货币制度下，潜在需求变现的表现方式各不相同。在法定信用货币制度下，潜在需求变现的发展过程伴随着货币扩张和借贷大幅增长，法定信用货币制度下的经济发展可以用公式表示为：

潜在供应＋实际供应＝潜在需求＋实际需求＝货币总价值＋信贷增长潜力

由于实际供应＝实际需求＋库存，库存可以看作延滞的需求，也可以看作潜在供应的提前变现。库存归入潜在供应或递延需求都不影响公式的有效性。

公式说明社会实际总需求由社会总购买力决定，也就是实际的货币总价值决定。有多少货币供应和货币总价值，就有多少需求能够得到满足。因此在不考虑潜在潜能的情况下公式可以缩减为：

供应 = 需求 = 货币总价值

在考虑潜在潜能的情况下,潜在需求越大,经济增长空间越大,信贷增长潜力越大。

公式说明,潜在需求当期能够转变为实际需求的程度,是经济当期能够实现的增长量。经济增长是以社会实际总需求为基础,将潜在需求变现为实际增长的过程。从公式来看,可以采取信贷扩张的方式实现这个过程。

从公式可知,将需求分解为消费和投资之和,消费需求是经济发展的原动力,生产供应由消费需求引领。投资需求是经济增长的加速度和助动力,两者相辅相成,推动经济发展。仅仅依靠消费需求的国家,经济运行的加速度和助动力明显不足。

从公式可知,等式关系是均衡关系,各项因素需要协调发展、共同发展。经济发展是打破原有经济状态的发展进步过程,也是将潜在需求变现为实际需求并巩固的过程。这个过程也是个人、家庭、企业或公司经营能力提高、效率增长、货币经营量不断增加的过程。

第四节 法定信用货币制度下经济的发展方式

经济发展基础模型

无论什么样的国家,无论采用什么样的政治制度,只要是采用货币的自由市场经济制度,国家的经济发展都可以采用货币经济关系模型进行描述,所以货币经济关系模型也是经济发展的基础模型。

在法定信用货币制度下,单位货币价值、货币供应总量和货币总价值都是可变量,三者之间是相互影响、相互作用的关系。法定信用货币制度下经济的发展方式是单位货币价值、货币供应总量和货币总价值共同决定的发展方式。

货币总价值＝（价值货币供应总量＋债务货币供应总量）×单位货币价值

（价值货币供应总量＋债务货币供应总量）×单位货币价值×周转次数＝品种1×数量1×价格1＋品种2×数量2×价格2＋…＋品种n×数量n×价格n＝经济单位1＋经济单位2＋…＋经济单位n

从公式可知：

（1）在公式的货币端，货币总价值、单位货币价值、价值货币供应总量、债务货币供应总量、货币周转次数这五种因素都能对社会总需求产生影响。这五种因素都是经济发展过程中可以运用的发展动力。它们的特点各不相同，作为推动经济发展的动力使用时各有特色、各有利弊。

（2）如果将储蓄因素纳入考虑范围，国民经济的货币总价值就变成：

国民经济货币总价值＝（价值货币供应总量＋债务货币供应总量－储蓄）×单位货币价值×周转次数

在公式中，储蓄是调节经济发展速度的工具。加息可以提高单位货币价值，吸引资金流向储蓄，为经济发展踩下刹车。

（3）不考虑周转次数的货币总价值代表社会总购买力，也就是静态的社会总需求。社会总购买力及其周转次数决定着经济规模的大小，货币周转次数越多，经济流动越快，经济越繁荣。在一定量的社会总购买力水平上，经济治理的工作重点就是提高经济活力，提升货币总价值的周转次数。

从公式来看，提高单位货币价值和货币供应总量能够直接增加社会总需求，这是推动经济发展最主要的方式。

（1）单位货币价值作为每单位货币含有的劳动价值储备量，既能反映劳动价值累积储备程度，也能反映劳动竞争力和货币购买力。提高单位货币价值，能够提高每一货币单位的购买力,这是发达国家常用的经济发展方式。美国维持强势美元政策就是通过高估美元购买力促使美国经济长期向好。

(2)货币供应总量决定每个经济单位平均持有的货币量,增加货币供应总量可以提高人均货币的持有量,推动货币向偏远地区流动,增加经济单位的经营规模,还可以增加社会总需求,推动就业岗位和工资薪酬的增长。

(3)价值货币供应总量是社会持有货币权益的总量。价值货币供应总量越多,人均分配的价值货币量越大,在单位货币价值保持不变的情况下老百姓就越富裕。在法定信用货币制度中,经济发展的主要表现就是在保持单位货币价值购买力的前提下,保证价值货币供应总量的持续增长和人均价值货币持有量的增加。

(4)债务货币供应总量作为举债生成的货币供应量,也是债务产生的购买力和社会需求。由于债务货币供应总量能够转换为价值货币供应总量,因此,发展经济的过程也是举债增加、需求不断增长、债务货币转换为价值货币的过程。债务货币是推动经济增长的加速度和助动力,经济发展离不开举债和债务货币供应的持续增长。

从货币角度来看,经济发展可以定义为货币总价值的持续增长和合理分配。经济增长可以定义为货币总价值的增长。这种定义方式可以体现出经济发展和经济增长的区别。经济发展更多强调发展质量,经济增长主要注重数量增长,并不一定注重质量发展。

在法定信用货币制度下,判定经济发展的指标是价值货币总值而不是货币总价值。举债增长导致货币总价值增长,从而带动经济增长,但不一定能实现经济发展。只有以价值货币为标准衡量的价值货币总价值的增长,才能推动社会平均收入的长期增长,才能推动就业岗位的持续增加,才能实现普惠型的经济发展。经济的健康、稳定、持续发展是以创造价值货币为前提和基础的发展。采用借贷、透支、预支等债务方式推动的经济增长往往难以持续。

从公式的经济端来看,经济发展在宏观层面表现为消费品和投资品的品种、数量的增加和价格的持续上涨。经济发展在个人、家庭、企业或公司、政府等层面都表现为日常收入和支出的持续增长、消费和投资品种数量的增加、经营规模的不断扩大、资产的持续膨胀。无论是个人、家庭,还是企业、政府,消费和投资的种类越多,数量越大,承受的价格越高,产生的社会需求越多样,容纳的企业公司越多,创造的产业分工越细,就业岗位越多,经济也越繁荣。经济发展就是持续地创造就业和提高薪酬,推动消费和投资总额的增长,推动消费投资、品种、数量的增加和价格的上涨。消费和投资是经济发展的原动力,收入能够保持持续增长,投资和供应就会被消费带动起来,经济也就能够持续发展。

实现经济发展要从人和商品两个层面入手,从政府和社会两个范畴进行推动,在货币、金融和实体经济三个层面实现协调发展。每个人都是货币创造的基本单位,也是投资消费的基本单位,还是商品、资产、资本的管理经营单位。每种商品、资产、资本都是经济单位施展才华、展示能力、应用智慧的对象。从事生产劳动经营管理的劳动者素质水平越高,经济效率越高,经济竞争力越强,货币价值创造越多,社会也就越富裕发达。

从经济发展的基础模型来看,法定信用货币制度下经济的发展方式可以通过货币端的货币总价值、单位货币价值、价值货币供应总量、债务货币供应总量和货币周转次数这五种因素推动实现,也可以通过经济端投资品和商品的品种、数量、价格上涨实现,还可以通过工资薪酬上涨、就业岗位增加、经济单位经营规模扩大等方式实现。这些发展方式可以归纳为内需型和外需型两种;也可以从经济的角度归纳为价格推动型、需求推动型、货币推动型、公共领域推动型四种;还可以从经济发展所处阶段归纳为发展中国家发展方式、发达国家发展方式、城市国家发展方式等。各国的资源禀赋、文化传统、地理位置、制度偏好各有不同,采用的经济发展方式也不相同。有的国家采用大集团发展方式,通过支持大财阀掌控国家支柱产业,建立规模竞争力的方式确保就业实现发展;有的国家以国有产权为基础,以私有产权为动力,通过控股方式掌控国民经济支柱产业,通过公私互补实现发展;有的国家完全以私有产权和市场竞争为主发展经济。采取怎样的经济发展方式和国家民族的文化传统、社会制度、资源禀赋、风俗习惯、价值取向、地域特点等因素息息相关。无论采用哪种经济发展方式,适合国情才是关键,能够解决当前社会的发展问题就是好的发展方式。

价格推动型经济发展方式

价格推动型经济发展方式特指通过推动价格上涨实现经济发展的方式。价格推动型经济发展方式也是最典型的法定信用货币制度下经济的发展方式。如果只是在实物货币制度下,这种方式是无法取得成功的。

价格主要包括劳动价格、服务价格、资源价格、商品价格、资产价格等。价格推动型经济发展方式不是推动所有价格上涨,而是选取适合的产品或行业,利用行业特点,通过主动推动价格上涨的方式创造出更多的利润收益,达到促进经济发展的目的。

适合采用推动价格上涨方式发展经济的领域主要包括资源稀缺行业、垄断性行业、大宗商品领域、奢侈品行业、房地产行业、证券股票等金融资产行业。另外,推动工资薪酬等劳动价格上涨也是推动经济发展的主要方式。

稀缺资源行业可以利用资源的稀缺性推动价格上涨,垄断性行业可以利用垄断性推动价格上涨,大宗商品领域可以利用大宗商品的产业地位推动价格上涨,奢侈品行业可以利用奢侈品的品牌地位推动价格上涨。特别是房地产行业和证券股票行业,可以利用金融资产的保值性和投机性推动价格上涨,创造出更多的利润收益,推动经济增长。资源稀缺行业、垄断性行业和奢侈品行业的传导性并不高。这些行业价格上涨,创造的利润对其他行业的带动作用不如大宗商品价格上涨的带动作用大。资源型大宗商品丰富的国家,可以通过推动大宗商品资源的价格上涨带动本国的经济发展。例如,澳大利亚就是以出口资源性大宗商品为主的国家。资源性大宗商品价格上涨对澳大利亚的经济发展帮助很大。

推动房地产价格和股票价格持续上涨能够创造出巨大的财富效应,带动社会消费和投资增长,推动经济发展。这种方式的发展效果已经在我国经济的发展过程中得到了很好的验证。美国的工会组织长期致力于推动劳工工资上涨,这对经济发展的拉动作用也是有目共睹的。

尽管股票价格上涨、房价上涨、商品涨价、工资薪酬上涨都会创造出巨大的财富,但是推动商品价格上涨可能会抑制消费,推动工资薪酬价格上涨可能会降低竞争力,需要考虑负面影响造成的危害。只有股票和房地产等资产价格采用推动方式产生的负面影响相对较小,因此,股票、房地产等资产领域才是价格推动型经济发展方式的应用对象。价格推动型经济发展方式的本质是以推动资产价格为辅助,利用实体经济和金融领域的互补性推动经济发展,这种方式既能调节实体经济和金融领域的流动性,又能实现实体经济和金融的共同发展。

股票和房地产等金融资产价格炒作是一种资产幻象,就像击鼓传花,套现才能兑现利润收益,由后来持有者承担风险。但发展中国家具有广阔的发展空间和巨大的潜在需求,金融资产价格又处于历史低位,价格推动发展模式恰好适用于发展中国家的经济发展。

价格推动型经济发展方式既能够快速推动经济增长,也容易造成贫富分化。持有房地产者因房地产价格上涨受益,租赁者因为成本增加受损。长此以往,必然导致社会分配失衡。经济增长表现为物价长期上涨的经济体,需要特别注意社会收入分配失衡问题。

需求推动型经济发展方式

需求由消费和投资两部分构成,主要包括生活需求、生产需求、投资需求,公共需求、政府需求、进出口需求等。这些需求形式都是推动经济发展的主要动力。需求推动型经济发展方式是通过将需求社会化和经济化,推动各项需求增长实现经济发展的方式。

需求是创造出来的。科技应用、成本降低、品质提升、产品升级换代都能创造出巨大的社会需求。电信行业从电报到有线电话,再到手机和智能手机,每次升级换代都为电信行业创造出巨大的需求,从而带动相关行业实现发展。

将需求社会化和经济化也是创造需求的主要方式。一日三餐在家中自己做饭,从经济的角度看只会产生食材的原材料需求和厨具需求。如果一日三餐更多选择在饭店就餐,不仅可以推动饭店投资需求的增长,还能增加就业,带动房屋租赁、交通出行等诸多需求的增加。个人每月增加几次在外就餐次数对经济的促进作用非常大,衣食住行等生活消费需求的经济化和社会化发展是经济发展最主要的动力。随着社会收入的不断提高,逐步推动需求社会化和经济化可以创造出巨大的发展潜力。

扩大和深化社会分工合作是推动社会总需求增长的主要方式。企业需求如果只通过雇员劳动满足,就像家庭的一日三餐自己做一样,需求就得不到社会化和经济化。企业的需求通过社会分工合作形成的产业链向其他企业购买,会带动投资就业增长,催生巨大的社会需求。这种方式的主要策略是发展产业链,形成细分程度更高、合作程度更广的产业链条。产业越发达,产业规模越庞大,产业链越广泛深入,创造的生产供应需求就越大,对经济发展的带动作用也就越大。

降低商品价格换取消费数量增长是拉动需求增长的主要方式。高物价往往会制约经济活动的扩大,通过降低成本的方式将奢侈品变成日用消费品,甚至必需品,会发掘出巨大的社会需求。电视、空调等家用电器在20世纪八九十年代曾经是高档消费品,现在是家庭的必需品。汽车在我国曾经是奢侈品,现在也属于消费品。越多商品从奢侈品转化为消费品,甚至必需品时,会增加社会总需求、扩大经济规模。中国企业通过提高生产效率、降低各项成本费用的方式推动消费品的降价普及,为经济发展做出了卓越贡献。

政府支出产生的需求既是经济发展的重要助力,也是调节经济发展的主要工具。政府支出主要投向公共领域和基础建设,在经济发展遇到困难时,可以加大政府支出,创造公共需求和政府需求,为经济发展增添动力。政府支出也是提高基础设施水平、降低分配差异和地区差异、缩小发展不平衡的主要力量。政府支出作为市场机制的补充和完善,能够极大弥补市场力量的不足。

国际需求是经济发展的重要推动力,积极参与国际分工合作不仅能够吸引大量国际需求推动经济发展,还能通过国际交流提升竞争力水平,对于促进经济长期发展的帮助很大。国内需求增长受限于国内收入水平,国际需求则没有这种限制,具备国际竞争力的行业很容易实现快速扩张。

货币推动型经济发展方式

货币总价值代表着社会总购买力,是社会需求的实际支付能力,有多少货币总价值才能满足多少社会需求。货币推动型经济发展方式通过增加货币总价值达到增加社会总需求、推动经济发展的目的。

货币推动型经济发展方式可以表示为:

货币总价值＝社会实际总需求＝单位货币价值×（价值货币供应总量＋债务货币供应总量）×周转次数

从公式可知，提高单位货币价值、增加债务货币供应总量、增加货币周转次数都可以增加货币总价值，从而增加社会总需求，实现推动经济增长的目的。具体来说，可以通过提高利率和汇率的单位货币价值的方式，也可以通过扩大信用、增加贷款、增加债务货币供应总量的方式，还可以通过改善运营商环境来提高经济运行效率、增加货币周转次数的方式来增加社会总需求，从而推动经济增长。

采用货币推动型经济发展方式的目的是生成价值货币、促进经济发展。这种模式运用的工具是信用和债务，所需的条件是经济体具备广阔的发展潜力和创造价值货币的机会。实施债务投放时应以实体投资为主，以助力潜在需求变现为目标，而不是投入金融炒作。发达国家需求稳定，供需匹配成熟，经济增长空间小，不适合采用这种方式发展经济。发展中国家的经济增长空间大，审慎使用，持之以恒，很容易产生效果。因此，货币推动型经济发展方式是适合发展中国家采用的发展模式。

货币推动型经济发展方式的发展理念是通过增加货币供应总量，使每个人分配到的货币量增长，通过货币平均持有量增长释放每个人的潜在需求，实现社会总需求的增长。货币供应总量决定着每个社会成员平均拥有的货币数量。社会成员平均拥有的货币数量反映了工资薪酬的平均值。增加的货币供应总量以需求方式进入经济体，要么表现为消费投资品种、数量的增加，要么表现为物价上涨，要么表现为工资薪酬上涨或者就业增加，这些措施都有助于各项事业顺利开展。货币推动型经济发展方式更容易促使货币传导到偏远地区和贫困地区，实现经济发展的普及，这是货币推动型经济发展方式最主要的特点。

采用货币推动型经济发展方式需要放松信用，大量举债推动投资消费。在长期推动货币总价值和债务货币供应总量持续增长的过程中,信用扩大和债务扩张很容易造成过度负债和资产负债表的失衡。货币推动型经济发展方式取得成功的关键是控制好举债规模,避免货币错配,将举债产生的效益作为考核标准,使举债对经济发展产生积极的促进作用,而不是因举债过度导致坏账,影响经济发展。保持经济可持续发展的关键是在推动债务货币供应总量增长的同时,推动债务货币转换为价值货币,确保价值货币供应总量同步增长,同时保持单位货币价值的稳定。

超发货币导致物价上涨并不是风险,只要信贷的坏账率低,经营利润有保障,价值货币被持续创造出来,超发货币的结果就是好的。只有当超发货币难以产生收益,货币流通出现空转,微观层面产生大量亏损导致坏账,才会造成负面影响。货币推动型经济发展方式的主要风险是过度举债无力偿还。很多大力举债的国家没能实现债务货币转换为价值货币的目标,最终导致庞大债务难以偿还,成为发展的反面案例,这是采用货币推动型经济发展方式时必须理解的道理。

举债发展的关键是利用潜在需求变现的发展空间将货币投入效率提升和成本降低的项目,而不是投入效益低下的项目。成功的债务运用在赚取利润的同时,能够增加就业岗位、提高消费购买力、增加税收、推动价值货币总量增长,产生多方面积极效果。

采用货币推动型经济发展方式时,确保实现发展目标的关键是债务货币转换为价值货币的效率及价值货币供应总量和债务货币供应总量维持适当的比率。采用货币推动型经济发展方式是为了加快价值货币的创造速度和效率。为防范货币推动可能产生的风险,要时刻将如何产生收益、如何规避风险、如何适度举债、如何合理配置资产作为首要考虑的问题。只有以债务货币转换为价值货币为目的的举债,才能发挥这种模式的积极作用,避免消极负面结果,从而实现经济发展。

货币推动型经济发展方式是宏观的经济政策,也是长期发展政策，不是短期救急措施。这种方式会塑造出特定的经济运行趋势和经营模式。在这个过程中，中央银行肩负着控制货币供应总量、确保货币购买力的职责。商业银行肩负着防范经营风险、审慎发放债务的职责。政府肩负合理运用财政收支、适度推进项目调节市场运行的职责。货币推动型经济发展方式可以作为实体经济自由发展的补充方式，起到添砖加瓦的作用，而不是越俎代庖。在经济发展的过程中，价值货币的生成需要时间，债务货币的投放需要适度。货币推动型经济发展方式不能取代市场自由交易配置资源的功能，只能顺应市场的自身发展规律，起到协助促进的作用。这是采用货币推动型经济发展方式必须明白的道理。

货币推动型经济发展方式是一把双刃剑。随着经济不断发展，增长潜能逐步缩小，政策工具应用的效果也越来越差。进一步增强实施强度只会产生更多问题。这是采用货币推动型经济发展方式必须注意的问题。

内需型经济发展方式

在法定信用货币制度下，法定信用货币的封闭性决定了以内需为主的经济发展方式是由货币供应总量和人均货币拥有量决定的自我内循环发展方式。在货币供应总量决定总需求、人均货币拥有量决定社会富裕程度的条件下，如果国家本身不富裕就提供不了多少内需，经济内循环动力不足，很难实现发展。内需型经济发展方式主要是发达国家采用的方式，发展中国家还是应该尽可能地利用外需实现多轮驱动的快速发展。

内需型经济发展方式以个人、家庭、企业或公司的消费投资和政府开支作为推动经济发展的力量。在这种发展方式中，私人消费投资是经济发展的主要动力，政府支出是辅助动力。内需型经济发展方式应高度重视社会分配均衡，防止收入差距过大。应制定适合本国国情的货币政策，审慎地推动货币供应增长。国家可从提高工资薪酬、稳定资产价格、增强效率降低成本、创造良好经营环境、加强分工合作和产业链发展,以及促进科学技术发展和装备应用等方面推动经济发展。

内需型经济发展方式应以稳定资产价格为前提,以工资薪酬上涨为目标,通过推动工资薪酬和资产价格逐步上涨的方式实现经济发展。在内需型经济发展方式中,资产价格和工资薪酬是推动经济发展的双驾马车。工资薪酬不断上涨,才能为社会需求提供增量;资产价格保持稳定逐步上升,才能促进消费和投资的稳定增长。两者之间是相辅相成的关系。

内需型经济发展方式是以实体经济为发展对象的发展方式,货币金融业在这种发展方式中处于辅助位置。如果内需型经济发展方式以金融业为主,不控制资产价格,实体经济处于辅助位置,这种方式发展的结果是出现收入两极分化和生产生活资料的对外依赖。特别是房地产等资产价格上涨会挤占实体经济薪酬工资的上涨空间,强化收入两极分化,影响消费投资的可持续性增长。采用内需型经济发展方式的国家要建立强大的、有竞争力的产业集群,这些产业集群是确保内需型经济能够长期发展的关键。

内需型经济发展方式应以推动产业链分工合作的深入发展,建立优势产业主导发展的经济结构为主要目标。每个国家都可以根据自己国家的资源禀赋和经济特点重点发展有优势的产业,使这些产业成为创造就业岗位、提升工资薪酬、提供投资收益、推动经济发展的主要力量。拓展深化产业链和社会分工合作,不仅能够增强产业竞争力,带动配套产业共同发展,还能增加就业,提升工资薪酬,为社会消费投资等支出提供收入保障。

内需型经济发展方式要将推动创新发明和科学技术装备的广泛应用作为经济政策的主要目标,以实现提高效率、降低成本、增加收益、扩大规模等方式的发展。创新发明和科学技术装备应用是内需型发展模式的主要动力。

　　内需型经济发展方式要持续推动基础设施建设、开办学校、完善医疗卫生设施、建设水电能源、发展交通道路建设，将偏远地区联通中心市场，形成经济体全面发展的态势。基础设施建设不仅能降低经济运行的整体成本，提高经济效率，建设支出也能成为促进经济发展和产业发展的动力。

　　内需型经济发展方式应将服务业、手工业、个体创业、个体经营等形式作为重点发展对象。城市中的生产性行业很少，经济活动主要由服务业构成。医疗卫生、教育文化、体育运动、商业零售、文艺娱乐、物流运输等产业都以提供服务为特征，再加上手工业和小商小贩，都是内需型经济发展方式的主要内容，也是解决就业、进行原始积累的主要方式。尽管劳动服务和手工业没有工业生产那样的规模，但在城市化生产生活模式中，劳动服务和手工业不仅不可缺少还非常重要。电器维修安装、家庭房屋装修改造、管道疏通以及保姆、看护等都是劳动服务的典型代表，早餐摊、流动商贩不仅方便群众生活，也是维系摊主家庭收入的主要渠道。大城市中的社会需求多样且差异性大，能够为个体经营提供诸多商业机会。政府过度管制会抑制这些需求转化为就业和创业机会。适度放松管制本身就能激发出很大的经济活力。政府应从政策、环境、设施、规划等方面对个体创业、个体经营、手工业和服务业等各种具有城市特点的产业提供支持，将这些城市产业统一看待，提升到和工业同等重要的层面上，将城市产业及其发展作为内需型经济发展方式的重要力量，予以认真看待。

开放型经济发展方式

　　开放型经济发展方式是由内需和外需共同驱动的经济发展方式。这种发展方式是参与全球配置生产资源、分工合作供应商品、共享全球需求的经济发展方式。世界各国都是本国的市场,本国市场也是各国的市场,需求比单纯依靠内需大幅增加,经济机会更多,发展速度更快。

开放型经济发展方式的市场竞争将在国内和国际两个层面开展,经济竞争力也将利用国内和国际两个层面的资源进行构建,在全球共享需求、分工合作的供应方式下共同发展。经济结构更多元,经济竞争力更强大,借助外部交流建立的产业链分工更细致,也更专业。

开放型经济发展方式采用吸引外资发展国内产业、对外投资获取收益、增加出口发展产业链分工、赚取外汇、加强进口、降低成本、满足国内需求的方式实现经济发展。由于吸引外资和对外投资的双方都能从开放中获利,增加出口和加强进口的双方都因为降低成本、提高效率而受益,因此,开放型经济发展方式能使参与各方达到双赢。

开放型经济发展的最终结果是全球化。各国在国内市场的基础上参与国际市场的分工合作和需求共享。全球化将不可避免地导致货币一体化,小国和弱国维系独立货币体系的成本高、效果差,更适合加入共同货币区维护本国的经济利益,借助共同货币和共同市场增加本国的经济发展空间,实现货币区的共同发展。

开放型经济发展的标准模型可以用公式表示为:

实际需求 = 内需 + 外需 = 国内供需 + 进出口供需 = 消费 + 投资 + 进出口

开放型经济发展方式是城市型国家、地域或人口小国最常采用的经济发展方式。城市型国家或小国的经济规模小、资源少、支柱产业少、经济对外依存度高,抗风险能力和稳定性差,需要依附规模庞大且稳定的经济体建立产业分工合作,以便本国货币汇率在国际市场能够保持稳定,在遇到问题时能够借助大国货币降低波动性。城市型国家或小国的经济发展核心是开放,尽可能地开放交流。从开放交流中产生的需求弥补自身需求的不足,确保需求维持在高水平,支撑国内的高收入。例如,新加坡这样的国家需要通过保持经济流量维持高于周边国家的收入,一旦流量降低,必然导致收入降低。

开放型经济发展方式也可用于国内不同城市之间的经济发展研究和政策制定。不同城市之间同样可以用开放型经济发展方式进行分析,城市之间的人流、物流和货币流都会催生并维持相关产业的流通。例如,上海和杭州之间的人流、物流和货币流模型涉及诸多产业和庞大产值,经济、文化、教育、卫生、旅游、加工等各种社会生产生活方面的互补性促成合作分工,促成经济交流和货币流通,由此推动两地共同发展。

发展中国家发展方式

从经济发展的潜在需求变现公式可知:

潜在供应 + 实际供应 = 潜在需求 + 实际需求 = 货币总价值 + 信贷潜力

(价值货币供应总量 + 债务货币供应总量 − 储蓄)× 单位货币价值 × 周转次数 = 品种 N × 数量 N × 价格 N = 薪酬 + 收益 + 税金 = 投资 + 消费 = 经济单位1 + 经济单位2 + ⋯ + 经济单位 n

发展中国家的剩余劳动价值总值少,货币供应总量和单位货币价值相对较低,因此导致货币总价值代表的社会总需求不足,很多事业没有建立、发展起来。但是发展中国家的潜在需求很大,货币供应总量增长空间充足,有利于采用潜在需求变现模式,通过扩张信贷、增加货币供应总量的方式,利用发展中国家普遍较低的物价和劳动力定价,采取开放型发展方式实现发展中国家的经济发展。

发展中国家的经济发展没有捷径可走,只有通过劳动经营方式累积剩余劳动价值、增加货币供应总量、提高单位货币价值、增强劳动效率、提升劳动者素质和经营管理水平、实现充分就业、推动工资薪酬持续增长的方式实现发展。发展中国家的经济发展方式是实事求是地解决这些问题,通过劳动创造实现发展。

发展中国家的经济发展首先需要解决发展观念和发展意愿问题。很多发展中国家的经济总是发展不起来,这种情况和国家的文化教育水平及社会风俗传统有关。有些国家资源丰富,百姓缺乏劳动习惯,也没有迫切的发展意愿,赚到钱及时行乐而不是储蓄投资,这种情况下无论政府如何推动都很难实现经济的发展。我国经济能在短期取得巨大发展成就和全社会形成的发展共识有关。改革开放后我国从个人到政府,从沿海城市到内陆地区,都有迫切的发展意愿,整个社会形成人人参与、各个争先的经济发展合力,这样才能在短时间内创造、累积巨大的财富,实现社会和经济的飞跃发展。

发展中国家货币供应总量少,每个人分配到的货币数量少,因而导致物价低廉。经济发展的过程是创造货币价值、累积货币价值、增加货币数量的过程。只要坚持发展不动摇,随着货币供应总量和价值货币总量的增加,物价和收入水平就会有很大提高。20世纪八九十年代的中国收入低、物价低,买东西都是几毛钱、几块钱。随着经济不断发展,剩余劳动价值累积越来越多,货币购买力不断增加,工资薪酬持续上涨,物价逐步提升,社会经过长期不断发展,最终实现富裕。这种结果是法定信用货币制度下经济发展的必然结果,是由货币及其价值的生成注销模式和经济制度决定的,也是由就业薪酬物价和货币之间的关系模式决定的。发展中国家的领导者和政策制定者必须明白这个道理。

发展中国家的潜在需求增长空间大,需求发展类别众多,价格和数量都有庞大的增长空间。无论是资源价格、资产价格还是劳动力薪酬,发展中国家的价格都处于低位,能够吸引大量投资、增加出口,适合运用价格推动、货币推动和需求推动发展方式进行发展。只要有坚定的发展经营意愿,再加上资金支持,就很容易建立起主导工业门类,实现初步发展。在采用各种推动型发展方式时,应始终以资金使用效率为考核目标,通过提高投入产出效率,推动成本降低和劳动生产率增长,使货币总价值保持长期增长,将债务转化为价值,实现经济的长期发展。

发展中国家的经济发展,必然表现为长期的通货膨胀,这是由法定信用货币制度的特点决定的。在持续长期的发展过程中,每个人、每个家庭、每个公司企业的收入与支出不断增加,物价不断上涨,消费品种数量持续增长,资产规模不断扩大,这些都是货币供应总量、单位货币价值和货币总价值增长的结果,也是经济发展的必然结果。发展中国家在经济发展过程中不必过多担忧物价上涨,反而应将工作重点放在增加就业和提高工资薪酬、强化经济发展传导性、防止贫富过度分化等问题上。发展中国家在经济发展过程中出现的物价持续上涨对于提高工资薪酬、强化经济发展传导性、防止贫富过度分化都有积极的作用。发展中国家在采用货币推动型发展方式时,不要惧怕债务增加,不要因为政治影响半途而废,要高度重视社会分配均衡,促进货币传导扩散,防止收入差距过大造成社会矛盾,使经济发展能够惠及更多的人。这样就可以用以时间换空间的方式,最终逐步消化掉债务,实现高质量的经济发展。

对发展中国家而言,本国平均的日常消费水平和发达国家的日常消费水平之间的差距就是国家发展的增长空间。发展中国家以发达国家为标准,可以计算出理论上的经济增长空间。发达国家走过的道路证明相应需求和供应是可行的,发达国家的实际数据结合发展中国家的国情,可以成为发展中国家参照的借鉴。选择和本国消费投资相关的产品作为比较对象,与本国文化传统消费投资相近的发达国家人均消费投资水平相比较,在考虑货币购买力水平、物价水平和工资薪酬水平等因素后,可以计算出本国人均达到类似水平的增长幅度。该幅度也是经济发展的增长空间和发展路径。将理论值分解为逐年发展计划,逐步实施,理论值就可以在每年的校对中变现,成为现实。这就是潜在需求变现发展方式的具体发展路径。

发展中国家如果采用自然经济或自由经济方式,不采用主动设计推动的方式发展经济,可能实现富裕花费的时间会很长,发展的效率低,出现反复的可能性很大。事实上,很多发展中国家迈不过发展门槛成为发达国家的主要原因就是听信西方经济学不干预的误导,在需要调整产业结构增强竞争力时听任产业自由发展,从而错失解决问题、跨过中等发达国家陷阱、再上台阶的机会。

发展中国家在发展过程中要重点防范金融冲击,特别是针对债务和外汇储备的有预谋的攻击。金融攻击会冲击发展中国家辛苦换取的外汇储备,破坏发展中国家的资产负债表,夺取发展中国家的发展成果。发展中国家应选择可靠的发展伙伴,融入安全的货币区,利用和平稳定的社会环境谋求发展。

发达国家经济发展方式

从经济发展基本公式可知:

潜在供应 + 实际供应 = 潜在需求 + 实际需求 = 货币总价值 + 信贷潜力

(价值货币供应总量 + 债务货币供应总量 – 储蓄) × 单位货币价值 × 周转次数 = 品种 N × 数量 N × 价格 N = 薪酬 N + 收益 N + 税金 N = 投资 + 消费

发达国家经济经过长期发展,潜在需求和货币供应总量得到充分释放,甚至存在大量透支、预支的情况,导致经济增长潜力不足,商品价格和资产价格处于历史高位,传统产品很难给经济带来活力,因此需要不断创新产品。高工资、高薪酬不仅限制了经济的增长,也导致了发达国家的经济发展只能立足于降低成本、提高效率、开拓创新、发展高科技等方式为经济提供发展动力。发达国家经过长期经济发展累积的大量劳动价值会促进单位货币价值坚挺,货币购买力强劲,货币供应总量充足,适合采用扩大进口和减税的方式促进经济发展。因此发达国家的经济发展主要以内需推动为主,兼顾进出口平衡,以进口和内需发展经济,维持社会福利水平。

发达国家享受的社会福利主要来自出口产品的竞争力和发展中国家提供的低物价。进口商品是发达国家解决本国经济问题的重要手段。发达国家的内需供应通过进口得到满足,能够极大降低生产生活成本,为企业提供足够的利润收益,维持高薪酬的工资水平,保持消费品质和社会福利水平。扩大进口还能调整产业结构,进一步强化具备竞争力产业的实力。发达国家进口商品的价格越低,国内的生产成本和生活成本降低越多,产生的利润收益越多,对优势产业的助力就越大。进口商品是发达国家经济发展的主要动力。美国是采用进口推动国内经济发展的典型案例。如果没有进口商品拉低美国物价,美国经济早就因成本过高出现严重衰退了。

发达国家的经济结构以内需消费为主,需求和供应之间的关系成熟且稳定,经济增长空间不大,供应端主要通过降低成本、减少费用开支、加强创新和科技投入等方式发展经济。这也是发达国家注重进口、发展科技的主要原因。发达国家的劳动力教育水平高、竞争力强,适合发展高科技精细装备产业和高附加值创新产业。新产品、新经济、新科技能创造出新需求,对发达国家的消费和投资有很强的拉动作用。发达国家采用科技领先的发展方式,能够建立起全球竞争力,即使内需增长有限,国际市场也会提供庞大的需求,特别是具备定价能力的商品,为发达国家的高薪酬和货币价值高估提供支持。

金融资产行业是发达国家经济发展的主要领域。发达国家的过剩资本主要流入金融资本市场。股票、地产、债券等金融产品产生的收益是发达国家收入增长的主要渠道。维护股票证券市场的健康发展对于发达国家的家庭收入增长和消费稳定都特别重要。

发达国家和发展中国家竞争传统加工业是没有前途的。发达国家生产成本过高的产业不得不转移到国外代工。原本的供应商转变为进口商和批发商,发达国家的经济发展因此依赖对外投资维持国内的经济运行。发达国家的内需发展主要依靠科技创新和劳动增效开拓出更为丰富的利润,或者依靠进口和减税降费的方式,抑或通过降低成本提升竞争力的方式来谋求发展。

发达国家不适合采用价格推动和货币推动的发展方式。超发货币在发达国家很容易造成滞胀,降低产品的国际竞争力,变相减少劳动者的收入。发达国家也不适合采用扩大政府支出和财政刺激方式推动经济的发展。这样的措施都是短期措施,并不能从根本上解决发达国家的问题,过度刺激经济发展反而很容易导致局部失衡和分配失调,加重贫富分化。美国超发货币促进经济发展是特例。美国利用美元的国际货币地位使超发美元滞留海外,不仅不会造成通货膨胀,反而可以通过进口降低本国的物价水平,实现促进经济发展的目的。

发达国家的经济活力不高,发展速度不快,社会财富主要由优势产业创造,由消费产业分配。因此保持利润率对于发达国家的企业来说特别重要。高利润是发达国家经济发展的关键。不能确保强大竞争力,难以创造高额利润的发达国家,很容易退化为发展中国家。旅游、度假、文化、教育、体育、卫生、医疗、科学技术、公共设施等领域都是发达国家发展内需推动经济发展的主要对象。由于发达国家的经济增长空间小,所以要防止经济机会减少导致的就业萎缩和工资上涨停滞。日本的汽车、电子、机械等行业在全球具有很强的竞争力。这些产业及其配套产业肩负着社会劳动价值创造累积的责任,为日本社会维持高工资、高消费做出贡献。一旦这些行业出现利润下降,日本继续维持目前的高工资就很困难了。

第五节 法定信用国际货币制度探索

当前国际货币的运行模式

当前的国际货币制度是以国家货币作为国际货币应用于国际经济活动,以国家货币兼具国际货币职能,承担并行使国际货币职能的制度。

在这种制度下,国际经贸活动使用特定国家的国家货币作为国际货币。使用该货币的国际交易支付结算系统进行国际货币的汇兑、交易、支付、结算、清偿等活动。国际经贸价格采用该国货币价值作为计价标准,各国使用该国货币作为国际交易的价值储备。美元是当前最主要的国际货币,大部分的国际交易支付都采用美元计价,都将美元作为国际性剩余劳动价值的储备工具。国际价格参照美元定价的现实要求大型投资者必须紧盯美联储的一言一行,因此美国的货币政策不仅影响美国经济,还影响全球经济。

国家货币兼具国际货币职能的方式必然会面对本国利益和他国利益冲突的问题;必然会面对国内市场和国际市场发展水平、经济周期阶段、经济结构差异等错位问题;必然会面对国家货币和国际货币在货币供应、货币价值、货币功能使用、货币政策等方面的错位。如果特定国家利用其具备的国际货币地位谋取私利,使国际货币成为本国牟利的工具,那造成的问题就会更严重。

具体来说,在货币价值方面,当发达国家货币因为超发导致贬值和国内通货膨胀时,由于国家货币同时兼具国际货币地位,可以通过货币输出,将国内难以承接的货币转移到国外承接,从而达到既能超发货币,又能在国内抑制通货膨胀的目的。由于货币超发且流向境外很容易导致货币贬值,降低该货币的国际价值储备功能。为了确保在货币超发的同时又能在国际市场维持汇率稳定,因此,利用货币汇率相互博弈的特点,通过制造危机和动乱,打压他国货币汇率,制造避险需求,可以维持货币强势,解决货币超发在国际市场导致汇率贬值的问题。美国就是如此。

在货币供应方面,任何国家的货币供应能力都与本国的需求和经济实力息息相关。过多举债供应货币,不仅会伤害货币购买力,还会摊薄单位货币价值,造成资金流出、汇率承压。但是对于兼具国际货币身份的国家货币而言,来自海外的需求能够提供巨大的购买力,支持举债规模达到很高的程度而不会影响单位货币价值。通过货币总价值公式及海外货币需求的规模,可以计算出在不影响单位货币价值前提下的举债规模上限。来自海外的货币需求等同于海外对外汇储备的需求和交易结算需求之和。这部分用于国际交易结算和储备的货币只要不回流,就不会对国内的单位货币购买力造成影响,可以让国际货币提供国放心地扩张债务。随着国际经贸的发展,国际交易结算和储备需求越来越大,参与国际经贸的国家越来越多,为国际货币提供国提供的债务融资规模也越来越大。国际货币提供国只要举债规模低于本国货币需求规模,就可以对本国货币需求和外国货币需求进行自主调节,且不会对国内单位货币价值造成大的影响。

为什么现有的国际货币制度必须改革

由于货币本身是公共产品,是社会剩余劳动价值储存的载体,法定信用货币又是封闭和垄断发行供应的,货币制度因此需要建立在公开、公平、公正的基础上,需要对所有使用人和持有人一视同仁,需要无差别地保护使用人和持有人的权益。任何不平等的货币权益,不公开、不公平、不公正的货币制度,都容易导致一部分人"合法"抢劫他人财富。现有的国际货币制度是美元和非美元之间的不平等地位、不公平权益、不公正规则的货币制度。所以现有的国际货币制度必须改革。

1.全球化发展的要求

实现全球化,首先要实现全球经济的一体化。实现全球经济一体化,首先要建立符合全球经济一体化要求的国际货币制度。当前以国家货币兼具国际货币的制度设计由于美元从中谋求私利导致货币信用逐步丧失,建立公开、公平、公正,符合各国利益的国际货币制度才能够助推全球化的发展。只有改变当前国际货币领域中存在的这种国际货币博弈国家货币的关系模式,才能创建出公开、公平、公正的国际市场环境,才能使各国积极主动地参与全球化的进程。

不同国家经济之间的交流和一体化,首先是商品和货币的交流。货币之间的结算、汇兑、交易、存储、计价、投资等相关需求,以及商品供需之间的交易,都必须在货币制度的强力保障下顺利开展。实现全球化要解决外汇储备对外汇储备国的"绑架"作用,还要解决外汇流动对本币的冲击问题。如果不能建立对国际货币的信心和信用,国际经济活动的安全就难以保障。

2.各国独立发展的要求

从国际层面来看,每个国家也有自己在国际社会中独立发展的天赋权利。这种权利在国际社会和国际制度中能够得到法定保障,国际社会才能实现安全有序和高效率,国际制度才能真正实现公开、公平、公正。

国际社会是以各国为单位组成的。国际社会要实现安全、秩序、效率就要像每个国家在国内所做的那样,建立有实施效力的、公开的、公平的、公正的制度。每个社会成员都在权利平等的基础上,在制度的要求下从事各项社会活动。只有建立针对每个国家的、公开的、公平的、公正的国际制度,才能在国际范围保障各个国家的独立生存发展权利。国际制度只有建立在所有成员国共识的基础上,才能实现对各个国家独立生存发展权利的保障。

3. 在全球范围实现和平的要求

在全球范围实现和平首先要消除霸权,而消除货币金融领域的霸权是其中最重要的举措。

国际货币是各国用于国际交易支付的工具,是度量各国劳动价值和商品价值的标准,更是储存本国劳动价值的载体。当国家货币作为国际货币被各国广泛使用时,该国的货币就因被赋予这种国际货币属性而成为国际商品和劳务的定价标准,该国因此具备通过货币供应影响国际货币价值,从而进一步影响商品价格和劳务定价的能力。当国家货币作为国际货币时,各国的国际性交易支付结算活动都需要通过该货币的交易支付结算渠道完成。在特殊时期,如战争时期,或者某国与国际货币提供国发生矛盾时,国际货币提供国就可能利用本国货币具有的特殊属性和货币金融影响力为自身牟利。这种由国际货币制度缺陷造成的货币金融特权也是一种国际霸权,会造成国家间货币金融领域的长期博弈,是全球范围实现和平的障碍。要在全球范围内实现全面的经济发展,实现和平,首先要建立基于各国货币平等权利的国际货币制度,杜绝利用国际货币地位谋取私利的行为。

考虑放弃货币主权将地区货币一体化的原因

两个国家的经济体系就像两个独立的湖泊,由各国的主权货币保护在各自的领地范围内。每个国家都在本国资源禀赋的基础上建立起基于本币的社会分工合作。本国的物价是建立在本币价值和劳动力效率基础上的定价。两个国家之间的经济水平由两个国家各自的劳动力定价、资源商品定价、资产定价、税收负担水平、货币汇率定价等价格构成的。国际经贸往来是连接两个湖泊的水道,关税和进出口规则是保护这个水道的阀门。国际价格就像两个湖泊之间的水位落差,哪个国家的水位高,水就从哪国流出,流向水位低的国家。每种商品,每个价格,都有自己在两个国家间的国际性水位。关税和进出口规则对每种商品的水位做了调整。比较优势决定哪些商品才能由利润引导,在两国之间流动。

如果两个国家各自保持封闭状态,两个国家自身的发展空间很快就会被耗光。如果两个国家都打开国门允许商品流通,就可以在现有关税和进出口规则的基础上建立起基于两国经济特点的分工合作,价格差和利润收益也会自动引导商品和劳务在两国间流动。两个国家相互开放的领域越多,共同市场的规模越大,分工合作的程度越深,比较优势和资源禀赋越能发挥促进经济增长的作用。这种打破两国间的壁垒,创建共同市场的发展方式,最终的结果是消除绝大多数障碍,甚至实现货币的一体化。从经济发展的角度来看,就像本国两个城市之间货币的自由流通那样,由国家主权建立的各种封闭性障碍也会在国际化的发展过程中逐步减少,直至消除。放弃货币主权,采用地区货币一体化的方式,不仅有可能成为未来推动本国经济进一步发展的主要方式,还有可能成为全球化的必然过程。在构建共同市场的过程中,考虑放弃货币主权,国家货币实施一体化的方式,远比采用关税和进出口规则一体化的方式更能促进经济发展。关税和进出口规则既是对本国的保护措施,也是对两国经济交流的限制。货币一体化方式更有助于稳定社会、稳定经济、稳定供给、共担风险、共克时艰。特别是对于经济体量小的国家而言,实施货币一体化的利益远大于风险。从东欧各国争相加入欧元区可以看出货币一体化的优势。

经济体量小的国家,其货币外汇储备规模小,货币稳定性差,抗风险能力弱,再加上实体经济规模不大,产业少,成本高,产业分工合作深度不够,对外依赖性强,很容易受到市场波动的冲击。经济体量小的国家如果外汇储备单一,就会产生严重的对外依赖性。如果采用多元储备货币方式,虽然风险被分散,但每种储备的规模都不大,保障性低,起不到稳定经济的作用。经济体量小的国家如果考虑加入货币一体化的共同市场,虽然代价是放弃货币主权,但换来的是市场规模扩大和经济保障能力的大幅提高,既不用殚精竭虑地依赖出口换取外汇储备,也不用担心社会物资的供应保障。只要货币一体化有坚强的制度保障,对于经济体量小的国家而言绝对利大于弊。

一般而言,经济体量小的国家是国际化的最大受益者。共同外部市场不仅能够为其提供巨大的需求,还能提供资金、技术和渠道等本国不具备的条件。对于经济来说,远比自己摸索道路,依靠内生力量更容易实现发展。经济体量小的国家对国际市场的依赖是天然的,特别是在全球化发展的今天,对自然资源和产业链分工合作的依赖性更加强。在这种现实压力下,加入货币一体化的共同市场,谋求稳定发展,就成为未来经济发展的趋势,欧元区的发展已经通过实践证明这条道路的可行性。

社会的剩余劳动价值储存在法定信用货币中。放弃本币主权加入共同货币区就是共享剩余劳动价值、共享需求、共享供应。共同货币区的资源更加丰富、资本可以共享、市场进一步扩大、产业链更加广泛、劳动生产效率提升空间大、汇兑风险消除、不再承受外汇储备压力等优点,对经济发展有很大帮助。经济体量小的国家,其剩余劳动价值不多、积累慢、波动大,开展分工合作的程度浅。加入共同货币区可以分享区内共同的剩余劳动价值,可以迅速融入共同市场的定价体系,共享财富、共同发展。东欧各国加入欧元区后迅速发展的原因就在于此。

放弃本币主权加入共同货币的优势是客观存在的,但其弊端也是不可忽视的。如欧元存在的问题,忽视区内经济的整合,忙于东扩,反而为货币一体化的实践提供了反面教材。经济一体化是经济全球化发展过程中的必要步骤,要实现经济一体化,降低关税、消除贸易壁垒是一条道路；货币一体化也是一条切实可行的道路。即使达成了降低关税和消除贸易壁垒的目标，如果货币是不同的，两个经济体之间的货币金融博弈仍然会制造经济交流的障碍。对于经济体量小的国家而言，放弃货币主权采用共同货币是一条值得探索的经济发展道路。笔者认为，在未来的国际经济格局中，在市场的激烈博弈下，最终可能形成几个大的货币区，经济体量小的国家如果坚持保留国家货币主权，可能会在竞争中逐步被边缘化，失去快速发展的机会。

国家货币作为国际货币的制度设计方案

目前，采用国家货币作为国际货币的方式在实际运行中显现出很多弊端，究其原因是没有在国际货币制度范畴内建立基于平等权利地位的竞争机制，没有形成统一规范且有强制保障作用的法律制度。因此，个别国家有机可乘，利用国际货币体系为本国牟利。

采用国家货币作为国际货币的制度，其核心机制是竞争。竞争不仅可以约束货币供应、保障货币价值，还可以为货币的使用者提供多元化选项，让货币的供需双方处于平等的地位，发挥市场机制的配置作用。供需双方可以自由、自主地选择符合自身需求的国际货币，而不是因为结算渠道被控制，被迫选择某种货币；也不是因为货币价值被操纵，不得不选择某种货币；更不是因为别无选择，只能选择某种货币。竞争的目的是从货币的供应端规避法定信用货币属性中带有的，因垄断和可操纵造成的危害性，从需求端保障需求方的各项权利，体现货币的公共性和社会性。所以，竞争性的货币制度需要至少三种以上不同国家的货币共同竞争，构成国际货币的多元化选项，不能放任某种货币垄断市场。

采用国家货币作为国际货币的制度安排中，要保障平等竞争机制顺利发挥作用，就要建立公开、公正、公平的市场规则和公共性的市场设施。如果市场规则偏向某种货币，市场设施由某种货币提供国控制，竞争机制做不到公开、公正、公平，也就难以发挥竞争机制的效用。交易支付系统和汇兑、结算、清偿、追索机构都是货币的基础设施。要建立公开、公正、公平的货币竞争机制，货币基础设施就必须是中立的，就必须体现货币的社会性和公共性原则，就必须由独立的机构按照法律规则运营货币交易。目前的国际货币基础设施由美国控制，所以美元才能独霸世界。

采用国家货币作为国际货币的制度安排中，必须建立由各国中央银行参与的全球货币金融监管机构。该机构不仅负责国际货币的筛选、确认，也负责对各成员国进行监管，同时负责国际货币金融法规的制定和协商，以及国际货币金融纠纷的解决。

采用国家货币作为国际货币的制度安排中，货币供应由逆差提供。任何货币以逆差形式向国际市场供应货币都难以长久。在采用多个国家货币公平竞争的机制安排中，通过逆差向国际市场供应越多货币，该货币的汇率趋弱，保值性越差。逆差供应国虽然满足了国际市场的货币交易需求，但忽视了储备需求。这种货币用于计价和储备都不划算，将主要用于交易支付。在这种多个国家货币相互竞争的国际货币制度中，货币的计价、支付、记账、价值储备等货币功能的分离为不同货币承担相应功能提供了条件。多个货币相互竞争的国际货币金融市场因此以良币驱逐劣币模式运行，迫使逆差国严控货币供应，保障本币价值。

在法定信用货币制度下，货币是主权性的，是封闭垄断的，货币价值是信用形式的。在这样的货币形式下，采用国家货币作为国际货币时，为保障持有国和使用国的权益，必须建立相应的国际货币制度以确保国家货币作为国际货币时，国际货币提供国符合国际货币的要求，遵守货币规章制度和金融监管规则，从而保障持有国和使用国的权益。作为国际货币的国家货币必须接受监管,服从规则约束,这是国家货币成为国际货币的前提条件。国家货币享受作为国际货币权利的同时,必须承担相应的国际货币义务。货币的国际持有者和国内持有者的权利是平等的。

采用国家货币作为国际货币的制度安排中,国际货币制度需要建立淘汰机制,不能达到国际货币要求的货币将不能作为国际货币使用。

采用国家货币作为国际货币的制度安排中,应确立国际货币的成立标准。符合条件的国家货币都是国际货币篮子的成员货币。这些国家货币之间是相互竞争、相互补充、相互制约、相互扶持的关系。国际经贸交流中应首选双边的国际货币,只有在不具备双边选择时才自由选择国际货币。这项原则应成为这种竞争性国际货币制度的核心机制。这样的制度设计由商业银行监督执行不会有太大难度,又可以彻底解决单一使用美元需要大量美元逆差的问题。货币篮子中的国际货币共同提供货币供应,共同分担货币储备,共同用于交易支付。这种交易支付方式不仅解决了国际市场的货币供应问题,还给商业银行提供了货币套利交易的空间,又大幅降低汇率波动风险,更有助于经济发展。

一个国家选择什么货币作为储备和结算货币及其外汇构成,是与这个国家的对外经济交流对象有关的。占对外交流前五位的国家货币都适合作为储备和交易的对象。选择单一货币进行储备和交易的风险太大,采用多种国际货币相互竞争的方式等同于各国货币具备平等地位,也等同于采用双边结算而不是单一国际货币结算模式。要实现这一目标,最重要的因素还是要消除霸权,建立国际性、公共性的支付结算系统和监管治理机构。

国际法定超主权信用货币的设计方式

国际货币制度如果采用发行单独的国际法定超主权信用货

币的方式,仍然需要采用主权垄断形式性的制度安排。这就需要成立相应的中央银行,建立统一的货币发行经营管理制度。就像在国内发行供应货币那样,在国际范畴向各国单独发行供应国际法定超主权信用货币。国际中央银行负责清算、结算所有会员国的交易。国际中央银行发行的超主权货币是各国货币的替代和补充,是不能使用本币交易时的选择。特别是在国与国之间发生战争无法直接交易时,为双方提供支持。

　　国际法定超主权信用货币的单位货币价值其实就是各国货币单位价值的价值单位,也就是国际劳动价值的基本单位,或者说国际单位劳动价值基准。根据各国汇率可以计算出当前汇率下的国际单位劳动价值基准的具体数值。再以一定时期,比如五十年的数据,得出的国际单位劳动价值基准的加权平均值作为基数,该基数就是国际法定超主权信用货币的单位价值。

　　根据计算出的国际单位劳动价值基准的具体数值,可以确立各国货币和国际法定超主权信用货币的汇率比值。国际法定超主权信用货币的单位货币价值虽然是理论值,但也相当于各国货币汇率五十年的加权平均指数。国际法定超主权信用货币的汇率一旦开始和各国货币自由交易、浮动定价,市场最终会给出各国货币相对于国际法定超主权信用货币的市场定价。该定价将毫无疑问地修正美元定价。美元将和其他国家货币一样,相对于国际法定超主权信用货币进行定价。从而建立起中立的、不基于特定国家货币为价值锚的汇率定价体系。

　　国际法定超主权信用货币的发行供应数量由对该货币的需求量决定。在确定国际法定超主权信用货币的汇率后,任何国家都可以按照市场汇率买入卖出国际法定超主权信用货币。国际中央银行卖出国际法定超主权信用货币时,就是在向市场供应国际法定超主权信用货币。市场有多大需求就供应多少国际法定超主权信用货币。随着原先的国家货币储备交易逐步转移到国际法定超主权信用货币上来,市场在平稳的转换中过渡。

这种设计相当于多轨并行，偏好使用国家货币作为国际货币的国家可以使用人民币、美元、欧元等国家货币。该制度等于在国家货币上层添加一个公共价值标准，并给予国际货币多种选择可能性。至于相应的信贷融资和利率都与国家货币类似。

这种方式的核心是每当有国家向国际中央银行买入国际法定超主权信用货币后，国际中央银行可以随后在市场中抛售该笔货币，或以信贷方式发放该货币的贷款，或者存入某银行获取利息收益，或购买基于该货币的债券。通过这种方式，国际中央银行最终将建立起和各种货币进行货币和资产交易的统一市场和适用产品。小国和弱国的货币不能交易，最终形成十种左右的货币和资产交易市场、以国际中央银行为核心的交易体制、以国际法定超主权信用货币为定价基准的货币汇率形成机制。

这种方式的基本原则是，国际中央银行是不以赢利为目的的服务性银行，其创建宗旨是服务于各国的中央银行。因此，国际中央银行货币交易的核心在于协助定价。有国家卖出本币买入国际法定超主权信用货币，是因为有套利空间。国际中央银行无论以何种方式销售该货币，都是在轧平该套利空间。在这笔交易中最后出现亏损时，国际中央银行就创造国际法定超主权信用货币，或者说买入债券票据等资产。在这笔交易中最后出现盈利时，就向市场抛售该货币。在这样的交易模式中，从长期来看，国际法定超主权信用货币的资产负债表总会归于平衡。国际中央银行经营各国货币产生的亏损和盈利总会相抵。国际中央银行总是在市场中发挥抵消力量，用以平衡市场的起伏波动。

除了这种以交易定价的货币供应方式外，还可以设计另一种以单位货币价值为核心的货币供应方式。将国际法定超主权信用货币的单位价值作为货币供应增减的观察指标，在允许的价值浮动范围内不进行操作，在超出价值浮动范围后再进行操作。这种方式在贬值或升值时都可以向市场供应货币或票据债券。由于国际法定超主权信用货币的单位价值由各国货币价值的权重构成,国际法定超主权信用货币的贬值意味着有些权重货币在升值,此时可以向权重中出现升值的货币出售票据债券,也可以向权重中出现贬值的货币买入票据债券。这样操作的目的是使作为标准的单位货币价值维持在均衡的区间内。只要国际法定超主权信用货币的单位价值维持在均衡的区间内,就表明各国货币价值维持在相对均衡的比价区间内;只要各国货币价值维持在相对均衡的比价区间内,就表明各国的经济发展维持在相对均衡的关系上;只要各国的经济发展维持在相对均衡的关系上,就是各国的货币供应和经济维持在适度的水平上;只要各国的货币供应和经济维持在适度的水平上,国际法定超主权信用货币的单位价值就能维持在均衡的波动区间内。

这种以单位货币价值为对象的操作方式同时需要货币供应操作的辅助。在为保持单位货币价值进行操作的同时,也需要关注并设定货币供应的区间范围。单位货币价值保持在均衡区间,如果为此导致货币供应超量、超区间也是不均衡的。同样的道理,以货币供应为操作对象时,也需要同时关注单位货币价值所在的区间。两者都处于均衡时还应回到货币和经济关系公式,关注货币体系和经济体系整体之间的均衡才算圆满。

单独发行的国际货币和国家货币并存时,由于国际货币没有直接对应的经济体做支持,而国家货币对应本国经济,在法定信用货币制度下,国际货币实际上很容易被架空,其价值来源和货币供应基础将都成问题。所以这种制度设计的核心是各国汇率的加权平均值,这也是确保超主权货币无可替代的关键。另一个需要注意的事项是,以前以美元为主的体系因为美元强势,扭曲价值严重,因此,各国货币汇率差异很大。随着全球化的发展,国际经济和各国经济融为一体,各国货币的汇率差降低,波动幅度减小,被扭曲的货币价值慢慢将恢复常态。

国际收支平衡模式的国际货币制度设计方案

由于输出的本币是本国的债务,输入的外币是本国的债权,从国际收支平衡的角度来看,如果所有国家都以国际收支平衡为原则,货币的国际性流动对国内的负面影响可以忽略不计,所有国家向外部输出的就是积极因素。所有国家在共同创建积极环境的同时,也都能享受到国际环境的助力。这样的状态对于各国而言都是均衡的发展。如果以国际收支平衡作为国内货币政策和经济政策的标准,各国均以国际收支平衡为目标,就可以建立基于国际收支平衡的国际货币制度。

在这种制度设计中,可以设定国际收支平衡的浮动范围,比如各国 GDP 的百分比。在这个百分比值基础上,再分为几个等级。每个等级对应不同的货币政策。比如达到某个等级就加息,达到某个等级就紧缩信贷。货币政策以被动反应为主,主动性的货币政策都以辅助调节为主要方式。在这样的制度设计中,发达国家和发展中国家可以适用不同的百分比,货币政策定期检审修正,以实现各国国际收支平衡为总目标。

以国际收支平衡为目标,这样的制度设计首先将货币政策和经济发展结合在一起,采用被动方式管理可以避免政府过多干预经济。由于各国都以国际收支平衡为目标,所以国内政策就是国际的,汇率接近于联系汇率,国际收支结余的额外影响不大,能降低汇率波动,各国可以共享价格稳定和货币供应稳定,是各种制度设计中最稳定的方式。

在这种制度中,外汇储备是自然形成的,货币强势才会被留作储备等待升值,因此,这样的制度是良币驱逐劣币的制度。采用什么货币的本质是购买该货币,这种货币需求可以真实地反映在日常交易中,而不必采用投机的方式定价,也因此可以消除货币投机定价造成的负面影响。

以国际收支平衡为目标的国际货币制度,汇率的重要性大幅降低,不会再出现攻击货币汇率的投机。这种制度的核心是各国货币都参与交易,小国加入共同货币区使用共同货币而不是本币。国际收支平衡作为货币价值锚的均衡点用以调节汇率和经贸活动,汇率和经贸活动围绕国际收支结余波动。各国需要外汇时自由交易,而不是以外汇储备进行交易。

在以国际收支平衡为目标的国际货币制度中,假设某国扩张本币货币供应,增加的货币供应造成物价上涨后,必然会影响进出口贸易。由此压低汇率抵销出口价格上涨,从而导致贸易层面支出核算的总金额降低,出现流入增加、流出减少的情况。按照国际收支平衡的原则,此时扩张货币的国家需要以本币购买外币,输出本币来实现收支平衡。也就是说,实业无法平衡的国际收支将从投资层面平衡。这种制度的配套原则是参与各国的国内项目优先用于货币区内的经济发展,优先支持区内国家发展。这样的模式在实体经济、投资、资本市场、公共项目和基础设施等领域都参与到国际收支平衡中来,从而实现社会全面性的发展。实体经济竞争力不强的国家在这种货币区中可以靠国内的基础设施项目吸引投资,换取贸易和实业的发展机会,从而彻底改变西方跨国公司攫取资源后跑路的资本主义赚钱方式,发挥出投资的社会性和公共性效应。

由于各国都采用法定信用货币,任何国家持有本国的法定信用货币才比较放心,持有外国的法定信用货币并不可靠。国际收支平衡的本质是不能借助法定信用货币的漏洞以货币形式欠债,特别是过度举债的国家将不能举债,迫使其回归到劳动创造价值的本质上来。所以,国际收支平衡是各国对本币负责的一种国际原则。即使不采用国际收支平衡建立国际货币制度,这种原则也应体现在国际货币制度中。

劳动价值货币的国际货币制度设计方案

由于单位货币价值是由劳动价值构成的,是剩余劳动价值,引发以下几个问题:单位货币价值中含有多少劳动价值呢? 不同国家货币之间的单位货币价值各含有多少劳动价值呢？不同国家货币之间的单位货币价值是否在劳动价值层面是一致的呢？是不是可以将各国货币的单位货币价值统一在劳动价值的基础上呢？

当我们设定一个基于本国货币金融体系的单位劳动价值，任何单位货币价值用劳动价值可以表示为：

单位货币价值 $= N \times$ 单位劳动价值（N 为自然数或正整数）

公式表明，可以用单位劳动价值表示单位货币价值。只要我们能计算出单位货币价值的具体数值，就可以得到单位货币价值含有的劳动价值数值及单位劳动价值的具体数值，或者我们计算出单位劳动价值的具体数值，也可以得到单位货币价值的具体数值，并可以据此得出各国单位货币价值含有的基于本国货币金融体系的劳动价值数值，也就可以据此统一各国的单位劳动价值，设立国际单位劳动价值基准，由此统一法定信用货币的国际制度。

各国单位货币价值的公式：

各国单位货币价值 $Nn = Nn \times$ 单位劳动价值 Nn

由于汇率是两国货币单位货币价值之比，用公式表示为：

汇率 $=$ 单位货币价值 $1/$ 单位货币价值 2

所以汇率也是各国单位劳动价值之比，用公式表示为：

汇率 $= N1 \times$ 单位劳动价值 $N1/N2 \times$ 单位劳动价值 $N2$

对于基于各国货币金融体系产生的各国单位劳动价值之间的差异，可以采用设立国际单位劳动价值基准的方式统一各国的单位劳动价值，各国的单位劳动价值据此可以表示为：

各国的单位劳动价值 $= N1 \times$ 国际单位劳动价值基准

各国的单位货币价值 $= N2 \times$ 单位劳动价值

各国的单位货币价值 $= N1 \times N2$ 国际单位劳动价值基准

由此可知：

汇率 $=$ 单位货币价值 $N/$ 单位货币价值 $M = N1 \times N2/M1 \times M2$

这也说明以下几方面内容：

（1）任何货币，无论实物货币还是金本位货币，或者法定信用货币，单位货币价值都由劳动价值构成，单位劳动价值是所有货币价值的基本单位。每个单位货币能够储藏多少单位劳动价值，每个单位劳动价值究竟价值几何，都由该货币的经济体系特点决定。在实物货币制度中，货币数量增加缓慢，经济发展产生的剩余劳动价值主要储藏在单位货币价值中。在法定信用货币制度中，货币数量增减幅度大，经济发展产生的剩余劳动价值可以在单位货币价值中储藏，也可以储藏在货币数量中。各个国家、各种货币制度都有基于自身条件环境的单位货币价值和单位劳动价值。单位货币价值的价值构成是劳动价值，来自剩余劳动价值累积。人类的劳动具备统一性，在不同国家、不同地区、不同人之间并没有本质的不同。单位劳动价值和单位货币价值表现出的差异是不同国家、不同地区、不同人之间具体条件环境差异导致的，人类具有共同的统一的单位劳动价值基准。当各国货币采用相同的制度，处于相同的市场规则下，形成全球一体市场，这个单位劳动价值基准的具体数值就会产生。

（2）由于每个国家的法定信用货币体系都是基于本币的封闭的货币金融实体经济体系，所以，每个国家都有自己特有的单位货币价值和单位劳动价值。而且每个国家的单位货币价值和单位劳动价值之间的关系也各不相同，可以用公式表示为：

各国单位货币价值 Nn = Nn × 单位劳动价值 Nn

这种差异性是由各国劳动者的劳动效率差异、劳动成本差异、劳动竞争力差异、国家资源禀赋差异、国家经济结构差异、科学技术装备差异、社会偏好风俗习惯差异、文化传统差异、人口数量和人口结构差异等诸方面差异导致的不同。各种差异的经济性最终都通过单位货币价值的差异来表现，即表现为货币价值之间的汇率差异。

（3）法定信用货币的体系封闭性决定了一个国家的单位货

币价值是该国劳动力定价的基本单位,所以可以用单位货币价值表示单位劳动价值,也可以用单位劳动价值表示单位货币价值。各国按照薪酬、工资收入档次经人数加权平均后得到的数值就可以代表该国的劳动力效率和竞争力水平的平均定价。因此,各国的单位劳动价值是该国劳动力效率和竞争力水平的平均定价,也是该国劳动价值的基本单位,是衡量该经济体所有经济价值的基本单位。

(4)单位货币价值是货币体系最基本的计价单位,提出单位劳动价值的概念是要将货币体系最基本的计价单位由单位货币价值转换为单位劳动价值。当单位劳动价值成为货币体系的基本计价单位后,国际货币就可以采用单位劳动价值计价,从而在国际货币层面统一货币价值,实现各国货币在国际单位劳动价值基准层面的统一衡量。

(5)单位劳动价值是独立封闭货币体系中的劳动价值最小单位。每单位货币价值中包含多少数量的单位劳动价值由该经济体的劳动效率和劳动竞争力决定。单位劳动价值和单位货币价值是一样的,都是相对于特定货币体系而言,每个独立封闭的货币体系都有自己的单位劳动价值和单位货币价值。在衡量国家间单位劳动价值的差异时,不能简单地采用收入工资薪酬数据,而是要将工资薪酬数据和商品物价指数进行比较,采用经过加权处理的购买力数据进行比较才更准确。由此得到的结论也是汇率的一种形式。国际单位劳动价值基准是全球货币体系劳动价值最小的单位,各国货币可依据国际单位劳动价值基准建立各国货币价值比较。该比较结果不由市场交易决定,而是由货币购买力和物价的比较结果决定。该比较结果因此可以作为理论值供市场交易定价参考。国际单位劳动价值基准为货币定价特别是货币汇率定价提供了价值参照标准,能够防止汇率大起大落。

(6)不同国家的法定信用货币的单位货币价值反映的是从

货币金融角度得到的单位劳动价值的加权平均价值。这个值因为能够反映货币债务化的程度,因此比通过购买力方式得到的数据偏低。各国之间单位货币价值比值的变化,或者说汇率波动,主要围绕单位劳动价值的购买力差异波动。即使是不同的国家,由于都采用自由市场经济制度,都服从同样的市场规则,因此,剩余劳动价值和货币的关系是相同的。同一货币制度中不同国家的货币,单位货币价值之间的差异是单位劳动价值之间劳动竞争力和购买力差异造成的,是单位劳动价值含有数量差异造成的,是货币总价值和货币总数量差异造成的。各国货币之间的汇率差异本质上可以从单位劳动价值差异中找到原因。无论是单位货币价值,还是单位劳动价值,又或者单位劳动价值基准,都随劳动效率、经济环境、货币制度、历史时期等条件不同而变化。

　　经过以上的分析后,现在我们来解决最重要的问题:如何确定国际单位劳动价值基准的具体数值? 解决这个问题首先需要明白为什么货币价值由劳动价值构成,劳动价值又由什么构成? 商品价值、货币价值、劳动价值是如何统一表现为经济价值的? 搞清楚这些问题的答案就可以确定国际单位劳动价值基准的具体数值。

　　从货币和经济的关系可知:

　　劳动成本 + 劳动收益 = 商品数量 × 价格 = 单位货币价值 × 货币数量

　　物价本质上是劳动定价的表现形式,物价又采用货币价值表示,因此,劳动价值是供应端的物价,物价是需求端的劳动价值。物价和劳动价值都采用货币价值表示,物价和劳动价值都能反映货币价值的具体数值。简单说就是劳动价值所创造的是消费品和投资品,消费和投资所消费的是劳动价值,每个人都在自己创造自己的消费。

　　由此我们可以得出以下确定的结论:

（1）在法定信用货币体系的内部，也就是本币的国内，单位货币价值也是单位劳动价值。可以采用供给端的加权平均工资作为具体数值，也可以采用需求端的加权物价指数作为具体数值。

（2）在法定信用货币体系的外部，也就是本币的国外，在国际市场中，由于各国的资源禀赋、经济结构、生产力水平、劳动者文化素质、竞争力水平、科技装备等的差异性导致各国的单位货币价值在国际市场的购买力差异反映在汇率层面，所以，才需要设定国际单位劳动价值基准，或者国际单位货币价值基准作为价值锚用以比较各国货币价值的差异。这种比较方式也可以更换为各国物价之间的相互比较，或者更换为工资薪酬的比较，这也是各国货币购买力水平之间的比较。

（3）物价、薪酬、单位货币价值三者之间是相互影响、相互作用、相互表示的关系，无论在国内还是国际领域都是如此。国际单位劳动价值基准或者国际单位货币价值基准的具体数值，都可以从对方的加权平均数值中求得，也可以从各国物价指数的基本单位中求得。

基于以上所述方式，可以在国际范畴建立基于劳动价值货币的国际货币制度。

参考文献

1. 蒙代尔. 蒙代尔经济学文集[M]. 向松祚, 译. 北京: 中国金融出版社, 2003.

2. 约瑟夫·马西. 论决定自然利息率的原因[M]. 胡企林, 译. 北京: 商务印书馆, 1992.

3. R. 布托. 通货膨胀与通货紧缩[M]. 刘锡良, 译. 成都: 西南财经大学出版社, 2004.

4. 马歇尔. 货币、信用与商业[M]. 叶元龙, 郭家麟, 译. 北京: 商务印书馆, 1986.

5. 柳欣, 陈祥, 靳卫萍. 货币经济的宏观经济理论: 凯恩斯的经济学[M]. 北京: 人民出版社, 2006.

6. 弗雷德里克·S. 米什金. 货币金融学[M]. 马君潞, 张庆元, 刘洪海, 译. 北京: 中国人民大学出版社, 2011.

7. 严·卡里尔·斯沃洛, 哈米德·法鲁金, 路易斯·雅阁美, 等. 中央银行面临的挑战: 拉美透视[M]. 北京: 中国金融出版社, 2018.

8. 程均丽. 货币政策透明度理论研究[M]. 成都: 西南财经大学出版社, 2015.

9. 鲁世巍. 美元霸权与国际货币格局[M]. 北京: 中国经济出版社, 2006.

10. 陈岱孙, 商德文. 近现代货币与金融理论研究[M]. 北京: 商务印书馆, 1997.

11. 李晓. 国际货币体系改革: 中国的视点与战略[M]. 北京: 北京大学出版社, 2015.

12. 刘锡良, 周轶海. 中央银行的金融危机管理: 基于货币契约论的分析视角[M]. 北京: 中国金融出版社, 2011.

13. 张搏.中国货币政策中介目标选择研究[M].武汉:华中科技大学出版社,2016.

14. 胡海鸥,马晔华.货币理论与货币政策[M].上海:上海人民出版社,2004.

15. 姜波克.国际金融新编[M].上海:复旦大学出版社,2018.

16. 卡尔·E.沃什.货币理论与政策[M].周继忠,译.上海:上海财经大学出版社,2004.

17. 张振江.从英镑到美元:国际经济霸权的转移[M].北京:人民出版社,2006.

18. 袁永新.宏观经济运行与调控[M].北京:经济科学出版社,2005.

19. 胡昌生.金融异象与投资者心理[M].武汉:武汉大学出版社,2005.

20. 邓立立.汇率制度的选择与发展趋势研究[M].大连:东北财经大学出版社,2006.

21. 弗里德里希·冯·哈耶克.货币的非国家化[M].姚中秋,译.北京:新星出版社,2007.

22. 路德维希·冯·米赛斯.货币、方法与市场过程[M].戴忠玉,刘亚平,译.北京:新星出版社,2007.

23. 查尔斯·A.E.古德哈特,理查德·佩尼.外汇市场[M].长春:吉林人民出版社,2003.

24. 冯菊平.国际游资与汇率风险[M].北京:中国经济出版社,2006.

25. 林直道.危机与萧条的经济理论[M].江瑞平,译.北京:中国人民大学出版社,2005.

26. 陈彪如.国际金融概论[M].上海:华东师范大学出版社,1998.

27. 约瑟夫·斯蒂格利茨,布鲁斯·格林沃尔德.通往货币经济学的新范式[M].陆磊,张怀清,译.北京:中信出版集团股份有限公司,2005.

28. 巴曙松.劣币与良币的角力[M].北京:清华大学出版社,2004.

29. 劳伦斯·哈里斯.货币理论[M].梁小民,译.北京:商务印书馆,2017.

30. 西美尔.货币哲学[M].陈戎女,耿开君,文聘元,译.北京:华夏出版社,2007.

31. 莫里斯·戈登斯坦,菲利浦·特纳.货币错配——新兴市场国家的困境与对策[M].李扬,曾刚,译.北京:社会科学文献出版社,2005.

32. 樊胜.利率市场化进程中商业银行利率风险管理[M].成都:西南财经大学出版社,2015.

33. 杰弗里·法兰克尔,彼得·奥萨格.美国90年代的经济政策[M].北京:中信出版集团股份有限公司,2004.

34. 明明.货币政策理论与分析[M].北京:中国金融出版社,2017.

35. 刘振林.东亚货币合作与人民币汇率制度选择研究[M].北京:中国经济出版社,2006.

36. 凯恩斯.货币论[M].蔡谦,范定九,王祖廉,译.北京:商务印书馆,1986.

37. 梯若尔.金融危机、流动性与国际货币体制[M].北京:中国人民大学出版社,2003.

38. 雅克·佩克曼斯.欧洲一体化方法与经济分析(第二版)[M].北京:中国社会科学出版社,2006.

39. 罗纳德·I.麦金农.美元本位下的汇率:东亚高储蓄两难[M].北京:中国金融出版社,2005.

40. 韩复龄. 一篮子货币:人民币汇率形成机制、影响与展望[M]. 北京:中国时代经济出版社,2005.

41. 杜阁. 关于财富的形成和分配的考察[M]. 唐日松,译. 北京:华夏出版社,2007.

42. 崔建军. 金融调控论[M]. 西安:西安交通大学出版社,2006.

43. 利奥波德·伯恩斯坦,约翰·维欧德. 财务报表分析[M]. 许秉岩,张海燕,译. 北京:北京大学出版社,1996.

44. 盛松成,翟春. 中央银行与货币供给[M]. 北京:中国金融出版社,2015.

45. 路德维希·冯·米赛斯. 货币与信用理论[M]. 孔丹凤,译. 上海:上海人民出版社,2018.

46. 范方志,赵明勋. 当代货币政策:理论与实践[M]. 上海:生活·读书·新知三联书店,2005.

47. Sheldon M. Ross. 数理金融初步(第2版)[M]. 陈典发,译. 北京:机械工业出版社,2005.

48. 徐涛. 中国资本市场配置效率研究:一个制度经济学的分析[M]. 北京:中国金融出版社,2005.

49. 卢卡斯·门克霍夫,诺伯特·托克斯多尔夫. 金融市场的变迁:金融部门与实体经济分离了吗[M]. 刘力,贾春新,译. 北京:中国人民大学出版社,2005.

50. 罗伯特·M.索洛,约翰·B.泰勒,本杰明·M.弗里德曼. 通货膨胀、失业与货币政策[M]. 张晓晶,李永军,译. 北京:中国人民大学出版社,2004.

51. 吴念鲁. 金融热点探析:形势、汇率、调控、股改及其他[M]. 北京:中国金融出版社,2005.

52. 戴小平. 商业银行学(第二版)[M]. 上海:复旦大学出版社,2017.

53. G.爱德华·格里芬.美联储传:一部现代金融史[M].罗伟,蔡浩宇,董威琪,译.北京:中信出版集团股份有限公司,2017.

54. 戴维·欧瑞尔,罗曼·克鲁帕提.人类货币史[M].朱婧,译.北京:中信出版集团股份有限公司,2017.

55. 费朗索瓦·沙奈.金融全球化[M].齐建华,胡振良,译.北京:中央编译出版社,2006.

56. 杰瑞·马克汉姆.美国金融史[M].李涛,王涓凯,译.北京:中国金融出版社,2018.